66

SCHÖNSTE AUSSICHTEN

Burgen, Türme, Berge

VON ALEXANDER KRAFT

pmv

1. Auflage, Frankfurt am Main 2010

PETER MEYER VERLAG

HESSEN

DIE 66 SCHÖNSTEN AUSSICHTEN

Burgen, Türme, Berge

Wandern, Radeln, Einkehren

BURGEN & RUINEN

GEHEIME LUFTHOHEITEN

IMPRESSUM

Wir freuen uns über Korrekturen und Anregungen:
pmv Peter Meyer Verlag
Schopenhauerstraße 11
60316 Frankfurt a.M.
www.PeterMeyerVerlag.de
info@PeterMeyerVerlag.de

 Druck & Bindung: AZ Druck, Kempten; www.az-druck.de | **Umschlaggestaltung:** pmv, Agentur 42, Mainz, www.agentur42.de | **Fotos:** Alexander Kraft. Wenn nicht anders angegeben, alle Rechte beim Verlag, siehe Nachweis beim jeweiligen Bild. Wir danken allen Unterstützern. Umschlagfoto: Schloss Auerbach an der Bergstraße: Peter Meyer. | **Karten:** pmv, Lizenzen auf Anfrage | **Lektorat & Layout:** Annette Sievers |
Bezug: über Prolit, Fernwald-Annerod, oder über den Verlag, vertrieb@PeterMeyerVerlag.de, ✆ 069/49 44 49

ISBN 978-3-89859-317-5
Printed in Germany with love.
Klimaneutral und auf umweltfreundlich hergestelltem FSC-Papier gedruckt.

VORWORT

Dies ist ein Buch für »Fernseh«-Süchtige. Der Blick von oben rührt an Elementares. Ob der Mensch nun nur deshalb den aufrechten Gang wählte, weil er schon immer hoch hinaus wollte – wer weiß. Man denke aber an die Freude, die Kinder haben, wenn sie auf den Schultern eines Erwachsenen thronen. Es ist die Freude, sich selbst ein bisschen genauer in der Landschaft zu verorten. Und das Überwältigende solcher Glücksmomente verliert sich später keineswegs. Eher im Gegenteil, es wächst mit der Größe …

Genau deshalb ist dies ein Buch für »Fernseh-« Süchtige und für alle, die gern den Überblick wahren. Jede vorgestellte Wanderung, jede Radtour bietet als Höhepunkt eine Aussicht, die es in sich hat. Das können mal die großen, majestätischen 360-Grad-Panoramen auf den Bergspitzen sein. Aber auch kleine, fast schon intime Aussichten, überraschende Rendezvous mit der Natur an Orten, wo man solche Offenbarungen kaum vermutet hätte. Das ist umso bemerkenswerter, da Hessen das waldreichste Bundesland ist. Spöttisch gesagt: In den Alpen oberhalb der Baumgrenze eine Aussicht finden, kann jeder. Bei 42 Prozent forstlicher Fläche, wie in Hessen, wäre eher zu erwarten, die Aussicht vor lauter Bäumen nicht zu finden. Doch gerade darin kann aber auch der Reiz liegen: Den Wechsel auszukosten vom dunklen Wald zur lichten, sich manchmal schlagartig öffnenden Fernsicht. Auch wenn es dafür mitunter einiger Kilometer Fußmarsch bedarf.

Hinweise auf die verborgenen oder umgekehrt ganz offensichtlichen Aussichtspunkte geben schon die **Kapitel-Überschriften.** Die sprechen in der Regel für sich. Wobei manche Zuordnung gewiss auch anders hätte ausfallen können. Auch werden jene, die ihre nahe Heimat intensiv kennen, die eine oder andere Adresse vermissen. Das hat zum einen Grund im begrenzten Platz,

Foto © Rolf Oeser

Über den Autor:

Seit mehr als zehn Jahren durchstreift der Autor auf dem Geländerad das Rhein-Main-Gebiet und angrenzende Regionen. Als Redakteur und Outdoor-Spezialist der Frankfurter Rundschau muss er sich auch gut auskennen. Für **pmv** hat er bereits an den »Ausflügen mit Genuss« mitgewirkt und erstellt die GPS-Mountainbike-Touren, die auf der Verlags-Webseite erhältlich sind.

aber auch in der Gefahr, sich zu wiederholen. Exemplarisch seien der Herzberg-Turm oberhalb von Bad Homburg und der neue Holzturm auf dem Hausberg bei Butzbach genannt: Beide bieten ähnliche Perspektiven wie Feldberg und Winterstein.

Unsere Tipps für Sie:

- Anreise Bahn
- Anreise Bus
- Anreise Auto
- Anreise Schiff
- Restaurant
- Café
- Museum
- (Stadt-)Führung
- Fußweg, Wanderung
- Radanreise, Radtour
- Sportives
- Reiten, Tierpark
- Veranstaltungstipp
- Wintersport
- Segeln
- Paddeln
- Schwimmen

Da es sich bei den »Aussichten« um einen Reiseführer mit einer etwas eigenwilligen Thematik handelt, sei hier auf zwei nicht ganz unwichtige Aspekte hingewiesen. Erstens: **Aussichten entstehen und vergehen.** Manchmal ganz prosaisch – so brannte einer der schönsten Türme im Taunus, der auf dem Atzelberg bei Ruppertshain, während der Recherche zu diesem Buch ab; und die gewaltige Holzkonstruktion auf dem Wüstegarten im Kellerwald ist nach nur sechs Jahren wegen Baufälligkeit geschlossen und wird wohl Gegenstand eines Prozesses. Aber selbst traditionsreiche, hoch aufgemauerte Türme sind nicht gefeit gegen das Verschwinden: Sie werden gelegentlich von der Natur »überholt«. Wie etwa der Bismarckturm auf dem Taufstein, der, obwohl höchster Punkt im Vogelsberg, nicht mehr in alle Richtungen freie Sicht bietet. Haben die Aussichtspunkte mehr Glück, geht es ihnen wie dem Türmchen auf dem Bilstein im Kaufunger Wald. Dem verhilft eine metallene Krone wieder zu Klarsicht und uneingeschränkter Regentschaft. Als Aperçus verstehen sich in dem Zusammenhang der Ausflug zum »Dornröschenschloss« Sababurg und das – unter Fernsichtkriterien natürlich nicht ganz ernst gemeinte – Kapitelchen zum Rimdidim.
Zweiter, ganz wichtiger Aspekt: Dem Stichwort »**Schwindelfrei**« wurde besonderes Augenmerk beigemessen – schließlich wäre nichts frustrierender, als nach einer Stunde Fußweg um den Lohn der Mühen gebracht zu werden, weil der luftig gebaute Holzturm unmöglich zu ersteigen ist.

Der Autor – selbst schwindelfrei – hat dafür erst ein Gespür entwickeln müssen: Wie oft stand er überrascht an Stellen „auf halber Höhe“, wo ein Begleiter mit weichen Knien darum ersuchte, doch bitte wieder hinab steigen zu dürfen (besonders unangenehm: die Gitterrost-Treppen von Metalltürmen). An der Stelle sei den Tapferen, insbesondere *Eve, Jan, Beatrice* und *Axel,* der spezielle Dank ausgesprochen, den himmelsstürmenden Autor immer mal wieder auf den Boden der Tatsachen geholt zu haben. Solche Probleme gibt es in der Regel bei den gemauerten Exemplaren nicht. Bei Burgen und Ruinen überrascht eher, auf welch ungelenken, teils engen Treppen die alten Rittersleut (in voller Montur!) ihren Bergfried erklimmen mussten. Wenn das Erklimmen einmal mehr als eine gewisse sportliche Grundkonstitution erfordert, wird im Text darauf hingewiesen.

Auf der Stufe: Der Blick nach unten lässt hier viele Menschen umdrehen – aber es gibt ja noch die gemauerten Türme und die aus Holz und die …

Praktische Hinweise zur Nutzung

Aussichtspunkte liegen immer »oben«. Auf ein bisschen mehr als einen Spaziergang sollte der Besucher also gefasst sein. Die ganzen Aufs und Abs eingerechnet, kann man die Gehzeit in der Regel mit 4 km/h kalkulieren. Wo es besonders happige Anstiege zu bewältigen gilt, wurde das vermerkt.

Nachhaltig empfohlen sei, ein **Fernglas** oder einen Feldstecher mitzunehmen. Fotofans sollten außer einem genauen Blick aufs Wetter auch den Sonnenstand einkalkulieren. Um ein Beispiel zu nennen, wie auch Profis an Umständen scheitern können: Es gab mehrere Anläufe, eines der nächstliegenden Motive einzufangen: den Blick vom Taunus herunter mit Fokus auf die Frankfurter Skyline. Doch morgens, wenn es halbwegs klar ist, blendet die Sonne. Abends, wenn die Hochhäuser aufs Schönste im roten Licht funkeln könnten, ist der Kessel noch jedes Mal dunstig gewesen.

Bei der **Wegbeschreibung** zu den Zielen wurde versucht, möglichst alle Verkehrsmittel zu berücksichtigen. Dass nicht zu jedem Turm ein Bus fährt, geschweige denn »Geheimtipps« mit dem Auto anzusteuern sind, liegt auf der Hand. Viele (aber nicht alle) Ziele sind mit dem Rad erreichbar – wobei sorgsam zwischen Tourenradlern und Mountainbikern unterschieden wird: Was Letzteren erst richtig Freude bereitet, finden Genussradler gar nicht mehr lustig. Deshalb ist jeweils deutlich vermerkt, wo sie mit einem Fußmarsch oder einer Schiebestrecke zu rechnen haben.

↗ pmv online:
www.gps-Tourenplaner.de mit GPS-Daten zum MTB-Touren sowie ausgesuchten Wanderkapiteln.

Für die Fans von **Radtouren** finden sich außer der eigentlichen Wegbeschreibung praktische Tipps, wie sich die Aussicht auch in eine größere Radwandertour einbauen lässt. Um den Rahmen nicht zu sprengen und da solche Radreisen in jedem Fall einer ausführlicheren Planung bedürfen, wurde dazu ein eigenes Dossier auf der Homepage des pmv angelegt. Dort findet der Leser weitere nützliche Zusatzinformationen. Wiedergegeben sind beispielsweise eine ganze Reihe von Wandertafeln mit Rundwegen. Außerdem stehen GPS-Daten für MTB-Touren zum Herunterladen bereit.

Ich wünsche allen »Fernseh-«Süchtigen viel Freude beim Erwandern und Entdecken!
Alexander Kraft

Post bitte an:
Peter Meyer Verlag
Schopenhauerstraße 11
60316 Frankfurt a.M.
info@PeterMeyerVerlag.de
www.PeterMeyerVerlag.de

FRAGE: Herr Friedrich, der Mensch ist ein Wesen, dem das »Höher, schneller, weiter« im Blut liegt, auch bei Fernsichten. Verraten Sie als Fachmann doch mal, wie weit die Sicht denn theoretisch überhaupt reichen kann.
ANTWORT: In extremen Fällen können das bis zu 250 km sein. Unter sehr bestimmten Konstellationen etwa kann man vom Schwarzwald aus den Montblanc sehen. Wenn es gut geht, haben wir hier in unseren Mittelgebirgsregionen so bis 100 oder mal 130 km Sicht.

FRAGE: Das wäre beispielsweise vom Taunus zur Rhön – ein seltenes Erlebnis. Welche Bedingungen braucht es für so klare Sicht?
ANTWORT: Der wichtigste Faktor ist die Luftfeuchtigkeit. Je höher, desto diesiger, ja fast schon milchig ist es. Früher spielte auch der Smog, der Staub von Industrie und Verkehr eine große Rolle. Doch seit zehn, zwanzig Jahren, so beobachten wir, ist das merklich besser geworden.

FRAGE: Was heißt denn »feuchte Luft«? Oder andersherum, wann ist sie trocken genug für gute Sicht?
ANTWORT: Man kann sagen: Wenn die Luftfeuchte unter 50 % sinkt, wird es spannend. Bei extrem guten Verhältnissen haben wir sogar nur 10 bis 15 %. Als Faustregel gilt: Am ehesten in der kalten Jahreszeit, so von Oktober bis Februar, stellt sich gute Fernsicht ein.

FRAGE: Jetzt wird nicht jeder zu Hause ein Hygrometer haben, und bei der Wettervorhersage spielt die Luftfeuchte bisher keine Rolle. Gibt es denn andere Möglichkeiten, um zum Beispiel in Frankfurt beim Blick nach draußen abschätzen zu können: Ja, heute dürfte es recht klar sein?

KLARE SICHT, ABER WANN?

Interview mit einem, der es wissen muss

ANTWORT: Das geht. Zuerst sollten Sie auf den Himmel achten. Wenn der so richtig tiefblau ist, wie geputzt, dann ist es bis in höhere Luftschichten trocken. Auch gut sind aufgelockerte Bewölkung und möglichst schnell ziehende Wolken. Aber Sie kriegen auch Informationen, wenn Sie ein bisschen genauer in die Vorhersage reinhören. Ganz typisch für gute Sicht sind Lagen mit einem abziehenden Tief, am besten von einem Zwischenhoch gefolgt.

FRAGE: Warum?
ANTWORT: Wir sprechen dann von einem »Rückseiten-Wetter«. Das heißt, das Tiefdruckgebiet ist durchgezogen und die Kaltfront auf der Rückseite bringt kühlere und trockenere Luftmassen mit. Und der Wind bläst zusätzlich etwaigen Nebel oder Schmutz weg.

FRAGE: Gibt es noch andere Konstellationen, die für Fernsichten besonders günstig sind?
ANTWORT: Etwas ganz Spezielles kann man bei Inversionswetterlagen erleben, also im Herbst und Winter. Als Meteorologen sprechen wir vom »kalten Fuß«. Dabei bleiben die kalte Luft und die Wolken in den Niederungen liegen und oben drüber sind stabile wärmere Schichten, die sich wie ein Deckel drauf legen. Dann sieht man regelrecht über ein Wolkenmeer von Gipfel zu Gipfel.

Andreas Friedrich ist Diplom-Meteorologe und seit 1984 beim Deutschen Wetterdienst. Dort ist er »Tornado-Beauftragter«

FRAGE: Zum Schluss eine persönliche Frage: Gibt es einen Ort, von dem Sie solche Fernsichten besonders genießen?
ANTWORT: Ja. Am liebsten vom Herzberg im Taunus, gleich oberhalb der Saalburg. Vom frisch renovierten Turm hat man einen tollen Blick über die Rhein-Main-Ebene, manchmal bis zur Rhön und zum Pfälzer Wald. Und dann in die Gaststube und einen guten Kaffee trinken.

SPITZENSPEKTAKEL

Gemeinhin wird der Meißner als der »König von Nordhessen« bezeichnet – doch genau genommen gebührt der Titel dem Willinger Upland. Der hessische Teil des Hochsauerlands kommt dem Himmel locker noch mal 100 m näher. Entsprechend gigantisch und vielfältig ist die Aussicht vom Hochheideturm Ettelsberg bei Willingen.

HÖHENFLUG IN DEN HESSISCHEN HIGHLANDS

Hochheideturm Ettelsberg

▶ Die erste Frage, die sich am Ettelsberg stellt, ist: Darf es heute mal auf die faule Tour sein zur Aussicht – oder auf die ganz faule? Denn zum höchsten Punkt im Upland führt nicht nur eine der modernsten **Kabinenseilbahnen** Deutschlands, nein, auch die 241 Stufen im Turm kann man sich ersparen und den Aufzug nehmen! Ist der Besucher oben, kann nur noch schlechte Sicht den Höhenrausch verhindern. Immerhin gilt der 2002 erbaute Turm als höchster Aussichtspunkt Nordwest-Deutschlands. Sie befinden sich genau 875 m ü.NN – Fernsicht ohne Ende! Ob Eggegebirge und Teutoburger Wald im Norden, ob Habichtswald und Kaufunger Wald samt Kasseler Berge und dahinter der ➚ *Hohe Meißner* im Osten – alles kein Thema. Im Südosten der Kellerwald, gut erkennbar am Sender auf dem Hohen Lohr, und dahinter ➚ *Knüll* und ➚ *Vogelsberg*. Wenn Letzterer in rund 100 km Entfernung gut zu sehen ist, dann hat man sogar Chancen, Rhön und Harz als Flimmern am Horizont auszumachen. Doch gut 130 km klare Luft gibt's nur extrem selten. Da vollendet man eher den Rundumblick und schweift über den Burgwald hinweg zu den südlichen Ausläufern des Rothaargebirges mit der ➚ *Sackpfeife* oberhalb von Biedenkopf mit dem Sendemast darauf. Orte und Landmarken in der näheren Umgebung benennen ausführlich die drei Panoramatafeln – inklusive der witzigen Hinweise auf ferne Orte wie Peking (7718 km) oder

Waldeck-Frankenberg
34508 Willingen
Lage: 838 m
N 51 16.710,
O 8 35.990
Höhe: 59 m
Ausgangspunkt: Willingen
Öffnungszeiten: Bergbahn und Turm 9 – 17 Uhr
Preise: Turm 2,50 €, Bergfahrt 5 €, mit Turm 7 €. Berg- und Talfahrt 7,50 €, mit Turm 8,80 €; Ermäßigung für Gruppen ab 15 Pers. Kinder 6 – 15 Jahre Turm 2,50 €, Bergfahrt 3,50 €, mit Turm 5 €, Berg- und Talfahrt 4,50 €, mit Turm 6 €; ermäßigter Fahrpreis bei Gruppen
Einkehr: *Ettelsberghütte Siggi* in der Nähe der Bergstation; weitere Gaststätten in Willingen

Winterparadies: Langlauf auf dem Taufstein-Gipfel im Vogelsberg

Rom (1088 km). Ansonsten ließen sich die zahlreichen Gipfel wie *Oren-* und *Iberg* direkt bei Willingen oder *Schneeberg* und *Osterkopf* Richtung Usseln oder der *Dommelsberg* mit dem neuen Aussichtsturm hinter Rattler gar nicht alle aufzählen. Wer gute Augen oder ein Fernglas hat, schaut auch nach der Felsformation *Bruchhäuser Steine,* der Bobbahn bei Winterberg, dem Conti-Schornstein in Korbach oder den Windparks bei Haaren und Helmscheid.

Ettelsberg Seilbahn GmbH & Co.KG, Zur Hoppecke 5 34508 Willingen (Upland), T 05632/ 969820, Fax 9698228. www.ettelsberg-seilbahn.de, info@ettelsberg-seilbahn.de.

Anreise & Tourvorschläge

RB bis Willingen Bhf, dann wenige Min Fußweg zur Talstation der Bergbahn, beschildert. Oder, mit Blick bergauf, den Schildern 300 m links hinüber zum Sauerland Stern Hotel folgen, ab da Fußweg.

B251 nach Willingen, dort Schildern zu Parkplätzen Ettelsbergbahnen folgen.

An der Landesgrenze hinter Willingen endet der Hessische Radfernweg R5, er führt direkt an der Talstation der Seilbahn (mit Radtransport!) entlang. Wer auf den Ettelsberg radeln will, verlässt den R5 in Stryck und fährt auf der nördlichen Seite des Ittertals direkt unterhalb der Sprungschanzen vorbei. Danach gibt es diverse Möglichkeiten, rechts zum Ettelsberg zu kommen, sie sind alle bestens beschildert. Länge 3,1 km, 240 Höhenmeter.

Das Sauerland im Rücken, das Willinger Upland im Blick: Auf dem Ettelsberger Turm

Direkt beim Sauerland Stern Hotel, Kneippweg 1, können Sie in den Rundwanderweg W6 einsteigen. Dazu oberhalb vom Hotel links, gleich wieder rechts die Verlängerung der Ettelsbergstraße hinauf gehen, dann trifft man nach 150 m oberhalb des Bike-Testgeländes auf den W6, der geradeaus zur Hochheide am Ettelsberg führt.

Aktivitäten vor Ort

Willingen ist das Freizeitziel im Nordwesten Hessens. Im Winter fährt man Ski und Snowboard oder macht Langlauf, im Sommer stehen Mountainbiken und Wandern hoch im Kurs. Mit **Rothaar-** und **Upland-Steig** führen zwei der meistgeschätzten deutschen Wanderwege durch den Ort. Dazu kommen ein Mountainboard-Parcours, eine Kletterwand am Aussichtsturm, Gleitschirm- und Drachenfliegen, außerdem der **Wild- und Freizeitpark** am Ettelsberg sowie der **Sturm-Lehrpfad Kyrill.**

MTB Die **Bike Arena Sauerland** ist ein Eldorado für Radler jeder Art; zahlreiche, auch ausgeschilderte Routen (1700 km), dazu Strecken für Familien, Trekking-, Sport- und Rennradler. Außerdem Parcours für Freeride, Downhill, Four Cross; Radmitnahme in der Seilbahn. Auf den Ettelsberg führt die Mountainbike-Tour 28, ↗ www.bike-arena.de.

Ettelsberghütte Siggi, Siggi von der Heide, T 05632/6750, Fax 4272. www.ettelsberg-seilbahn.de, info@ettelsberg-seilbahn.de. Geöffnet 9 – 17 Uhr. | Kernige Berghütte mit Alphorn blasendem Wirt und Spezialitäten wie Erbsensuppe aus dem Bierkrug und »Siggis Feuerwasser«.

DER BERG, DER EIN TAL WAR

Der »König der nordhessischen Mittelgebirge« ist zwar nicht der höchste Gipfel, aber mächtig und von allen Seiten hoheitsvoll zu sehen, wacht er über dem Grenzland zu Thüringen. Und wie das mit Königen so ist, sie offenbaren ihre Schätze nicht auf dem Silbertablett, sprich: Die Aussicht will erlaufen sein.

Hoher Meißner mit Meißnerhaus, Schwalbenthal und Kalbe

▶ Ein eigenartiger Berg. Denn eigentlich ist das kein Berg, sondern ein Loch. Jedenfalls war er das im Tertiär vor 20 Mio Jahren. Die Wälder in der sumpfigen Senke verrotteten, sie vertorften und wurden zu Braunkohle. Und hätte sich nicht

Werra-Meißner-Kreis
37235 Hessisch-Lichtenau – Hausen
Lage:
Meißnerhaus: 665 m, N 51 12.493, O 9 50.534
Schwalbenthal: 612 m, N 51 12.563, O 9 52.327
Kalbe: 720 m, N 51 12,975, O 9 52.374
Ausgangspunkt: Naturfreundehaus Meißnerhaus
Öffnungszeiten: Frei zugänglich
Einkehr: Mehrere am Rundweg P1

***Frau Holle:** Der Respekt vor dem hohen Berg, der im Winter stets als erster eine weiße Haube trug, spiegelt sich im alten Namen »Wissener« wieder. Das geht auf das althochdeutsche Wort für weiß (wiz, später wit wie in Schneewittchen) zurück – und das ist schließlich eine hübsche Erklärung, weshalb dort die Heimat der Frau Holle ist.*

dünnflüssiges Magma durch Spalten und Verwerfungen nach oben gedrückt und darüber gelegt – gäbe es heute keinen Berg und keine Aussicht. Der bis zu 150 m dicke Basaltpanzer verhinderte jene Erosionsprozesse, die das Land drum herum hinwegspülten.

Wer **Frau Holles** hohe Warte von Weitem sieht, mag kaum glauben, dass sie mit Aussichtspunkten ein wenig geizt. Doch einmal oben auf dem dicht bewaldeten Hochplateau, wird schnell klar, weshalb das so ist. Kaum zugänglich etwa ist der höchste Punkt. Denn das ist beileibe nicht die im Norden gelegene *Kasseler Kuppe* (748 m) oberhalb des Steinbruchs Bransrode, sondern ein namenloser Punkt mit 754 m auf einem Nebenweg etwas nordöstlich davon. Beiden gemein: dort sieht man vor lauter Bäumen nichts.

Doch wer Frau Holle und den weißen König auf dem P1-Weg hofiert, dem schenken sie spektakuläre Fernsichten – aber immer nur ausschnittsweise in einzelne Himmelsrichtungen.

Vom **Schwalbenthal** liegt einem der Osten zu Füßen – jedenfalls bis sich die Höhen des Thüringer Waldes aufschwingen, die, wie der Inselsberg, mit über 900 m natürlich sehr viel höher aufragen. Sehr schön geht der Blick über die Kreisstadt Eschwege mit den charakteristischen *Leuchtbergen* hinweg, streift die Hessische Schweiz mit der Hörne, die ↗ *Plesse,* den Schlierbachswald und den Heldrastein. Ein Panoramafoto am Schwalbenthal verrät, was es alles zu sehen gibt.

Gen Norden richtet sich der Blick von der **Kalbe** und vom **Steinbruch Bransrode** aus. Auch da reicht die Sicht weit über das Werratal mit Witzenhausen und Burg Hanstein bis zum Göttinger Wald und bei guter Sicht zum Harz.

Wer es Richtung Südwest genau wissen will, begibt sich zum **Naturfreundehaus Meißnerhaus.** Die Metalltafel gibt den Gipfeln von Rhön und Stölzinger Gebirge, von Knüll über Kellerwald und Waldecker Berge bis zum Habichtswald Namen und Höhendaten. Dort entdeckt der Besucher auch eine weitere Tafel auf einem Gedenkstein: Am 11. und 12. Oktober 1913 fand da der *Erste Freideutsche Jugendtag* der Wandervogel-Bewegung statt – die taufte auch den Meißner in *Hohen Meißner* um.

Foto © Marco Lenarduzzi

Augen auf Ost: Blick vom Schwalbenthal auf den Meißner

Anreise & Tourvorschläge

Bahn bis Stadtbahnhof Eschwege, dann AST 229 zum Hohen Meißner, T 05651/70007; Anmeldung bis 30 Min vor Abfahrt (5 x täglich) nach Fahrplan erforderlich. Infos ↗ www.nvv.de.

B7 bis Walburg, östlich des Ortes auf L3238 nach Velmeden abbiegen, im Ort rechts auf Hausener Straße und L3241 Richtung Vockerode Schildern zum Hohen Meißner auf den Gipfel folgen; nach 5 km Abfahrt rechts zum Meißnerhaus, wenig später zum Berggasthof Hoher Meißner; zum Schwalbenthal noch 2 km.

Durch Walburg verläuft der Radwanderweg Herkules-Wartburg. Im Ort auf Durchgangsstraße Leipziger Straße, dann wie Auto über Velmeden zum Meißner.

Aktivitäten vor Ort

Der mit P1 durchgehend markierte **Rundwanderweg** erschließt auf 13 km (4 Std) die schönsten Wege und Flecken am Hohen Meißner. Der vom Deutschen Wanderinstitut als Premiumweg ausgezeichnete Pfad erfordert allerdings gutes Schuhwerk und teilweise Trittsicherheit, bietet aber auch in Europa Ein-

Meißnerhaus – Naturfreundehaus, Rolf Fahrenbach, Regina-Fahrenbach-Straße 4, T 05602/2375, Fax 7615. www.meissnerhaus.de, meissnerhaus@t-online.de. Öffnungszeiten 8 – 18 Uhr. Wie Naturfreundehäuser sind: herzlich, aber einfach. Großer Innenraum, weitläufige Terrasse.

maliges wie die Stinksteinwand, ein seit 400 Jahren schwelendes Kohlevorkommen. Für eine spannende weitere Aussicht ↗ pmv online.

Bei sportlichen Radlern ist der **Stoppomat** beliebt, eine permanente Zeitmessanlage auf dem Weg von Abterode hinauf zum Plateau.

MTB Für Geländeradler bietet sich eine Variante des vom Werra-Meißner-Kreis konzipierten **Routennetzes** an sowie weitere GPS-Datensätze ↗ pmv online.

Im **Winter** sind Rodeln, Ski- und Skilanglauf möglich.

Tierfreunde schauen im **Wildpark Meißner-Germerode** vorbei. Zweimal täglich Flugschau der Falknerei; T 05657/7591.

WEIHESTÄTTE FÜR WANDERER MIT WEITBLICK

Stölzinger Gebirge – das klingt schwer alpin. Ist es aber nicht, sondern ein Teil des Fulda-Werra-Berglandes und damit in Nordost-Hessen gelegen. Markantester Berg ist der vor allem im Gipfelbereich steil ansteigende Alheimer. Mit dem 1930 aufgemauerten Turm unterstreicht er seine herausragende Position als Aussichtspunkt und deckt das ganze Panorama Osthessens bis hinüber nach Thüringen ab.

Hersfeld-Rotenburg
36251 Alheim
Lage: 549 m, N 51 02.216, O 9 43.898
Höhe: 21 m
Ausgangspunkt: Gaststätte Alheimerhütte
Öffnungszeiten: Frei zugänglich
Einkehr: Am Ausgangspunkt des Fußweges

Alheimer im Stölzinger Gebirge

▶ Es ist eine ganz eigene Stimmung, die den Besucher auf dem Gipfelplateau des Alheimer anweht. Das liegt an dem Stelen-Oval, durch das Sie hindurch auf den Turm zuschreiten. Die Inszenierung ist natürlich keine zufällige, manch Hobby-Historiker wird an altgermanische Weihestätten denken. Die 23 Säulen sind den Toten des Ersten Weltkrieg aus den umliegenden Dörfern gewidmet; später kamen die Namen der im Zweiten Weltkrieg Gefallenen hinzu. Zur Beschwörung jener Gemeinschaft der Waldheimat, wie die Menschen dort den Landstrich nannten, passt auch die strenge Bauweise des Turms – wovon man aber in der luftigen Höhe der nicht überdachten Plattform nichts mehr spürt. Dort überwältigt einen nur noch die Aussicht. Das zumal, da mit vier wetterfesten Tafeln fast alle Blickfänge auch einen Namen erhalten.

Den Norden beherrscht der ↗ *Meißner*, etwas kleiner der ↗ *Bilstein* (nicht Bielstein!) im Kaufunger Wald. Davor der *Eisberg:* Der unscheinbare waldige Buckel ist mit 583 m die höchste Erhebung des Stölzinger Gebirges. Über die *Boyneburg* geht es in Richtung Osten weiter zu *Wartburg* und Inselsberg im Thüringer Wald. Beginnend mit *Dreienberg, Soisberg* und *Stoppelsberg* nimmt in Süd-Südost die Rhön Anlauf zu ihren 900er-Gipfeln. Der *Knüll* im Südwesten verdeckt den Vogelsberg, dafür taucht etwas distanzierter rechts davon der *Kellerwald* auf, bevor sich die Runde mit dem *Habichtswald* schließt. Die mächtige Brücke im Westen ist übrigens die ICE-Trasse, die seit 1989 bei Morschen das Fuldatal überspannt. Die 1450 m lange Balkenbrücke ist bis zu 75 m hoch und war mit 60 Mio DM die teuerste Brücke der Schnellfahrstrecke Hannover – Würzburg.

Rank und schlank: Alheimer Turm

Anreise & Tourvorschläge

Bahn bis Bhf Rotenburg a.d. Fulda, ab da zu Fuß.

Von der B83 zweigt, von Rotenburg an der Fulda kommend, nach1 km rechts die K49 zum Alheimer ab: Den Schildern folgen, am Waldgasthof Guttels vorbei insgesamt gut 5 km bis zum Parkplatz an der Alheimerhütte.

Im Fuldatal verlaufen die Hessischen Radfernwege R1 und R5. Auf Höhe von Rotenburg-Braach wechselt man auf die östliche Seite des Flusses, quert Bahnlinie und B83 und folgt der K49 wie bei Anfahrt Auto zum Alheimer hinauf.

Von der Alheimerhütte ist der Weg nicht zu verfehlen und sowohl mit Alheimer Turm als auch Weißem

SPITZENSPEKTAKEL

Alheimerhütte, im Wald ohne Adresse, Klaus und Ulla Jedamski, T 06623/5895, Mobil 0177/5344717, Fax 916996. www.alheimer-huette.de, info@alheimer-huette.de. Geöffnet Sa ab 12.30, So und Fei ab 10 Uhr; Mai – Okt Fr ab 12.30 Uhr und für Gruppen (ab 15 Pers) nach Vereinbarung. | Rustikaler Waldgasthof mit warmer und kalter Vesper, hessische Hausmannskost.

Kreis ausgewiesen. Lediglich zwischen steilem Pfad (600 m) und Bequemer Weg (900 m) muss sich der Gipfelstürmer entscheiden.

Aktivitäten vor Ort

Wer die 350 Höhenmeter vom Fuldatal auf den Gipfel **wandernd** überwinden will (14 km), startet am besten am Bhf Rotenburg. Bis auf das letzte Stück verlaufen die mit X3 und X9 markierten Wege zur Alheimerhütte auf unterschiedlichen Routen. Für den Aufstieg wählen Sie den 5 km langen X9. Dazu am Bahnhof Unterführung zu Gleis 2, links und die kurze Rampe hinauf zur Straße Waldweg; ab da taucht das X9 auf und führt auf der Straße In der Hohle an der Rodenbergklinik vorbei. Sobald der Heinz-Meise-Weg gequert ist, geht es erst durch Wald, dann öffnet sich eine hübsche Aussicht über die Stadt. Stets weiter X9, der oben noch mal die Sicht auf das Haselbachtal und die östlichen Höhenzüge freigibt, dann ist es nicht mehr weit bis zur Alheimerhütte (weiter ↗ Fußweg). Als Variante für den Rückweg biegen Sie 1,2 km nach der Alheimerhütte rechts auf den X3 ab, der an einem Wildgehege vorbei führt.

Unabhängig davon lohnt es, den Ausflug mit einer Stippvisite in der alten Landgrafenresidenz zu verbinden und den **historischen Stadtkern** und das **Schloss Rotenburg** anzuschauen.

MTB Biker haben es etwas schwer, auf den Alheimer zu kommen. Für eine Route mit 18 km ↗ pmv online.

DIE 50-CENT-AUSSICHT

Dass der Eisenberg geologisch zum Knüll gehört, ist eine neuere Erkenntnis. Er überflügelt den Namensgeber, das Knüllköpfchen, aber nicht nur in der Höhe. Mit dem Fernmeldeturm ist er aus der Ferne auch der erheblich markantere Punkt. Nur eines ist beiden gleich: eine grandiose Rundsicht über weite Teile Nord- und Mittelhessens.

Eisenberg (Knüll)

Verwirrende Rundungen: Blick über die Panoramatafel hinweg auf den Teich unterhalb vom Turm

▶ Im Unterschied zum *Knüllköpfchen* (634 m) besteht auf dem Eisenberg eine unbedingte Notwendigkeit für einen Turm. Der Berg, aus Sandstein mit Basaltdurchbrüchen aufgebaut, ist teils dicht bewaldet, der Gipfel als höchste Stelle im Knüll für den Borgmannturm also gut gewählt – die Mühen (und Kosten) lässt sich der Verein bezahlen. Ein 50-Cent-Stück muss mitbringen, wer hinauf will, sonst öffnet sich das eiserne Drehkreuz nicht! Und wechseln geht nicht: Die Gastronomie da oben hat zugemacht.

Das Geld indes ist gut angelegt. Die Edelstahl-Schautafeln für alle vier Himmelsrichtungen erschließen nicht nur die nähere, sondern auch die fernere und fernste Umgebung vorbildlich. Anhand der Distanzangaben kann der Besucher prüfen, wie weit die Sicht reicht. Ausgesprochen nah sind im östlichen Quadranten Stölzinger Gebirge und *Stoppelsberg,* der den Beginn zum Hessischen Kegelspiel und damit der Kuppigen Rhön bildet. Ebenfalls dort: die *Weißen Berge,* die künstlichen Kegel des Salzbergbaus, und am Horizont der Thüringer Wald mit Ringsberg, Inselsberg und Hoher Scharte. Auch bis zur ↗ *Wasserkuppe* (50 km) sollte der Blick relativ problemlos ausgreifen, ebenso zum Vogelsberg, der Taunus in 100 km dagegen ist Glückssache. Etwas nördlich davon beginnt mit dem Dünsberg das Lahn-Dill-Bergland, das ins Rothaargebirge mit dem *Kahlen Asten* übergeht. Davor schiebt sich der Kellerwald und sein höchster Gipfel, der *Wüstegarten.* Noch weiter gen Norden nimmt mit dem *Langenberg* der

Hersfeld-Rotenburg
36251 Kirchheim/Neuenstein
Lage: 636 m, N 50 53.230, O 9 31.032
Höhe: 24 m
Öffnungszeiten: Frei zugänglich.

✸ ***Borgmannturm:*** *Erst 1913 errichtete der Knüllgebirgsverein zu Ehren seines Gründers den Borgmannturm – obwohl Forstmeister Hugo Borgmann schon 1904 gestorben war.*

Habichtswald Fahrt auf. Ihm vorgelagert die Westhessische Senke, in der Kassel verschwindet, aber die knubbeligen Basaltkuppen bei ↗ *Gudensberg* herausragen. Dahinter, schon etwas schleierhaft, der Reinhardswald. Umso kräftiger steigen, im Uhrzeigersinn weiter, die waldigen Höhen des Kaufunger Waldes auf, übertrumpft noch vom ↗ *Hohen Meißner.*

Anreise & Tourvorschläge

Nächster Bhf ist Bad Hersfeld, von dort Weiterfahrt nur mit Schulbus.

A7 bis Ausfahrt 87 Kirchheim, auf B454 rechts Richtung Oberaula, nach 7 km rechts auf K34 nach Willingshain; kurz vor dem Ort links Schildern zum Feriendorf und Aussichtsturm Eisenberg bis zum Gipfel folgen.

Der Knüll liegt etwas abseits der größeren Radrouten. Der Eisenberg ist aber von den Hessischen Radfernwegen R1 und R7 in 1,5 Std erreichbar. Dazu weicht man bei Mengershausen vom Hauptweg ab und quert in westlicher Richtung die Fulda. In Niederaula 1 km auf B454, Ziegenhainer Straße immer geradeaus bis Kreuzung am Friedhof mit Lerchenweg. Ab da auf R11 im Aulatal via Kirchheim 12 km bis Gersdorf folgen. Da rechts über Brücke in den Ort zur Durchgangsstraße, auf Gersdorfer Straße links und nach 300 m mit R10.1 rechts auf K34 und noch gut 5 km bis zum Gipfel.

Fußweg: —

Aktivitäten vor Ort

Der **Eisenberg-Siegelweg** ist vom Deutschen Wanderinstitut als Premiumweg zertifiziert. Durchgehend mit gelbem ES auf grünem Grund markiert, führt die große Runde (14,5 km, 4 Std) moderat auf und ab. Wald und offene Flächen wechseln sich ab und es bieten sich viele weitere Ausblicke. Vom Turm aus in östlicher Richtung den Wanderzeichen Weißes Kreuz

35 und 42 sowie X16 folgen. Der Pfad führt 650 m abwärts, dann stößt er an einer kleinen Lichtung mit Jagdhütte auf das ES, welches kurz darauf rechts auf einen Hauptweg trifft.

MTB Wer die pmv-Mountainbiketour 67 erweitert, kommt recht passabel auch zum Eisenberg, ↗ pmv online.

HEISSE AUSSICHT VOM KALTEN VULKAN

Der Vogelsberg ist das größte zusammenhängende Vulkangebiet Europas. So zentral, wie der Gigant in Hessens Mitte liegt, eröffnet er einem Aussichten auf alle umliegenden Mittelgebirge.

Vogelsberg: Taufstein und Hoherodskopf

Vogelsbergkreis
63679 Schotten
Lage: Taufstein: 773 m, N 50 31.026, O 9 14.302
Hoherodskopf: 764 m, N 50 30.617, O 9 13.485
Höhe: 22 m
Öffnungszeiten: Frei zugänglich
Ausgangspunkt: Infozentrum Hoherodskopf
Einkehr: Auf dem Hoherodskopf (von Restaurant bis Kiosk), etwas unterhalb der Taufsteinhütte

▶ Er ist schon ein bemerkenswerter Berg, der Vogelsberg: Zwar ist es rund sieben Mio Jahre her, dass er als größter Vulkan Europas Feuer spuckte. Doch wenn man sieht, wie die großen Verkehrswege einen Bogen um ihn schlagen, dann scheint da selbst nach so langer Zeit noch Respekt mitzuschwingen. Vielleicht aber ist das auch ein Glücksfall für die Landschaft. Da die Menschen lange brauchten, um ihr auf die Pelle zu rücken, ist viel urwüchsige Natur erhalten.

Wobei … dem Aussichtsturm ist die ein bisschen zu Kopfe gestiegen: Auf dem **Taufstein,** dem höchsten Gipfel des Vogelsbergs, wo *Bonifatius* angeblich bei der Durchreise ein paar Christianisierungswillige taufte, ist die Sicht nicht in alle Richtungen ungehindert. Die nähere Umgebung, etwa Schotten und der Niddastausee, bleiben dem Besucher verborgen. Das liegt auch an der Form des Gipfelplateaus. Nach so vielen Millionen Jahren ist es großflächig flach abgetragen. Doch jenseits davon, das garantiert die zentrale Lage des Vogelsbergs, haben Sie sämtliche Mittelge-

Taufsteinhütte, Jürgen Carnier, Außerhalb 24, T 06044/2381, Fax 4059. www.taufsteinhuette.de, info@taufsteinhuette.de. Geöffnet Mi – So 11.30 – 23.30 Uhr. Anfahrt: Vom Infozentrum Hoherodskopf 1,1 km zurück Richtung Schotten; hinterm 2. Abzweig am Parkplatz vorbei, dann links Zufahrt zum Lokal. Fußweg: Mit Rotem Kreuz nach Norden, Lokal nach 800 m. | Gediegenes Landrestaurant mit ebensolcher Küche, aber im Biergarten auch einfach und schnell die kleine Vesper für Wanderer.

birge im Blick. Im Osten die Rhön, dahinter etwas nördlich versetzt der Thüringer Wald. Wieder näher der »kleine Bruder« des Vogelsbergs, der Knüll. Dann öffnet sich nach Norden die Sicht über die Westhessische Senke bis zu den Kasseler Bergen. Weiter schwenkt der Blick über den Kellerwald, verliert sich am nordwestlichen Horizont gen Rothaargebirge und ruht nach den *Lahnbergen* bei Marburg auf dem markanten Kegel des ↗ *Dünsbergs.* Etwas südlich davon trennt die Lahn das Land zum Taunus ab, der in 65 km Entfernung mit dem ↗ *Feldberg* den markantesten Punkt liefert. Ist aber der schon nicht recht zu sehen, werden Sie den Odenwald im Süden vergebens anvisieren. Mehr Glück, sollte man meinen, müsste der Spessart bescheren. Doch der, just jenseits der Kinzig gelegen, verschwindet mit seinen nicht einmal 600 m hohen flachen Waldkuppen hinter dem Baummeer um den Turm.

Ob die Aussicht am **Hoherodskopf** schöner ist im Sinne von fotogener, sei dahingestellt. Sie bietet nur einen Ausschnitt, knapp die westliche Hemisphäre umfassend. Aber: Ein Gefühl von majestätischer Weite fliegt einen an beim Blick übers Land, das sich in langen Wellen, gesprenkelt mit Wäldchen und Wiesen, in die Wetterau ergießt.

Brüder in Fernsicht: Blick vom Taufstein zum Hoherodskopf

Anreise & Tourvorschläge

Die Busse des Vulkan-Express (mit Fahrradanhänger) verbinden 1. Mai – letztes Wochenende im Okt jeweils an Sa, So und Fei über den Gipfel hinweg die Bahnlinien um den ganzen Vogelsberg (Turnus ca. alle 2 Std). Die Linien

Winterspaß: Auf dem Hoherodskopf genießen Rodler und Skiläufer die Aussicht nebenbei

VB91 – 95 steuern den Hoherodskopf an, Startbahnhöfe: Mücke, Lauterbach, Wächtersbach (RE und RB) sowie Nidda und Büdingen (RB). Der Bus-Linienverkehr endet unterhalb des Gipfels in Ulrichstein, Breungeshain und Hochwaldhausen; ab da Weiterfahrt mit Sammeltaxi möglich: Busunternehmen, Firma Schulmeyer, 1 Tag vorher unter 01802/606165 anrufen.

Auf der A45 bis Ausfahrt 38, dann auf B275 Richtung Schotten; ab Ober-Mockstadt auf B457 weiter nach Nidda, im Ort auf L3139 nach Unter-Schmitten, dort rechts auf B455 bis Schotten, im Ort circa 2 km der Hauptstraße folgen, dann rechts auf Vogelsbergstraße, nach 800 Metern rechts auf K103 nach Breungeshain; im Ort links auf L3338 (Hoherodskopfstraße) und Schildern zum Hoherodskopf folgen.

Nur für konditionsstarke Radler: Ab Schotten am Fernradweg R4 sind es 470 Höhenmeter bis zum Gipfel! Die Streckenlänge beträgt 13,5 km. Vom Ortskern Richtung Süden (Nidda) bis Ortsende, dann links auf markierten Radweg Hoherodskopfsteig; diesem durch Michelbach und Breungeshain 11 km

WOHER KOMMT DER NAME VOGELSBERG?

▶ Dazu hält die Heimathistorie eine etwas krude Geschichte mit einem armen Schmied und dem Teufel bereit. Der hat wie immer bei Unerklärlichem die Finger im Spiel. Der Schmied muss ihm, um den Tausch Seele gegen Geld abzuwenden, drei Aufgaben stellen, an denen der Schweflige verzweifeln soll. Als Höhepunkt schickt der Schmied seine Frau auf einen Baum – nachdem sie sich erst in Brotteig und dann in Federn gewälzt hat. Angesichts dieses Früchtchens fragt er den Teufel, was das für ein hübscher Vogel sei. Armer Teufel – man stelle sich sein Eheweib in Brotteig ausgebacken auf dem Baum vor und ahnt um das Problem. Jedenfalls sagte der Deibel, so einem komischen Vogel(s)berg sei er noch nie begegnet. ◀

auf den Gipfel folgen, dort scharf links abbiegen auf Radweg T4 (etwa 1,5 km bis Infozentrum).

Vom Infozentrum auf dem Hoherodskopf ist es ein kurzer Weg über die Parkplätze Richtung Sommerrodelbahn und zum Blick Richtung Westen. Der Weg zum Bismarckturm, durchgehend mit »Taufstein« ausgeschildert, führt zurück zum Zentrum, dann direkt am Sendemast vorbei.

Aktivitäten vor Ort

Der Vogelsbergkreis ist in touristischer Hinsicht in Hessen Musterländle. Sehr intensiv kümmern sich die verschiedenen Touristikämter und -verbände in dem sonst armen Landstrich um Gäste.

Der **Vulkanradweg** etwa, eine blitzsauber asphaltierte ehemalige Bahnstrecke, ist der Inbegriff der neuen Genuss-Radwanderwege.

Ähnliches gilt auch für die **Wanderpfade** rund um den alten Vulkan. Zuletzt wurden mehrere »Extratouren« ausgezeichnet.

Dazu kommen auf dem Gipfelplateau noch die **Sommerrodelbahn,** der **Kletterwald** sowie im Winter der **Skibetrieb.** Drei Lifte ermöglichen »alpines« Skilaufen auf 1,7 km. Viel interessanter in der kalten Jahreszeit sind die Loipen: Im Gegensatz zum über-

M **Informationszentrum Hoherodskopf,** am großen Parkplatz rechts, T 06044/966933-0, Fax -33. Schneetelefon 6666. Mai – Okt 10 – 17 Uhr, Nov – April Sa und So 10 – 17 Uhr, Mo – Fr 11 – 17 Uhr. www.hoherodskopf.eu, hoherodskopf@tourist-schotten.de.

laufenen Taunus ist das flächige Vogelsberg-Plateau ideal, um in Skating- oder klassischer Technik durch den Wald zu streifen.

M Wer Flora und Fauna aus der Nähe sehen will, schaut im **Informationszentrum Hoherodskopf** vorbei und streift durch die herzige kleine Schau. Vorm Haus wird dem Besucher erläutert, wie das mit der Magma (heißer Vulkan) und dem Basalt (kalter Vulkan) funktioniert und wie reizvoll die Steinsäulen gerinnen können. Außerdem können Sie Führungen zu Naturparkthemen buchen.

MTB Tour 15 und 49 – GPS-Daten und Zusatzinfo ↗ pmv online, Region Vogelsberg.

DAS HÖCHSTE DER HESSISCHEN GEFÜHLE

Die Wasserkuppe, der Berg der Flieger, ist die höchste Erhebung Hessens. War früher für Ausblicke in alle Richtungen ein langer Rundgang notwendig, so kriegen die Besucher heute vom Radom aus die faszinierende Landschaft der Hochrhön in toto. Mit dem Pferdskopf erwandern Sie einen zweiten, höchst spektakulären Aussichtspunkt.

Wasserkuppe und Pferdskopf

▶ Hessen kann seit 2009 noch ein bisschen höher. Eigentlich ist die **Wasserkuppe** mit 950 m der Top-Gipfel. Doch die letzten Meter waren stets vom Zaun um die Militärgebäude versperrt. Dort hatten sich nach dem Zweiten Weltkrieg zunächst Amerikaner und Franzosen eingenistet, 1978 wurde die Anlage von der deutschen Bundeswehr übernommen. Nachdem eine gemeinnützige Betreibergesellschaft das Radom erworben und zugänglich gemacht hat, dürfen Besucher sogar aus 960 m den Blick genießen – und zwar in alle Richtungen! Das war zuvor nicht möglich. 10 m machen einen Riesenunterschied und dem »Land der

Landkreis Fulda
36129 Gersfeld-Poppenhausen
Lage:
Wasserkuppe: 950 m,
N 50 29.865, O 9 56.165
Pferdskopf: 872 m,
N 50 29.458, O 9 55.242
20 km Luftlinie östlich von Fulda

Öffnungszeiten: Radom: Sonnenaufgang bis -untergang, Eintritt 2 €, Gipfelgelände sonst frei zugänglich
Höhe: 10 m
Ausgangspunkt: Rhön-Info-Zentrum
Einkehr: Wasserkuppe: Hotel, Restaurant und Café Peterchens Mondfahrt

M **Radom Flug gGmbH,** Postfach 1711, 36007 Fulda, T 0661/95250600. www.radom-wasserkuppe.de, h.u.enders@radom-wasserkuppe.de.

offenen Fernen«, wie die Region für sich wirbt, alle Ehre.

Bevor sich Ihnen ganz Hessen zu Füßen legt, wenden Sie sich zunächst nach Osten und nehmen den Thüringer Wald – markant der *Inselsberg* – in Augenschein. Das Werratal dazwischen wird man nur erahnen. Im Uhrzeigersinn geht es weiter und das Auge wandert über den Hochrhön-Rücken mit den Wipfeln auf der Grenze oder schon knapp auf bayerischem Terrain: *Heidelstein, Münzberg,* ↗ *Himmeldunkberg,* ↗ *Hohe Hölle* und ↗ *Teufelsberg* sowie die waldigen Kuppen von *Eierhauck* und *Beilstein,* die unzugänglich sind, weil sie im Truppenübungsgebiet Wildflecken liegen. Eingebettet unterhalb des *Heidelstein* – das ist der flache Gipfel mit dem charakteristischen Fernsehsender – breitet sich das Rote Moor aus.

Gen Westen rollt sich gefühlt das ganze Land Hessen vor einem aus. Ins Auge sticht ein Stück Menschenwerk: der riesige, immerhin auch fast 500 m hohe *Kaliberg* bei Neuhof, Abraummaterial aus der Salzgewinnung. Ziemlich genau in der gleichen Richtung taucht bei Fernsicht der Taunus auf. Wenn nicht, sollte rechts vom Kaliberg immerhin der *Vogelsberg* sichtbar sein. Davor weitet sich das Fuldatal um die gleichnamige Stadt.

Kräftige Spuren hat die heiße Erde in nördlicher Richtung hinterlassen: *Maulkuppe, Stellberg* und der sogenannte Charakterberg der Rhön, die

WEIDEPLATZ WASSERKUPPE

Der Name der Wasserkuppe leitet sich nicht, wie man meinen könnte, von den zahlreichen Quellen ab. Vielmehr bezeichnet eine sehr alte Form des Wortes »Wass« einen Weideplatz. Und davon gibt es für die berühmten Rhönschafe, wie man gesehen hat, reichlich.

↗ *Milseburg* mit der steilen Schulter, erheben sich in wenigen Kilometern Entfernung. Dahinter spitzt eine Kuppe neben der anderen aus den spärlich bewaldeten Niederungen, etwa der Habelberg bei Tann.

Durch die unterschiedliche Topographie ist die Aussicht vom **Pferdskopf** ganz anders als die von der Wasserkuppe: 100 m tiefer zwar, aber spannend ist der schmale, steil abfallende Sporn. Über das mächtige Kreuz hinweg schauend, kommen leicht alpine Gefühle auf. Direkt unterhalb liegt Poppenhausen, linker Hand fällt die felsige Flanke zum Guckaisee ab.

Anreise & Tourvorschläge

RB Fulda – Gersfeld bis Gersfeld Bhf, dann 1. Mai – 3. Okt an Sa, So und Fei Hochrhönbus, www.hochrhoenbus.de; außerdem Rhönradbus des RMV, mit Radanhänger: 1. Mai – 3. Okt an So und Fei. Info: www.lng-fulda.de, T 0661/969420.

A66 bis Ausfahrt 54 Eichenzell, Richtung Eichenzell, dann rechts auf L3307 bis Weyhers, im Ort Richtung Poppenhausen, weiter L3307 bis Abtsroda, im Ort rechts auf L3068 und Schildern zur Wasserkuppe folgen.

Nur für Konditionsstarke zu empfehlen, schließlich sind von Gersfeld aus 460 Höhenmeter zu bewältigen! Vom R1 in Gersfeld an der Kreuzung von B279 und Wasserkuppenstraße auf die Wasserkuppenstraße, dann Radweg rechts abseits von B284 bis Oberhausen; hinter dem Ort B284 kreuzen und Radweg durch Felder zum Hochrhönring folgen, auf dem links bis Infozentrum.

Der 2 km lange Rundweg auf dem Gipfelplateau geht vom Infozentrum in westlicher Richtung an Segelflughallen und -platz vorbei. Der mäßig befestigte Weg macht knapp 50 Höhenmeter, die Richtung ist mit dem Radom (alte Radar-Abhörkuppel) unverkennbar. Nach knapp 900 m stehen Sie am höchsten Punkt

Rhön-Info-Zentrum, Wasserkuppe 1, 36129 Gersfeld , T 06654/918340, Fax 9183420. www.rhoen.de, rhoen-info-zentrum@rhoen.de.

Hotel-Restaurant & Café Peterchens Mondfahrt, Andreas Schubert, Boris Kiauka, Wasserkuppe 46, T 06654/381, Fax 919050. www.peterchens-mondfahrt.de, info@peterchens-mondfahrt.de. Geöffnet 9 – 22 Uhr. | Breites Spektrum von Holzstube über Sonnenterrasse mit Lounge-Möbeln bis zu sehr edlen Räumen mit entsprechender Küche. Die Preise sind gehoben, kleinere Gerichte aber durchaus günstig zu haben.

Foto © Dirk Schmidt, Pixelio

Blau wie Wasser: Auf der Wasserkuppe Richtung Milseburg

der Wasserkuppe. Dann einfach dem Weg weiter folgen und im Uhrzeigersinn um das einst abgesperrte Militärgelände herum.

Aktivitäten vor Ort

Die Wasserkuppe ist ein Tummelplatz für Outdoor-Sportler. Im Sommer sind Wanderer, Biker, Paraglider und Segelflieger unterwegs.

M Ein Besuch im **Deutschen Segelflugmuseum** – die Wasserkuppe gilt als die Wiege des Segelflugs – ist fast schon Pflicht, Infos unter www.segelflugmuseum.de.

Auf und über die Wasserkuppe führen zahlreiche **Wanderwege.** Empfohlen sei eine Wanderung, bei der Sie den zweiten Aussichtspunkt, den Pferdskopf, ansteuern. Bei der 5,5-km-Runde gilt es, 250 zum Teil nicht ganz leichte Höhenmeter zu überwinden. Der Pferdskopf, ein felsiger, steil abfallender Rücken, ist südwestlich vorgelagert. Die Route ist ausgeschildert und in der offenen Landschaft nicht zu verfehlen. Wer mag, macht auf dem Weg beim Fliegerdenkmal Stopp. Und wer keine Scheu vor dem felsigen Abstieg hat, dem sei vom Pferdskopf der Pfad hinunter zum Guckaisee (Einkehrmöglichkeit) ans Herz gelegt. Zurück zur Wasserkuppe gelangen Sie auf dem Weg mit dem Gelben Dreieck.

Im Winter sind **Ski- und Skilanglauf** angesagt; die Rodelbahn ist eine beliebte Attraktion nicht nur bei Kindern.

MTB Tour 24 – GPS-Daten und Zusatzinfos ↗ **pmv online,** Region Rhön.

Guckaisee: Guckai-Stuben, Guckai 5, 36163 Poppenhausen (Wasserkuppe), T 06658/ 9180833, buchungsbuero@yahoo.de. Geöffnet Nov – Ostern Fr – Di 11 – 22 Uhr; Ostern – Okt 10 – 22 Uhr. | Schön gelegenes Ausflugslokal mit Freiluftbewirtung und Blick über den See.

Es gibt ein paar Punkte in Hessen, an denen kommt ein »Fernseh«-Süchtiger nicht vorbei. Neben dem höchsten Gipfel, der Wasserkuppe, ist das ganz klar der Große Feldberg im Taunus mit der markanten Silhouette des Ensembles von Fernmelde- und Aussichtsturm.

DER DOMINATOR

Großer Feldberg

▶ Ein wichtiges Kriterium für Berge sind unter Geografen Dominanz und Prominenz. Diese Alleinstellungsmerkmale geben an, wie weit der nächst höhere Berg entfernt ist und wie tief die nächste Scharte liegt, über die man zum nächst höheren Gipfel wieder aufsteigen muss. Der Große Feldberg ist ganz schön dominant. Jedenfalls für einen Hügel seiner Höhe. 101 km ist es bis zur *Dammersfeldkuppe* (928 m) in der Rhön, die anzupeilende Scharte (muss nicht in gerader Linie sein) bei Gießen liegt 670 m tiefer; gerade Zweiteres ist ein Wert, der selbst Alpengipfel zum Erröten bringt. Dabei spielt nicht einmal die Diskussion um die Höhe des Taunus-Chefs eine Rolle: Die steht in offiziellen Karten mit 878,5 m, sonst wird auch gerne 881,5 m genannt (Wikipedia behauptet das steif und fest). Amtlich jedenfalls sind 879 m. Das hat das Landesvermessungsamt 2009 festgelegt mit Bezug auf die »Geländehöhe am Eingang zu den Telekom-Gebäuden«. Wie auch immer: Die Dominanz drückt sich in einer wahrhaft gigantischen Rundumsicht aus. Schon vom Brunhildisfelsen an der westlichen Kante des Gipfelplateaus meint man, abheben zu können. Auf dem 40 m hohen **Aussichtsturm** unterbinden zum Glück Glasscheiben solche Gelüste. Er wurde 1902 erstmals zugänglich gemacht. Im Zweiten Weltkrieg zerstört, baute ihn der Hessische Rundfunk 1949 plus Antenne wieder auf. Neben dem in seiner Form einzigartigen und deshalb denkmalgeschützten Fernmeldeturm

Hochtaunuskreis
61389 Schmitten
Lage: 877 m, N 50 13.925, O 8 27.483
Höhe: 40 m
Ausgangspunkt: Oberursel-Hohemark
Öffnungszeiten: 9 – 18 Uhr; bei schlechtem Wetter sind Kiosk und Turm geschlossen!
Eintritt: 1,60 €, Kinder unter 13 Jahre 0,60 €
Einkehr: Auf dem Gipfelplateau

Der Aufgestumpte: Feldbergturm und Feldberghof

Foto © Peter Meyer

SPITZENSPEKTAKEL

kommen einem die 40 m recht klein vor. Die Aussicht ist einerseits eine verblüffende, andererseits wenig überraschend. Weniger, weil einem klar ist, dass es eine riesige Rundumsicht sein muss. Verblüffend aber, wie beinahe schon flach der übrige Taunus von hier aus wirkt. In nahezu sanften Wellen strebt er in alle Richtungen zu Tale, vom Altkönig mal abgesehen. Dabei wird jeder, der zu Fuß herauf kam, die Sache als anstrengend empfunden haben.

Nur der Drachen kommt höher hinauf: Kletterfelsen auf dem Feldberg

Für eine gewisse Übersicht sorgen im Aussichtsrondell die leider eher schlichten Namenstafeln über den Scheiben. Zumindest erfährt der Besucher, was die nähere Umgebung parat hält. Den Flughafen würde wohl noch jeder selbst erkennen, den Glaskopf oder die beiden großen Brücken von Autobahn und ICE im Theißtal bei Niedernhausen nur wenige. Wie dominant der Feldberg ist, merkt der Besucher, wenn er die seltene Gunst von wirklich klarer Sicht erhält. Im Süden weit das Rheintal hinunter steigen rechts davon Pfälzer Wald und *Donnersberg* an. In Verlängerung des Theißtals zieht sich der Kamm des Rheingau-Taunus; am markantesten, weil ein Sendemast ihn krönt, die *Hohe Wurzel* (618 m) bei Schlangenbad. Über den Hintertaunus hinweg reicht der Blick zum Westerwald. Jenseits des ➚ *Pferdskopfs* erhebt sich am Horizont das Rothaargebirge. Fast exakt im Norden und deutlich näher steht der ➚ *Dünsberg,* der gleichmäßige Kelten-Kegel bei Gießen. Kellerwald und *Knüll* in Nord-Nordost und 100 km entfernt kriegt man – wie die Rhön im Osten – nur selten zu Gesicht, beim ↗ *Vogelsberg,* über die ↗ *Saalburg* hinweg in 60 km Entfernung stehen die Chancen erheblich besser. Sollte sich die Dunstglocke über Frankfurt heben, zieht jenseits der Hochhäuser der Spessart eine dunkle Linie am Horizont. Rechts davon schält sich der Odenwald aus dem Maintal hervor. Die höchsten Gipfel, ↗ *Neunkircher Höhe* (605 m, in 62 km Entfernung) und *Katzenbuckel* (626 m, 100 km weit weg) gerade jenseits der Grenze zu Baden-Württemberg, stehen übrigens fast in gerader Linie hinter Höchst. Der viel einprägsamere Gipfel trotz seiner nur 517 m ist der ↗ *Melibocus* als scharf geschnittener Abschluss zur Bergstraße und zum Rheintal.

Anreise & Tourvorschläge

- Ab Frankfurt Südbahnhof oder Hauptwache U3 bis Endhaltestelle Oberursel Hohemark oder ab Frankfurt Hbf Bahn R12 bis Königstein; dann jeweils mit Bus 57 zum Gipfel.
- A661 Richtung Oberursel bis Autobahnende, dann auf B455 Schildern Großer Feldberg folgen, am Kreisel Hohemark 1. Ausfahrt auf L3004, am Sandplacken dann links und auf der L3024 hinauf bis zum P unterhalb der Türme.
- Bis knapp unter den Gipfel führen der Deutsche Limesradweg und der Weiltal-Radweg. Um bis zum Gipfel zu kommen, entweder an Gaststätte Rotes Kreuz oder Sandplacken auf L3024 und 2,5 bzw. 3 km bis oben.
- Ab Hohemark markierte Wanderwege (10 km).

Aktivitäten vor Ort

- Am Feldberg als einem der zentralen Punkte im Taunus treffen sich mehrere **Fernwanderwege**, dazu kommen **Rundwanderwege** wie jener zu *Fuchstanz* und *Sandplacken*, Markierung Roter Fuchs, 9 km. Ein hübsches Ziel ist auch das *Römerkastell Feldberg;*

Feldberghof, Familie Stürtz, Großer Feldberg 5, T 06174/ 92340, Fax 923425. www.feldberghof.com, info@feldberghof.com. Geöffnet letzter So März – letzter So Okt 11 – 22, So und Fei ab 10 Uhr, Okt – März Fr – Mi 11 – 18, Do bis 22, So und Fei ab 10 Uhr. | Großer, mit hellem Holz eingerichteter Gastraum mit Blick auf den Vordertaunus. Extra Räume für Gesellschaften, schmale Balkonterrasse. Einfache, schmackhafte und preiswerte Gerichte, Kuchen und Eis.

Nicht vergessen: Auf der Wendeltreppe muss gewendelt werden!

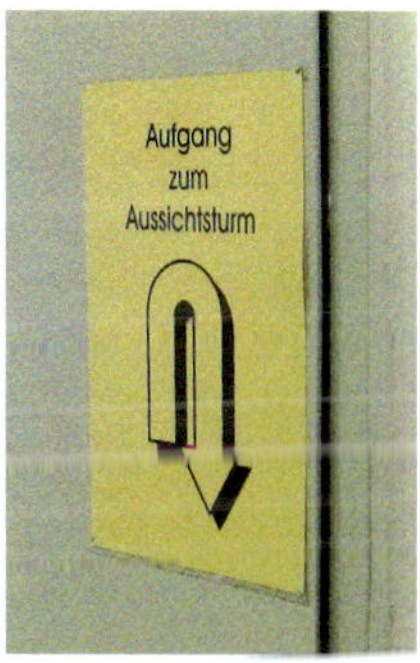

Rundweg mit 5,5 km. Dazu folgen Sie dem Schwarz-Blauen XT und dem Wanderpfad über Wurzel und Steine auf der Westseite des Feldbergs zur Weilquelle hinab; in Sichtweite unterhalb quert breit und eben der Limesweg, auf dem Sie nach dem Kastellbesuch rechts weiter gehen. Der Limesweg, an dem schnurgeraden parallel verlaufenden Wall zu erken-

QUARZIT IM TAUNUS

▶ Der Taunus als Teil des Rheinischen Schiefergebirges entstand aus Tonschlämmen, die sich vor 350 Mio Jahren dort ablagerten und diverse Quarzitbänke umschlossen. Der Schlamm verschieferte. Doch auch diese festere Form wurde im Laufe der Jahrmillionen wieder weggespült: das normale Schicksal von so alten Gebirgen wie der Taunus eines ist. Stehen geblieben sind die harten Quarzitbänke. Das helle, teils weiße, oft auch ins Hellbraune spielende Gestein ist jedoch kein echter Quarzit, sondern Sandstein, durch Kieselsäure verfestigt. Besonders schön ist diese Silizium-Verbindung am *Brunhildisfelsen* zu sehen. Andere namhafte Vorkommen sind die *Eschbacher Klippen,* ein beliebter Kletterfelsen, oder die Hungersteine im Rhein im Binger Loch. Etwas weniger bekannt, aber genauso witterungsbeständig: der *Zacken* (unweit Gaststätte Rotes Kreuz), der *Kocherfels* bei Falkenstein, der *Goldgrubenfelsen* oberhalb der Hohemark; von da Richtung Saalburg gehend, trifft man auf den *Marmorstein.* Schließlich die *Weiße Mauer,* eine ganze Steinhalde unterhalb des Altkönig. Bekannt sind im Taunus noch *Säunickels Kleiderschrank, Hauburgstein, Hirschsteinfelsen* oder, um ein entfernteres Beispiel zu geben, der *Graue Stein* im Rheingau (zwischen Stephanshausen und Hallgarter Zange).
Diese harten Fakten scheinen schon die Vorfahren befeuert zu haben. In den unwegsamen Wäldern waren solche Landmarken, neben Gewässern, markanten Gipfeln und Baumriesen , untrügliche Wegzeichen. Der Brunhildisfelsen wird schon 1043 als »lectulus Brunhildi«, als Brunhildes Bettlein urkundlich erwähnt. Das spielt auf die Siegfried-Sage an. Nach der Legende soll sie dort in Schlaf versetzt worden sein. Das löste die ältere Lesart ab, nach der jener Solitär Lagerstatt der Germanen-Götter war. Man sieht: Ob Walküre oder alter Gott, wer so ein Gestein als Ruhekissen wählt, muss knallhart im Nehmen gewesen sein. ◀

nen, stößt nach 2,7 km auf die L3024, davor mit XT zum Feldberg zurück.

❄ Im Winter kann man auf diversen **Loipen** etwas unterhalb des Gipfels (Einstieg am Sandplacken, Rotes Kreuz oder Oberreifenberg) Langlauf machen und auf der Piste am Gipfel sowie der großen Wiese bei Oberreifenberg Rodeln.

Die **Falknerei** wenige Meter unterhalb der Gaststätte lädt bei gutem Wetter täglich um 14 Uhr zur Flugschau.

MTB Touren 26 und 74 sowie nahe am Gipfel 9 und 14 – GPS-Daten ↗ pmv online, Region Taunus.

Foto © Peter Meyer

Empfehlenswert: Ein Besuch auf der Saalburg

KIRCHTURMBLICK

Die Neunkircher Höhe ist mit 605 m der höchste Punkt im hessischen Teil des Odenwalds. Ohne den Kaiserturm wäre sie jedoch nur eine von zahllosen bewaldeten Kuppen im Kristallinen Odenwald, wie die Geologen ihn nennen. So aber erlaubt das 1906 erbaute Steintrumm eine grandiose Rundumsicht, die sich exquisit unterscheidet zu dem Laub gerahmten, eher intimen Blick bei Neunkirchen auf Schloss Lichtenberg.

Neunkircher Höhe & Skilift-Blick

▶ Der Odenwald ist geradezu prädestiniert für Aussichten: Dort, wo er zu Rhein, Main und Neckar ausläuft, finden sich alle naslang tolle Stellen; ähnlich auch bei den Tälern der größeren Binnen-Flüsse wie der Gersprenz, Weschnitz oder Mümling. Aber wer sich nur ein bisschen davon weg begibt, ist schnell von dichtem Wald in den oft steilen und gewundenen Seitentälern umgeben. Für Klarheit und Übersicht braucht es wahrlich herausragende Punkte, wie die relativ zentral im *Vorderen* (oder *Kristallinen*) *Odenwald* gelegene **Neunkircher Höhe.** Das ahnten auch schon die Mitglieder vom Odenwaldklub 1888, als sie dort

Kreis Bergstraße
64686 Lautertal-Gadernheim

Lage: Neunkircher Höhe: 605 m, N 49 43.133, O 8 46.210
Skilift-Blick: 532 m, N 49 43.833, O 8 46.741

Höhe: 34 m

Ausgangspunkt: Wanderparkplatz Neunkirchen

Öffnungszeiten: Sa 12 – 17 Uhr, So und Fei 11 – 17 Uhr

Einkehr: Die Gaststube befindet sich im Turm

Himmelhoch jauchzend und zu Grüne betrübt: Der Blick vom Turm der Neunkircher Höhe in Richtung Neutscher Höhe zeigt viel Grün

erstmals einen hölzernen Turm errichteten. Der brach zwar 1904 in einer Sturmnacht zusammen, aber bereits 1907 feierte man zum 25-jährigen Bestehen des Klubs die Einweihung des **Kaiserturms.**

Von oben bietet sich ein großartiges 360-Grad-Panorama. Hinweistafeln an den Ecken des Turmes erläutern die Umgebung – wobei der Blick vor allem auf fernere Ziele fällt, da die ganze nähere Umgebung dicht bewaldet ist. Es ist nicht ganz einfach, die Grünspan-überzogenen Hinweise zu entziffern. Im kurzen Rundflug die wichtigsten Blickfänge: Fast nördlich der Taunus, davor Frankfurt. Ist das schon schlecht zu sehen, verschwindet der Vogelsberg gänzlich im Dunst. Weiter im Uhrzeigersinn folgt der Spessart, wobei es Übung braucht, um die Trennlinie zum Odenwald, das Maintal nämlich, zu erkennen. Schier endlos buckeln die waldigen Hügel von Ost bis Süd. Erst dort finden Sie im *Katzenbuckel,* mit 626 m der höchste Odenwald-Gipfel, schon in Baden-Württemberg gelegen und dem *Hardberg* mit Sendemast über Waldmichelbach wieder Landmarken. Ebenfalls gut zu erkennen sind die Schornsteine der BASF bei Mannheim und jenseits vom Rhein ansteigend der Pfälzer Wald sowie, im Westen, der *Donnersberg.* In der Richtung auch die anderen wesentlichen Gipfel des Vorderen Odenwalds: ↗ *Melibocus, Krehberg* und *Felsberg* mit Sendemasten knacken alle die 500-m-Marke. Auffällig sind zudem noch die Windräder in Nordwest, das ist die *Neutscher Höhe.*

Ganz anders als der windige Turm empfängt einen der kleine Aussichtspunkt oberhalb des **Neunkircher Skilifts.** Schön gerahmt vom Blattwerk gleitet der Blick das Fischbachtal hinab und verweilt auf *Schloss Lichtenberg,* nur die Straße stört ein wenig. Blendend weiß hebt es sich von seiner Umgebung ab. Das Renaissance-Schloss des Grafen *Georg I. von Hessen-Darmstadt* aus dem 16. Jahrhundert beherbergt heute ein Museum. Dahinter laufen Fischbach- und Gersprenztal gen Dieburg und den Rodgau nach Norden hin aus. Leicht rechts versetzt sollte man, trotz der versmogten Rhein-Main-Ebene den Vorspessart, den *Hahnenkamm,* noch ansteigen sehen.

Gaststätte Im Kaiserturm, Familie Rettig, T 06254/415. Geöffnet wie Turm. | Schlichtes Ausflugsrestaurant mit weitläufigem Außenbereich; kleine Vesperkarte und Kuchen.

Anreise & Tourvorschläge

RE, RB Darmstadt – Aschaffenburg bis Bhf Reinheim oder RB Weinheim – Fürth bis Bhf Fürth, dann je Bus 693 bis Reichelsheim Reichenberghalle, dann Bus 15 nach Lindenfels-Winterkasten bis Oberdorf. Hauptstraße wenige Meter bergab, rechts in Schleichweg und nach 800 m rechts mit Rotem Quadrat noch 600 m zum Aussichtspunkt hinauf.

A5 Ausfahrt 30 Bensheim, auf B47 nach Bensheim und durch den Ort Richtung Lindenfels, in Gadernheim links ab auf L3099 nach Modautal, im Ort auf Odenwaldstraße rechts, L3102 bis kurz vor Lützelbach, dann links und L3399 bis Neunkirchen, dort links zum Wanderparkplatz.

Der Hessische Radfernweg R9 verläuft knapp unterhalb der Neunkircher Höhe; der direkte Weg hinauf ist fürs Tourenrad nicht empfehlenswert. Im Ort Winterkasten auf der Hauptstraße davon abweichen. Die L3399 nördlich weiter und in den Wald hinauf bis

SPITZENSPEKTAKEL

Odenwald Bergstraße – Kultur & Genuss stellt Orte, Sehenswürdigkeiten, Burgen, Gastronomie und Wanderungen zwischen Rhein, Neckar und Main vor. ISBN 978-3-89859-300-7, pmv, 14,95 €.

Wanderparkplatz Weinstraße, da links und Hauptweg mit Gelbem Quadrat bergauf; nach 1 km führt Gelbes Quadrat links zum Kaiserturm – dort jedoch noch nicht, sondern erst 50 m weiter Wirtschaftsweg links abbiegen.

- Vom Wanderparkplatz Neunkirchen mit Rotem Quadrat über L3399 und im Wald aufwärts 1,7 km bis Kaiserturm. Als Variante für den Rückweg folgender Vorschlag (Länge 2,7 km): Auf der anderen Seite der Neunkircher Höhe mit Gelbem Quadrat hinab und nach 100 m mit Quadrat rechts Richtung Gadernheim; weiter unten am Schlangenweg Gelbes Quadrat ignorieren, weiter geradeaus und Gelber 3 folgen. Mit ihr erst links, dann rechts ab und an der Schutzhütte kurz später rechts gehen; dann immer geradeaus bis Neunkirchen zurück.
- Um zum Ausblick am Skilift (seit 2009 geschlossen) zu kommen, in Neunkirchen auf den Teerweg zwischen Friedhof und Gasthaus, nach 150 m rechts zur L3399 hinauf und auf ihr 130 m bis zur Schutzhütte rechts im Wald.

Aktivitäten vor Ort

- Eine knapp 12 km lange **Rundwanderung** verbindet Neunkircher Höhe mit ↗ *Rimdidim* und Burg Rodenstein ↗ **pmv online.**
- **MTB** Touren 11 und 41 – GPS-Daten und Zusatzinfos ↗ **pmv online,** Region Odenwald.

RIESEN AUS HOLZ & STAHL

Giro

Es gibt reichlich Aussichtspunkte im nordöstlichen Hessen, man denke nur an den Giganten über Kassel, den Herkules, oder das landschaftlich so reizvolle Hochplateau des Meißner – trotz alledem verdient der eher wenig bekannte Große Bärenberg mit seinem metallenen Turm fraglos ein Prädikat wie »Leuchtturm des Nordens«.

LEUCHTTURM DES NORDENS

Großer Bärenberg

Landkreis Kassel
34289 Zierenberg
Lage: 599 m, N 51 21.144, O 9 16.098
Höhe: 30 m
Ausgangspunkt: Wanderparkplatz Bärenberg
Öffnungszeiten: Frei zugänglich

▶ Viele Aussichtstürme sind vom Tal aus überhaupt nicht zu sehen. Sie gehen im Gewimmel der Bäume unter. Ganz anders auf dem **Großen Bärenberg** mit seinen 601 m. Auch wenn der Turm nicht an der höchsten Stelle steht, prägt der stählerne Riese das Bild schon von Weitem, wie Reisende auf der A44 wissen. Bis ganz oben auf dem kombinierten Sende- und Aussichtsturm mit den vier Geschossen dürfen indes nur Sendetechniker. Die Aussichtsplattform auf 30 m Höhe ist von den vier Ebenen die unterste. Aber auch die will mit ihrer luftigen Wendeltreppe erstiegen sein. Das Panorama, das sich dem Schwindelfreien bietet, ist schlichtweg fantastisch. Vielleicht liegt das nicht allein an der absoluten Höhe, denn das ↗ *Hohe Gras* in 8 km hat noch ein bisschen mehr zu bieten, sondern am windigen Standort.
Kein Problem bereitet es, alle Fixpunkte der näheren Umgebung zuzuordnen: Vier Tafeln geben eindeutig Auskunft und man kann sich am Tableau des langsam nach Norden hin immer weiter abfallenden Landes kaum satt sehen. Noch spannender aber, was an klaren Tagen der Horizont bietet: So ist über Dörnberg und den Habichtswald hinweg der lang hingestreckte ↗ *Hohe Meißner* bestens zu erkennen. Etwas verwirrend in dieser Richtung ist auf der Schautafel der Hinweis auf den *Brasselsberg:* Das ist zwar ein prominenter Ausblick über Kassel, aber mit kaum 450 m hinter dem *Hohen Gras* (615 m) in derselben Rich-

Nerven wie ein Bär: Die braucht, wer den Stahlturm auf dem Bärenberg erklimmen will

Hinterm Bärenberg wird's flach: Blick Richtung Niedersachsen

tung keinesfalls zu sehen. In Verlängerung der Sichtachse über Ehlen hinaus senkt sich das Land zur Hoofer Pforte, dadurch hat auch das Stölzinger Gebirge mit dem ↗ *Alheimer* eine Chance, sich zur Geltung zu bringen; von der Pforte steigt der Habichtswald im südlichen Ausläufer, dem Langenberg, wieder bis zu 557 m an. Bei guter Sicht wölbt sich in direkter Linie dahinter der Knüll auf, bei sehr guter Sicht nimmt der Vogelsberg (95 km entfernt) den Süden ein. Leicht südwestlich, aber deutlich näher, reiht sich der Kellerwald ein mit *Wüstegarten* (675 m) und *Hohes Lohr* (657 m, mit dem Sendemast). Der *Traddelkopf* (626 m) markiert den Übergang zu den Ederhöhen, bevor langsam in der Ferne das Rothaargebirge in 55 km Entfernung das Rund gen Westen abschließt. Die erheblich flacheren Wellen im Norden sind Teutoburger Wald, dessen höchster Punkt der Barnacken mit 446 m ist, Eggegebirge mit Velmerstot, 468 m, das Weserbergland, unter anderem mit Solling mit der *Großen Blöße* (528 m) und Bramwald (*Totenberg,* 408 m) sowie in Ost-Nordost Reinhardswald (*Staufenberg,* 472 m) und Göttinger Wald mit der *Mackenröder Spitze,* 428 m. Dahinter, wenn die Sicht für 100 km reicht, erhebt am Horizont der Brocken sein kahles Haupt.

Anreise & Tourvorschläge

🚌 🚆 RE Kassel-Wilhelmshöhe – Korbach Süd bis Bhf Zierenberg, dann parallel zu Gleisen Richtung Ortsmitte gehen, auf Oberelsunger Straße links über Gleise, weiter bis zum Stiegweg: links abbiegen und mit Wanderweg X2 bis Wanderparkplatz Bärenberg, dann Beschreibung ↗ Fußweg folgen.

🚗 A44 Ausfahrt 67 Zierenberg, nach Ehlen, dort am Ortsrand links auf L3220 nach Zierenberg, in den Ort hinein bis zum Bahnübergang fahren, links auf Oberelsunger Straße abbiegen und kurz später links ab auf Stiegweg, dann 1,2 km bis Wanderparkplatz Bärenberg.

🚲 Durch Zierenberg verläuft der Hessische Fernradweg R4. Im Ort westlich auf Mittelstraße fahren und bis Bahnübergang, dann der ↗ Beschreibung Auto bis Wanderparkplatz Bärenberg folgen, ab da wie ↗ Fußweg zum Gipfel hinauf.

🚶 Vom Parkplatz Bärenberg ist der Weg mit Zum Turm beschildert und den Wanderzeichen Weißes Rechteck und X2 versehen. Der Teerweg geht circa nach der Hälfte in eine Schotterpiste über. Für den Rückweg: Weiter mit Weißem Rechteck und den Berg auf seiner Südseite hinabgehen. Nach 1,8 km kreuzt auf dem Sattel zum Rohrberg der X13. Mit diesem links hinab, später Autobahn unterqueren, nach 700 m am T-Stück links und zurück nach Zierenberg gehen.

Aktivitäten vor Ort

🚶 **Rundwanderwege** des Hessisch-Waldeckischen Gebirgs- und Heimatvereins um Großen Bärenberg und Rohrberg sind ausgeschildert, außerdem vermitteln Tafeln vor Ort eine gute Übersicht und laden zu längeren Spaziergängen ein.

🚲 **MTB** Marathon Zierenberg mit MTB-Route für Hohes Gras/Herkules kombiniert, ↗ **pmv online.**

Habichtswald hautnah: Zwei 6 km lange Rundwege sind perfekt markiert

HÖLZERNE GRENZ-PATROUILLE

Nachdem 1961 die DDR mit dem Mauerbau begonnenen hatte, konnte man von dem 1964 errichteten Plesseturm aus schauen, was »drüben« so vor sich geht. Heute ist das Zonenrandgebiet Vergangenheit, der »Todesstreifen« von einst hat sich zum »Grünen Band« gemausert, wunderbar zum Wandern und zusammen mit der Aussicht übers Werratal ein pralles Programm für einen Tagesausflug.

Werra-Meißner-Kreis
37281 Wanfried
Lage: 479 m, N 51 11.4355, O 10 11.776
Höhe: 22 m
Ausgangspunkt: Wanderparkplatz Plesseblick
Öffnungszeiten: Frei zugänglich
Einkehr: Keine Einkehr in der Nähe

Der Plesseturm

▶ Das ist schon eigenartig mit der hessischen Topografie: In drei Himmelsrichtungen endet das Land am Wasser. Mehr oder minder mächtige Flüsse begrenzen die Gestade des Bundeslandes in Nord, West und Süd. Nur im Osten nicht. Dabei hätte es da mit der Werra eine absolut konkurrenzfähige Kandidatin gegeben. Doch die historischen Grenzen zu Thüringen verliefen anders, ein Stück östlicher, oben auf den Höhen von Hainich und Eichsfeld. Obwohl sich die Plesse so weit in den Osten vorwagt, den Lorbeer des östlichsten Aussichtspunktes trägt der Wartburgblick davon. Immerhin: Der massige **Plesseturm** oberhalb von Wanfried ist definitiv der östlichste Posten mit hessischem Inlandsblick.

Fast magisch zieht die Blickachse über Eschwege mit der Seenlandschaft hinweg zum ↗ *Hohen Meißner* den Betrachter in Bann. Von hier aus gesehen wird der »König der nordhessischen Mittelgebirge« seinem Namen wahrlich gerecht. Dazu trägt das Werratal sein Teil bei, das sich um Eschwege mit dem Zufluss der Wehre anmutig weitet. Mittendrin die bewaldeten Spitzhütchen der ↗ *Leuchtberge,* außerdem die erdgeschichtlich spannende *Blaue Kuppe;* diesen im Profil markant schräg abfallenden Basaltkegel hat schon der deutsche Naturforscher *Alexander von Humboldt* (1769 – 1859) untersucht.

Direkt gegenüber vom Standort legt sich als mäßig hoher Riegel der Schlierbachswald quer. In Südwest ragt die Glaburg mit der *Rabenkuppe* (514 m) auf, im Süden, aber schon auf Thüringer Gebiet, der *Heldrastein* (504 m). Die beiden bezeichnen die Eckpunkte eines höchst markanten, weil steil zum Werratal abfallenden Muschelkalk-Felsabbruchs und sind die höchsten Punkte im jenseits davon liegenden Ringgau. Vor den Heldrastein mit seinem ungewöhnlichen Aussichtsgebäude, dem »Turm der Einheit«, von der DDR 1962 als Radar-Sender errichtet, schiebt sich diesseits der Werra der waldige Sporn des *Muhlienberges,* ebenfalls ein hübscher Aussichtspunkt. Nördlich von Eschwege springt der Blick über ein malerisches Stück Natur, die Hessische Schweiz. Fixpunkt ist die 570 m hohe *Hörne.* Zuletzt ist, gerade noch an den Bäumen vorbei, der 448 m hohe *Hülfensberg* zu sehen. Seit 1360 als Wallfahrtsort beurkundet, fällt vor allem die mächtige Kirche St. Salvator ins Auge, für Bonifatiuskapelle und das große Kreuz (18,6 m), das zu Ehren des Bischofs Konrad Martin errichtet wurde, braucht man ein Fernglas.

Zu Füßen: Der Kellerwald

Anreise & Tourvorschläge

Mit NVV-Bus 200, 231, 236 und 78 bis Wanfried Bahnhofstraße; zu Fuß weiter und rechts am alten Bahnhof vorbei, ehemaliges Gleisfeld überqueren und Straße Auf dem Mäuerchen nach rechts gehen. An der Kreuzung mit Vor dem Gatter links, kurz darauf leicht links in Kirchgraben bis zur Umgehungsstraße B249, ab da ↗ Fußweg.

B249 bis Ausfahrt Wanfried nördlich vom Ort, auf Eschweger Straße in den Ort, nach 300 m links in Plouescatstraße und bis zum Wanderparkplatz Plesseblick fahren. Von Süden auf B250 im Ort auf Marktstraße geradeaus und 800 m weiter, dann rechts in Plouescatstraße.

Der **Hessische Radfernweg** R5 endet in Wanfried, der **Werra-Radweg** läuft hindurch. Einen vorbehaltlos zu empfehlenden Weg hinauf zur Plesse gibt es jedoch nicht. Als Tipp ein 9 km langer Weg mit einem ärgerlichen Teilstück – 3 km auf B249 –, aber auch einer spannenden Passage (Kolonnenweg der DDR-Grenzer) ↗ **pmv online.**

Aktivitäten vor Ort

Da es keinen kurzen Direktanstieg zum Plesseturm gibt, verbinden Sie den Besuch am besten mit einer **Rundwanderung.** Der durchgehend mit P5 markierte Pfad ist 9 km lang und wurde vom Deutschen Wanderinstitut als Premiumweg ausgezeichnet. Zum Einstieg folgt man dem Weg 3 gut 1 km aufwärts bis zum Parkplatz Grillplatz. Wie die Übersichtstafel zeigt, ist es eigentlich egal, ob man dem P5 rechts oder links herum folgt. Ein Schmankerl in jedem Fall ist der Wasserfall Elfengrund auf der Südschleife des Rundwegs.

MTB Für **Geländeradler** bietet sich eine Variante des vom Werra-Meißner-Kreis konzipierten Routennetzes an sowie weitere GPS-Datensätze, ↗ **pmv online.**

Nicht nur Weitblick: Eine Wanderroute führt vom Plesseurm zum Elfengrund mit Wasserfall

Altenburg ist ein häufiger Name in der Topografie und deutet auf uralte Festungen hin. Oft genug sind die Urheber jener geheimnisumwitterten Anlagen die Kelten. Der Clou in der Hinsicht ist die Altenburg bei Bad Zwesten: Nicht nur ein spannender Lehrpfad umkreist den Gipfel, auch ein veritabler Aussichtsturm macht den Besuch lohnend.

KELTISCHER WEITBLICK

Altenburg bei Bad Zwesten/ Neuental

Schwalm-Eder-Kreis
34599 Neuental-Römersberg
Lage: 433 m,
N 51 02.655,
O 9 12.754
Höhe: 18 m
Ausgangspunkt: Parkplatz Grillplatz Römersberg
Öffnungszeiten: Frei zugänglich

▶ Selbst wenn es der Kurort nahe legt: Der Gang auf die **Altenburg** ist beileibe kein Kur-Ausflug. Der mächtige Buntsandstein-Hügel ragt gut 250 m über der Schwalm und dem Durchbruch an der Schwalmpforte in die Westhessische Senke auf. Das will erklommen sein, wobei es vom Grillparkplatz aus deutlich weniger Höhenmeter sind. Der Marsch durch den lichten Laubwald und schließlich durch die mächtigen Reste der keltischen Ringwallanlage, eine der am besten erhaltenen in Nordhessen, lässt ahnen, was deren Erbauer im Sinn hatten: Siedeln in Sicherheit. Freigelegt bei einer Ausgrabung 1984, ist vieles wieder zugewuchert, auch die früher offenbar noch möglichen ebenerdigen Aussichten. Doch zum Glück überragt der 1963 errichtete Holzturm die Baumwipfel.

Die auffälligste Struktur in der näheren Umgebung sind im Osten die vom Braunkohlenabbau übrig gebliebenen Seen: etwas verdeckt der *Borkener See,* umso besser zu sehen knapp nördlich der *Singlissee.* Über den hinaus kommt das Stölzinger Gebirge in den Blick, leicht nördlich dominiert vom ↗ *Hohen Meißner.* Über den Habichtswald bei Kassel, insbesondere den Langenberg als südlichen Ausläufer, und die putzigen Kegel bei Gudensberg hinweg kreist der Blick zum Ederbergland; mit Glück sehen Sie im Nordwesten

RIESEN AUS HOLZ & STAHL

Wo der Keller oben liegt: Aussicht auf den Kellerwald vom Altenburger Turm aus

↗ *Schloss Waldeck.* Das markiert den Edersee, an dessen Südufer der Kellerwald empor wächst. Der gipfelt, vom Standort ziemlich genau in westlicher Richtung, in *Wüstegarten* und *Hohes Lohr,* das anhand des Fernmeldeturms bestens einzuordnen ist. Ebenfalls im Westen liegt Bad Zwesten, wobei der Eindruck unter ein paar klotzigen Neubauten leidet. Nach Süden wandert der Blick über die Schwalm und bei halbwegs guter Sicht zum 60 km entfernten Vogelsberg. Der deutlich nähere Knüll im Südosten ist nur in der blattlosen Zeit zu erspähen.

Anreise & Tourvorschläge

Bahn bis Borken oder Bad Wildungen Bhf, dann AST 408 bis Bad Zwesten Niederurff (T 0180/2003400), dann etwa 3 km zu Fuß: In Niederurff auf Durchgangsstraße südlich, links in Altenburgweg und ab da dem Kellerwaldweg K den Berg hinauf folgen.

Ende A49, dann rechts Richtung Bad Zwesten, aber schon nach 1 km vor Bischhausen rechts auf L3149 nach Zimmersrode; am Ortseingang links in Bahnhofstraße und die K68 bis Römersberg. Dort auf Altenburgstraße links, am Ende der Bebauung links und gleich wieder rechts An der Waldshardt in den Wald fahren. Nach 750 m ist rechts der Parkplatz am Grillplatz.

Die **Hessischen Radfernwege** R4 und R5 führen unmittelbar unterhalb der Altenburg durch das Schwalmtal, allerdings ist von Bad Zwestener Seite aus der Weg hinauf (außer für Mountainbiker) nicht zu bewältigen. Deshalb auf dem R5 nach Borken radeln, dort auf Trockenerfurther Straße abbiegen.

Am Ortsende von Trockenerfuth rechts auf die K68 nach Römersberg, ab da ↗ Anfahrt Auto und Fußweg.

Vom Parkplatz Grillplatz ist der Zugang Teil des **Archäologischen Wanderwegs Altenburg** und mit den Zeichen Weißes Kreuz, Z27 und S59 (Schwalmhöhenweg Richtung Borken) markiert. Von Bad Zwesten führen ab dem Campingplatz an der Schwalm ein Weißes Dreieck sowie die Wege Z25, Z26 und Z27 hinauf.

Schöne Holzkonstruktion: Altenburg-Turm von Bad Zwesten

Foto © Kurverwaltung Bad Zwesten, Wanderwelten

Aktivitäten vor Ort

Der gut ausgeschilderte **Archäologische Wanderweg Altenburg** führt auf gut 4 km an 13 ausgewiesenen Stationen vorbei. Außer der keltischen Höhenburg, der der Berg den Namen verdankt, belehrt der circa zweistündige Spaziergang auch über die Wasserwirtschaft und die spätmittelalterliche Wüstung Blankenhain. Eine Tafel am Startpunkt Parkplatz Grillplatz vermittelt eine gute Übersicht.

MTB Mit einem Abstecher zur Altenburg lässt sich der Kurs des **Kellerwald Bikemarathon** spannend variieren, ↗ **pmv online.**

FRAU HOLLES ZWEITWOHNSITZ

Wie die umgebenden Gipfel der Damshäuser Kuppen ist auch der Rimberg vulkanischen Ursprungs. Da er mit 498 m der höchste der spitzen Kegel ist, lag es nahe, auf ihm einen Aussichtsturm zu installieren, der einem das ganze mittelhessische Land zu Füßen legt.

Rimberg

▶ Berühmt wurde der Rimberg durch einen Maler, genauer: den Illustrator *Otto Ubbelohde* (1867 – 1922). Der versah nichts weniger als jene berühmte, 1906 erschienene Ausgabe der Grimmschen Märchen mit seinen Zeichnungen. Er durch-

Marburg-Biedenkopf
35232 Damshausen
Lage: 498 m,
N 50 50.501,
O 8 37.762
Höhe: 24 m
Ausgangspunkt: Parkplatz am Fuße des Rimberg
Einkehr: In Damshausen

Steht wie ein A: Der Rimberg-Turm von unten

stöberte mit viel Liebe zur Heimat das Marburger Hinterland samt Lahntal und fand dort allerlei Motive, um die wundersamen Geschichten zu bebildern. Wie er ausgerechnet auf den Rimberg als den Sitz von Frau Holle kam? Das Geheimnis hat der früh Verstorbene wohl mit ins Grab genommen, zumal der ↗ *Meißner* als ihr Berg gilt. Das muss einen aber nicht hindern, den Weg auf den Gipfel anzutreten, da Frau Holle dort zuletzt nur noch äußerst selten ihre Betten ausgeschüttelt hat. Sprich: Die knapp 500 m hohe Kuppe ist nur in wenigen Wintern mal von einer geschlossenen Schneedecke geschmückt. Was wiederum den Aufstieg auf den viergeschossigen Holzriesen eher erleichtert. Der heutige **Turm** ist übrigens der zweite. Ein erster war 1900 errichtet worden und 1971 eingestürzt. Da der Gipfel im Grenzgebiet von Caldern und Damshausen liegt, gab es allerlei kuriose Streitereien um das Objekt. Allerdings schafften es private Spender 1977, erneut einen Turm zu errichten, der allerdings Anfang des Jahrtausends wegen Baufälligkeit zeitweilig gesperrt war. Inzwischen steht er wieder in voller Pracht und bietet bei klarem Wetter Fernsicht auf gleich mehrere hessische Mittelgebirge. Außer dem Taunus im Süden mit den markanten Türmen auf dem ↗ *Feldberg* ist gen Osten drehend der weitflächig bewaldete Vogelsberg die herausragendste Landmarke. Fast exakt im Osten liegt der nicht ganz so markante ↗ *Knüll* und ein bisschen nördlich davon die waldreichen Kellerwald-Gipfel *Wüstegarten* und *Hohes Lohr.* Fast das ganze nördliche und westliche Spektrum wird vom Rothaargebirge dominiert – am deutlichsten natürlich die gut erkennbare ↗ *Sackpfeife* mit der 200 m hohen Nadel des Sendemasts. Ebenfalls näher gelegene Blickfänge sind das Lahntal hinauf die Burg Biedenkopf und in der entgegen gesetzten Richtung die Lahnhöhen über Marburg mit dem *Kaiser-Wil-*

helm-Turm, der im Volksmund *Spiegelslust* genannt wird. Mit scharfen Augen wird dahinter ↗ *Amöneburg* auszumachen sein. Dieser spitze Kegel wurde ebenso wie der von einem Fernsehturm gekrönte und deshalb sehr charakteristische ↗ *Dünsberg* im Süden einst von den Kelten besiedelt. Und Reste von prähistorischen Bauten finden Sie auch auf dem Rimberg. Der Ringwall unterhalb des Turms (Richtung Osten) ist allerdings nur noch schwach ausgeprägt.

Anreise & Tourvorschläge

RB vom Bhf Marburg-Erndtebrück bzw. Bad Laasphe bis Bhf Lahntal-Caldern, dann zu Fuß circa 1 km; südlich an L3092 entlang, über die Lahn und auf Mühlenstraße in den Ort hinauf oder mit Bus 481 bis Mühlenstraße; dann wie Beschreibung Rad.

Auf A485 nach Marburg, auf B3 durch Marburg bis Dreieck Cölber Eck, auf B62 Richtung Biedenkopf, bei Caldern Bundesstraße verlassen, auf L3092 in den Ort, rechts auf Mühlenstraße, nach knapp 500 m links in Rimbergstraße Richtung Damshausen und circa 3 km auf Nebenstraße bis Wanderparkplatz am Rimberg.

Auf dem **Lahntal-Radweg** R2 bis Caldern, im Ort auf Mühlenstraße bleiben, dann auf Rimbergstraße südlich Richtung Damshausen abbiegen und knapp 3 km bis Wanderparkplatz; von da dem Hauptweg im Uhrzeigersinn 1,6 km immer bergauf bis zum Gipfel folgen.

Vom Wanderparkplatz folgen Sie der Beschilderung zum Waldrand und haben dann zwei Möglichkeiten: Entweder rechts den Steilen Weg, ein Pfad mit dem Zeichen X10 sowie Blauem Balken, oder wie bei Beschreibung Rad den breiteren Wirtschaftsweg.

Aktivitäten vor Ort

Der dünn besiedelte Landstrich im oberen Lahntal lädt vor allem zum **Wandern** ein. Der vor Kurzem neu

Hinterländer Bauernschänke, Erich Spies, Rimbergstraße 4, 35232 Dautphetal-Damshausen, T 06420/7339, Fax 329306, spies.uwe@web.de. Geöffnet Fr – Mi 11 – 22 Uhr. Anfahrt und Fußweg: Vom Wanderparkplatz auf der anderen Seite des Sattels gut 1 km nach Damshausen hinab. | Netter, kleiner Familienbetrieb, serviert wird in Gaststube und auf der kleinen Terrasse gutbürgerliche, regionale Küche sowie ein »Wandererhappen« für Zwischendurch.

konzipierte und zertifizierte **Lahn-Dill-Bergland-Pfad** führt von Haiger – Dillenburg – Herborn über den Rimberg nach Marburg, Länge 86 km. Für die Mehrtagestour gibt es Pauschalangebote mit viel Service, ↗ www.lahn-dill-bergland.de.

MTB Touren 31 – GPS-Daten und Zusatzinfos ↗ **pmv online,** Region Mittelhessen.

IMPERIALE WEITE

Wetteraukreis
61321 Bad Nauheim
Lage: Winterstein: 482 m, N 50 20.021, O 8 40.037
Gaulskopf: 397 m, N 50 20.348, O 8 38.606
Höhe: Winterstein: 17 m
Gaulskopf: 14 m
Öffnungszeiten: Frei zugänglich
Ausgangspunkt: Gaststätte Forsthaus Winterstein
Einkehr: Am Ausgangspunkt

Der Aussichtsturm auf dem Winterstein und der Nachbau des Römerturms auf dem Gaulskopf sind ohne Wenn und Aber Ziele für Wanderer, respektive geübte Mountainbiker. Zur Belohnung liegt einem auf dem neuen Holzturm Winterstein die Wetterau regelrecht zu Füßen.

Aussichtsturm Winterstein und Römerturm Gaulskopf

▶ Der Winterstein wird gern verwechselt mit dem Steinkopf – auf dem steht jener Fernmeldeturm, der so dominant wie charakteristisch über die nordöstlichen Ausläufer des Taunus wacht. Weithin sichtbar ragt der Betonriese über die waldigen Kuppen auf, aber er steht eben nicht auf dem **Winterstein,** wie viele behaupten. Dort thront seit 2005 der neue hölzerne **Aussichtsturm.** Der alte, 1888 vom Taunusklub errichtete Vorgänger, war in seinen letzten Jahren eine abenteuerliche Kletterpartie und zum Schluss wegen Einsturzgefahr ganz gesperrt. Zum Glück für Wanderer und Mountainbiker wurde die neue Konstruktion schnell in Angriff genommen. Denn die Aussicht von dort oben ist vom Feinsten. Das zumal, da der Aufstieg ausschließlich im geschlossenen Forst vonstatten geht und der Rundblick dann umso eindrucksvoller wirkt. Vom unverkennbaren ↗ *Feldberg* mit seinen Türmen zur Rechten wandert das Auge nach links über die Frankfurter Hochhaus-Silhouette hinaus aufs offene Land der Wetterau: die Kornkammer der Römer, ein Lichtblick für sie im sonst so finsteren Germanien. Am Horizont erhebt sich der ↗ *Vogelsberg*. Der Vulkankegel ist im Laufe der Jahrmillionen etwas platt geworden. Gut zu fixieren ist aber der zweithöchste Gipfel, der Hoherodskopf; er trägt den Fernmeldeturm mit der mächtigen Doppelplattform. Wer den Blick weiter gen Norden wandern lässt, stößt schließlich auf das wohl eindrucksvollste Bauwerk in der Wetterau, die ↗ *Burg Münzenberg* mit ihren zwei imposanten Türmen.

Nicht ganz so imposant ist, zugegebenermaßen, die Aussicht vom **Römerturm** auf dem **Gaulskopf.** Die hohen Bäume drumherum geben nur ein Stück Wetterau frei. Doch bei diesem nachgebauten Turm zählt weniger der Ausblick, als vielmehr sein Anschauungscharakter. Auf den Limes, den Schutzwall der Römer im feindlichen Germanien, trifft der Naturfreund im Taunus immer wieder. Die Wachtürme der Römer sind dagegen allesamt verschwunden. Nur an wenigen Stellen gibt es solche Nachbildungen wie hier. Die gemauerten Wachstationen stammen aus der späteren Zeit der römischen Besatzung (2. Jahrhundert n.Chr.) und ersetzten die ursprünglich hölzernen Wehranlagen des Imperiums.

Foto © Annette Sievers

Steht fest und luftig: Der Winterstein-Holzturm

Forsthaus Winterstein, Erna und Walter Langsdorf, 61239 Ober-Mörlen, Wintersteinstraße, T 06002/303. www.forsthaus-winterstein.de, info@forsthaus-winterstein.de. Mi – Sa 14 – 22 Uhr, So und Fei 11 – 22 Uhr. | Das 250 Jahre alte Haus wird seit den 60er-Jahren als Gaststätte betrieben. Die Einrichtung ist einfach und rustikal; den Räumen schließt sich ein Biergarten an. Am Nachmittag wird Kuchen serviert, ansonsten wenige einfache Gerichte.

Anreise & Tourvorschläge

RE, RB Gießen – Frankfurt bis Bad Nauheim Bhf, dann Bus FB16 bis Langenhain-Ziegenberg.

A5 Ausfahrt 14 Ober-Mörlen, auf B275 nach Ober-Mörlen, im Ort Hauptstraße circa 1,5 km folgen, links in Hasselhecker Straße, aus dem Ort hinaus bis kurz hinter Raststation Wetterau, dann rechts auf Wintersteinstraße und 2,6 km im Wald bergauf bis zur Gaststätte Forsthaus Winterstein.

Eine der attraktivsten Radrouten der Region bietet den Einstieg für diesen Ausflug: der Limesradweg, der insgesamt 800 km lang ist. Er führt von Langenhain-Ziegenberg hinauf zum Gaulskopf – ab da ↗ Aktivitäten. Der weitere Weg zum Winterstein-Turm ist für Tourenradler nicht empfehlenswert, da läuft man besser.

🚲 Der **Limesradweg** lässt sich mit einer weiteren überregionalen Route kombinieren, dem Hessischen Radfernweg R6. Diesen einfach in Wiesenthal verlassen und sich nach Süden von den Schildern des Limesradweges nach Ziegenberg mitnehmen lassen.

🚶 In Ziegenberg zum Ortsende weiterlaufen, dann schräg gegenüber der Schlossstraße links über Usa-Brücke und mit Wanderzeichen Römerturm 5 km bis Gaulskopf bergauf laufen.

Aktivitäten vor Ort

🚶 Am besten, Sie verbinden den Besuch der beiden Türme mit einem 7,5 km langen **Rundweg.** Zunächst zum **Winterstein:** Mit Blick aufs Gasthaus nehmen Sie links die Schneise mit dem Quer liegenden U. Knapp 500 m immer kräftiger bergan laufen, dann mit dem Zeichen links auf einen wunderbaren Pfad abbiegen, der in Kurven und Schlingen 900 m zum Turm führt. Weiter zum **Gaulskopf:** 500 m auf dem Hauptweg in westliche Richtung, dann links einen kleinen, steilen Stich hinauf zu einer Teerstraße, geradeaus, bald taucht auch wieder das Quer liegende U auf. Diesem trotz mehrfacher Richtungsänderung 2,5 km folgen; unterwegs passieren Sie den Sender auf dem Steinkopf. Der Weg endet am Limes, ab da rechts mit dem Wanderzeichen Limesturm 2,5 km bis zum Gaulskopf mit dem Römerturm. Zurück zum Ausgangspunkt: Wenige Meter den Limesweg zurück, dann links mit Rotem Kreuz an der Imkerei vorbei und 1,3 km bis zum Gasthaus.

🚲 **MTB** Touren 18 und 36 – GPS-Daten und Zusatzinfos ↗ **pmv online,** Region Taunus.

Wachtposten WP 4/16: Der (gemauerte) Römerturm auf dem Gaulskopf gehörte zu den größten Wachtürmen am Obergermanisch-Raetischen Limes

EIN FALL FÜR LUFTIKUSSE

Der 663 m hohe Pferdskopf ist einer der höchsten Gipfel des Hintertaunus – und vom 34 m hohen hölzernen Aussichtsturm bietet sich ein unvergleichlicher Blick über das Land nördlich vom Feldberg.

Pferdskopf

▶ Wenn sich eine Gebietskörperschaft ein Denkmal setzt – oje, denkt da der Bürger und sucht in der Regel das Weite. Hier ist es einmal anders: 1987 stellte der Umlandverband die mächtige Holzkonstruktion auf und besorgte damit einen Nachfolger jener Stahlkonstruktion, die von 1895 bis in die 60er-Jahre auf dem Pferdskopf stand. Den Umlandverband gibt's nun auch nicht mehr – der **Holzturm** aber steht wie eine Eins. Und das Weite findet der Bürger dort auch: Wenn er hoch über dem Blätterdach des Waldes die sanfte Hügellandschaft des Hintertaunus mit dem Auge abschreitet. Weit dehnt sich das Usinger Becken zu Füßen, unübersehbar die Erdfunkstation bei Merzhausen mit ihrem eigenwilligen technischen Instrumentarium. Die Blicke fliegen das Weiltal hinab; wo das Flüsschen in die Lahn mündet, lässt sich natürlich bestenfalls erahnen. Zu tief liegt diese zwischen Taunus und Westerwald eingegraben. Den sieht man dafür umso besser, bildet er doch gemeinsam mit dem Rothaargebirge den Horizont in nördlicher Richtung. Wer sich weiter gen Westen wendet, wird nur stückweise etwas vom Kamm des Rheingau-Taunus sehen. Zu mächtig ragt der Höhenzug über *Mauloff* und *Wüstems* auf, da reicht nicht einmal die sieben-geschossige Konstruktion mit ihrer schwindelerregend offenen Bauweise. Dafür bietet sich, um die Runde zu vervollständigen, fast genau in südlicher Richtung eine für Frankfurter eher ungewöhnliche Ansicht des *Feldberg-Gipfelplateaus*: Von »hinten« kennen es lange nicht so viele. Die ehemalige, legendäre

Hochtaunuskreis
61389 Schmitten-Treisberg
Lage: 663 m,
N 50 17.417,
O 8 26.070
Ausgangspunkt: Waldparkplatz bei Treisberg
Öffnungszeiten: Frei zugänglich
Einkehr: Wenige Gehminuten unterhalb vom Ausgangspunkt im Ort Treisberg sowie nach einer 6,5 km langen Wanderung im Weiltal (Landsteiner Mühle)

Skipiste *Siegfried-Schuss* unterhalb des Turmensembles ist zu sehen, Oberreifenberg und die tiefe Kerbe des Weiltals rund um Schmitten.

Anreise & Tourvorschläge

S-Bahn bis Bhf Bad Homburg, Bus 50 nach Schmitten-Hunoldstal bis Merzhausener Straße, von dort Anrufsammeltaxi AST82 bis Schmitten-Treisberg.

A5 Ausfahrt Ober-Mörlen, B275 über Usingen bis ins Weiltal, links auf L3025, Weiltalstraße nach Hunoldstal, am Ortsrand rechts auf K742 hinauf nach Treisberg, am Ortsanfang links zum Waldparkplatz.

Radler orientieren sich am durchgehend mit einem Logo beschilderten Weiltal-Radweg. Am einfachsten dann in Hunoldstal die kleine Straße K742 hinauf nach Treisberg. Oben am Ortsrand links zum Wald, weiter mit Wanderzeichen Weißer Kreis, dann mit Blauem Schmetterling rechts in den Schlussanstieg. Allerdings haben Sie auf 3,8 km satte 300 Höhenmeter zu bewältigen!

Vom Waldparkplatz Schildern zum Aussichtsturm folgen; leichter Weg: Wanderzeichen Weißer Kreis, dann mit Blauem Schmetterling rechts hinauf.

Aktivitäten vor Ort

Vom Waldparkplatz gehen mehrere **Rundwanderwege** (3 – 5 km) samt **Lehrpfad** um den Pferdskopf. Infos gibt es am Waldparkplatz.

Für eine etwas längere **Wanderung** (6,5 km) bietet sich ein Abstecher ins Weiltal und zum Restaurant Landsteiner Mühle an, ↗ **pmv online.**

MTB Touren 14 und 18 – GPS-Daten und Zusatzinfos, ↗ **pmv online**, Region Taunus.

In Treisberg: **Gaststätten Zum Aussichtsturm, Taunushöhe** und **Café Sachs.**

Im Weiltal: **Landsteiner Mühle,** Michael Stöckl, Landstein 1, 61276 Weilrod, T 06083/346, Fax 28415. www.landsteiner-muehle.de, mehlbox@landsteiner-muehle.de. Geöffnet 11.30 – 23 Uhr. | Spezialitäten: Apfelwein-Bistrorant. Stilvolles Gasthaus mit Sinn für gehobene Küche mit Extras, der Name Apfelwein-Bistrorant gibt die Richtung vor; mit Freiluft-Gastronomie; kann aber wegen B275 im Weiltal laut sein.

Der Kapellenberg über Hofheim ist der südlichste Sporn im Taunus. Schon 1894 stand dort ein erster Aussichtsturm. Dass die Ortswahl des Taunusklub-Verschönerungsvereins auch heute noch jede Berechtigung hat, ist nicht allein dem tollen Blick über den Flughafen zu verdanken.

HALLO FLUGHAFEN – HIER TOWER HOFHEIM

Meisterturm bei Hofheim

▶ Wer die Daten in diesem Buch mit denen vor Ort vergleicht, wird staunen: Sie differieren merklich. Aber: Die großen Holzschilder am Wirtshaus mit der dicken roten Schrift sind falsch, z.B. die angegebene Höhe von 306 m! Auf jeder offiziellen Karte ist der *Kapellenberg* mit 292 m vermerkt. Und die Stadt Hofheim gibt dem Turm satte 32 m. Prüfen Sie es selbst. Gegen 21,52 m auf dem Holzschild spricht schon die Zahl der Stufen. Bei 172 (Stadt Hofheim sagt 173) hätte jede Stufe nur eine Höhe von 12,5 cm – so flach sind sie nicht! Apropos Stufen: Wer den Weg bis ganz oben beschreitet, staunt ein zweites Mal: Je höher, desto weniger ausgetreten sind sie. Das hat seine Ursache gewiss in der ziemlich offenen Bauweise; auch der offene Gitterrost als Plattform wird manchen zum Umkehren bringen – zumal der Meisterturm bei Wind leicht (!) schwankt

Mit seinen 80 Jahren hat der Meisterturm ja auch schon einiges gesehen. Sein Vorgänger, ein 24 m hoher Holzturm, schaffte nur 26 Jahre. Von dem hat er nur den Namen übernommen: Dieser würdigte den Landrat *Wilhelm von Meister,* ein Sohn des Mitgründers der Farbwerke Hoechst, *Wilhelm Meister.* Seinerzeit fanden sie den Blick auf die rauchenden Schlote gewiss grandios. Heute sollte der Besucher keine Aversion gegen die Bauten einer wirtschaftlich prosperierenden Region haben. Hinter dem *Industriepark Höchst,* so heißen die »Farbwerke« mittlerweile ist das ständige Starten und Landen der Flugzeuge zu sehen. Da-

Main-Taunus-Kreis
65719 Hofheim
Lage: 292 m, N 50 05.895, O 8 26.213
Höhe: 32 m
Ausgangspunkt: Straße Kreuzweg
Öffnungszeiten: Frei zugänglich
Einkehr: Direkt am Turm

Geschummelt: Der Blick auf den Industriepark Höchst wurde aus dem Flugzeug aufgenommen

hinter zieht sich die Ebene bis Darmstadt, dann steigt der Odenwald empor. Dessen markantester Gipfel ist natürlich der ↗ *Melibocus* mit seinem prominenten Standort direkt an der Bergstraße. Westlich des Rheins ist bei guter Sicht der Pfälzer Wald der fernste Punkt, rechts davon die deutliche Wölbung des Donnersbergs. Davor fällt Rheinhessen bis Mainz ab; Wiesbaden verschwindet hinter dem bewaldeten Höhenzug von Langenhain. Wer genau schaut, entdeckt dort auch die Kuppel des Bahai-Tempels. Passt irgendwie, denn die Glaubensgemeinschaft der Bahai mit etwa 5 Mio Mitgliedern bezeichnet sich selbst gern als »die kleinste der Weltreligionen«. Weiter nördlich eröffnet sich eine schöne Perspektive auf das Lorsbacher Tal hinauf bis Eppstein; darüber der Atzelberg mit dem Fernmeldeturm. Dann klotzen die Gipfel im Hochtaunus und lassen ihre bewaldeten Flanken bis auf 879 m mit dem ↗ *Großen Feldberg* ansteigen; rechts daneben der *Altkönig* mit 798 m. Tiefer, viel tiefer wehen über Burg Königstein die Fahnen, etwas rechts davon der baumbestandene Kegel der Burgruine bei Falkenstein. Der Blick fliegt über die Vordertaunus-Gemeinden und verweilt – in Verlängerung davon – jenseits der Wetterau am Vogelsberg. Weit im Osten schließt sich der Spessart mit dem Hahnenkamm als Vorgebirge an, noch davor sind die dampfenden Türme vom Kraftwerk Staudinger bei Großkrotzenburg und die Frankfurter Kulisse mit Fernmeldeturm und der Hochhaus-Insel zu sehen.

Anreise & Tourvorschläge

S2, RE oder RB bis Bhf Hofheim, dann ↗ Fußweg.

A66 Ausfahrt 14 Zeilsheim, auf L3018 nach Hofheim Richtung Kliniken Hofheim, Straße Zeil bergan, Vorfahrt nach links folgen, nach 80 m rechts hinauf im Kreuzweg; am Ende bei Forsthaus und Exerzitienhaus Parkplatz suchen. Ab da Holzschildern Zum Meisterturm folgen.

Der **Hessische Radfernweg** R8 verläuft unweit von Hofheim. Er führt von Lorsbach nach Kelkheim über den Höhenzug, auf dem der Meisterturm liegt. Oben auf dem Sattel, ganz in der Nähe des Gasthauses Gundelhard geht in südliche Richtung das Wanderzeichen Gelber Balken auf die Hohe Schneise. Dieser folgen Sie 2,8 km geradeaus bis zum Ziel.

Vom Bahnhof sind es 2,3 km bis zum Turm: Mit Wanderzeichen Gelber Balken vom Bahnhof links auf Hattersheimer Straße, dann parallel zum Schwarzbach weiter (In der Witz). Nach 800 m rechts Schwarzbachweg hinauf, dann schräg links in Kapellenstraße, am Ende rechts in Dr.-Heimen-Weg, kurz darauf links in den Wald und mit Gelbem Balken noch knapp 1 km bis zum Ziel.

Waldgaststätte Meisterturm, Norbert und Peter Herrmann, Meisterturm 1, T 06192/8887, Fax 902401. www.meisterturm.de, meisterturm@t-online.de. Geöffnet Mi – Mo 12 – 23 Uhr. | Stilvolles Ausflugsrestaurant mit großem Außenbereich (Spielmöglichkeiten). Die Karte bietet pfiffige neue Küche, aber auch handfestes Regionales zur Vesper.

Aktivitäten vor Ort

Sie können den ↗ Fußmarsch auch mit einem Bummel durch **Hofheims schöne Altstadt** mit der sehenswerten Burggrabenzeile und dem Alten Rathaus verbinden. Dazu Unterführung zum Busbahnhof nehmen und gegenüber in die Kirschgartenstraße und zur Altstadt gehen. Wichtig, um den Weg zum Turm zu finden: Am Anfang geht links die Burggrabenstraße ab. Diese geht in Krebsgasse über, dann links auf Kurhausstraße, von der nach 400 m schräg rechts die Kapellenstraße abgeht – weiter ↗ oben.

Eine 9 km lange **Wanderrunde** führt zu einem anderen beliebten Ausflugsziel, dem Gasthof Gundelhard.

MTB Touren 5 und 61 – GPS-Daten und Zusatzinfos ↗ **pmv online**, Region Taunus.

FRANKFURT, PLAN-MÄSSIG

Es gibt in Frankfurt aussichtstechnisch einen Überflieger, einen Klassiker und einen Superklassiker. Der Überflieger ist das Hochhaus Main Tower, aus dem der HR sendet, der Klassiker ist der Henninger Turm mit dem Drehrestaurant, der seit langem geschlossen ist, und der Superklassiker ist der Goetheturm.

Frankfurt
60599 Sachsenhausen
Lage: 147 m,
N 50 05.340,
O 8 42.681
Höhe: 43 m
Ausgangspunkt: Frankfurts Süden
Öffnungszeiten: Goetheturm April – Sep 10 – 18 Uhr, weitere Termine bei gutem Wetter möglich, zu erfragen bei der Hotline des Grünflächenamts T 069/212-30991. Schlüssel beim Wirt der Goetheruh, der u.U. auf Anfrage öffnet.
Einkehr: Am Turm

Goetheturm und Main Tower

▶ Ruhm ist vergänglich. Das mag in Verbindung mit *Goethe* vielleicht seltsam klingen – auf den Goetheturm trifft es zu: 1931 errichtet, galt er lange als das höchste öffentlich zugängliche Holzgebäude Deutschlands – 1999 hat ihm der Jahrtausendturm in Magdeburg den Rang abgelaufen. Was bleibt? Er ist nach wie vor der wohl schönste Aussichtspunkt Frankfurts. Das liegt zum einen an der bezaubernden Lage im Waldspielpark. Zum anderen am Blickwinkel, der sich dem Besucher nach 196 Stufen von der Plattform aus bietet. Da der hölzerne Riese im Süden der Metropole steht, breitet sich die Stadt exakt so vor einem aus, wie beim Blick auf eine Landkarte oder einen Stadtplan!

Dieses Panorama hat sich dem Stifter *Gustav Gerst* (1871 – 1948) seinerzeit natürlich noch nicht so spektakulär wie heute präsentiert. Nicht einmal den *Henninger Turm* gab es damals, mit dem charakteristischen runden, drehbaren Aufsatz, lange Zeit ebenfalls ein Wahrzeichen der Stadt. Dahinter gruppieren sich die Hochhäuser zur bekanntesten Skyline Deutschlands. Herausragend der stark gegliederte 295 m hohe *Commerzbank-Tower* und der ↗ *Main Tower* mit der rot-weißen Sendeantenne des Hessischen Rundfunks, mit 240 m das vierthöchste Hochhaus Frankfurts, sowie weiter westlich der *Messeturm* im roten Art-Deco-Stil und 257 m hoch. Gegen solche Konkurrenz hat es der etwas östlich gelegene

Kaiserdom, mit seinem heute knapp 95 m hohen Westturm Jahrhunderte lang höchstes Gebäude der Stadt, ganz schön schwer.

Deutlich jenseits der Hochhaus-Insel kratzen die Taunusgipfel an den Wolken. Im Norden liegt die Wetterau. Der Blick darauf wird jedoch fast vollständig verdeckt vom Berger Rücken. Über dem taucht im Nordosten der Vogelsberg auf. Im Osten schließt sich der Spessart an, zunächst mit dem *Hahnenkamm* über Alzenau. Ebenfalls in dieser Richtung, wenn auch eher verborgen, breitet sich die Nachbarstadt Offenbach aus, deutlich erkennbar aber das Fußballstadion auf dem *Bieberer Berg.* Etwas südlich und knapp jenseits des Mains dampfen die Kühltürme des Kraftwerks Staudinger bei Großkrotzenburg. Wieder diesseits deutet sich der Rodgau an, lediglich in Richtung Dietzenbach und Babenhausen verdecken die Bäume des Frankfurter Stadtwaldes die Sicht. Im Süden reicht der Blick über Neu-Isenburg und Dreieich bis weit in den Odenwald. Etwas verdeckt in Süd-Südwest befindet sich der Flughafen, der anhand der Flugbewegungen dennoch bestens auszumachen und nicht zu überhören ist. In gleicher Richtung liegen auch das Frankfurter Nobelviertel Lerchesberg und das Waldstadion.

Café Goetheruh, Andre Kleinerüschkamp, Am Goetheturm 1, T 069/686830, Fax 623453. April – Sep Mo – Fr 14 – 18, Sa, So, Fei 12 – 19 Uhr. Bei gutem Wetter oder einem goldenen Okt auch länger. | Kleines, ausgesprochen beliebtes Ausflugslokal mit großem Freiluftareal, kleiner Karte, aber mit leckerem Kuchen. Kommt unprätentiös daher, Preise im für Frankfurt üblichen Rahmen.

Goetheruh und Goetheturm: Klassiker, die die ganze Familie begeistern

Fotos beide © Peter Meyer

Fahrradverleih und -reparatur: Andreas Horst, Sachsenhäuser Landwehrweg 1, 60594 Frankfurt, T 0176/50528599, an_horst74@yahoo.de. Di – Fr 10 – 19 Uhr (wetterabhängig), Sa, So und Fei 10 – 20 Uhr.

Main Tower, 60311 Frankfurt a.M., Neue Mainzer Straße 52 – 58. Höhe 240 m, Aussichtsplattform in 198 m; Fuß 111 m ü. NN., N 50 06.736, O 8 40.322; Plattform: Sommerzeit So – Do 10 – 21, Fr und Sa 10 – 23 Uhr; Winterzeit So – Do 10 –19, Fr und Sa 10 – 21 Uhr. Eintritt: 5 €, ermäßigt 3,50, Familienticket 13,50 € (2 Erw, 2 Kinder) 1,60 € je weiteres Kind, Gruppenticket ab 30 € Pers 3,50 pro Person.

Restaurant und Bar: Di – Do 17.30 – 1, Fr und Sa 17.30 – 2 Uhr. T 069/3650-4771, -4777. www.maintower-restaurant.de.

Anreise & Tourvorschläge

Ab Frankfurt Südbahnhof Bus 48 bis Goetheturm.

Am Offenbacher Kreuz B3 nach Frankfurt-Sachsenhausen, rechts auf Darmstädter Landstraße und an Sachsenhäuser Warte sofort rechts auf Sachsenhäuser Landwehrweg abbiegen und Schildern zum Goetheturm folgen; Parkplatz vor Ort.

Der Goetheturm liegt am Grüngürtel-Radweg, der auf 75 km die Stadt umrundet. Ab der Gerbermühle, eine beliebte Gaststätte am Main, führt der in diesem Abschnitt zusätzlich mit Goethes Konterfei gekennzeichnete Grüngürtel-Radweg über die Straße Deutschherrenufer und die Bahngleise hinweg zum Bhf Oberrad, durch die Wasserhofstraße und Buchrainstraße bergan und schließlich rechts am Waldrand entlang auf dem Sachsenhäuser Landwehr zur Goetheruh und zum Turm.

Goetheweg, Länge 11 km; Start und Ziel am Frankfurter **Goethehaus,** Großer Hirschgraben 23 – 25. Der Weg über Gerbermühle, durch Oberrad, später an Goetheruh und Willemerhäuschen vorbei, ist gut beschildert.

Aktivitäten vor Ort

Der **Waldspielpark Goetheturm** ist mit Riesenrutsche, Wasserbecken, dem Grüngürteltier-Labyrinth und vielem mehr ein beliebtes Ausflugsziel für Familien; Plantschbecken geöffnet 15. Mai – 15. Sep bei sonnigem Wetter über 22 Grad, täglich 10 – 18 Uhr; ansonsten frei zugänglich.

Für den Abstecher zum **Main Tower** (Entfernung knapp 600 m) begeben Sie sich, aus dem Goethehaus kommend, nach links und wieder links in die Straße Am Salzhaus. An deren Ende gehen Sie geradeaus über den Rossmarkt hinweg links in die Große Gallusstraße und kurz darauf rechts in die von Hochhäusern gesäumte Neue Mainzer Straße.

BURGEN & RUINEN

Westhessische Senke? Klingt nach dem Gegenteil von Aussicht. Doch kurz hinter Baunatal hat eine Laune der Natur zahlreiche kreisrunde, mittelhohe Basaltkegel entstehen lassen. Einer davon ist der Odenberg, der »Berg der blauen Blume« in Anlehnung an ein Grimm-Märchen. Gegenüber bei Gudensberg wacht die Obernburg – geadelt mit einer tollen Aussicht, die auch einen Flecken umfasst, der als »Geburtsstätte« des Landes Hessen gelten kann.

BLAUBLÜTIG BIS -BLUMIG

Obernburg & Odenberg bei Gudensberg

Schwalm-Eder-Kreis
34281 Gudensberg
Lage: Burg: 306 m, N 51 10.524, O 9 22.036
Turm Odenberg: 381 m, N 51 11.723, O 9 22.602
Höhe: Turm: 25 m
Ausgangspunkt: Marktplatz
Öffnungszeiten: Frei zugänglich
Einkehr: Diverse im Ort

▶ Die Westhessische Senke zieht sich von Bad Karlshafen im Norden bis Alsfeld zu Füßen des Vogelsberg. Für Laien ist der Sinn des geologischen Begriffs nicht auf Anhieb verständlich – nur hier, im flachen Land von **Gudensberg** über Wabern bis Borken, hat man in der Tat das Gefühl von Senke. Daraus stechen die zahlreichen Kegel, die geologisch zur Gudensberger Kuppenschwelle zählen, umso auffallender hervor, selbst von den Mittelgebirgen der Umgebung wie Knüll und Kellerwald her betrachtet. Und unter all denen macht der Schlossberg von Gudensberg noch einmal besonders auf sich aufmerksam: Die Reste der Burganlage krönen weithin sichtbar den Kegel. 1121 wurde sie erstmals urkundlich erwähnt. Wer zur Ruine, die ab dem 18. Jahrhundert zunehmend verfiel, hinauf gestiegen ist, weiß, weshalb die Grafen im Hessengau diesen Sitz wählten.
Politische Bedeutung erlangte der Ort mit den bemerkenswert großen Fachwerkhäusern spätestens, als die thüringischen Landgrafen dorthin einheirateten. Als deren männliche Erbfolgelinie 1247 ausstarb, fiel Gudensberg an die Grafschaft Hessen. Unweit der Mader Heide ließ 1247 *Sophie von Brabant,* Tochter der *heiligen Elisabeth,* ihren Sohn als *Heinrich I.* zum Landgrafen von

Burgherrenblick: Von Schloss Runkel fällt der Blick auf die beschauliche Lahn

Hessen ausrufen. Nur gut 2 km ist die berühmte Mader Heide entfernt, auf der eine Thing-Stätte, also eine germanische Richt- und Versammlungsstätte lag. Ein Ort, der für die Hessen eine sogar noch tiefer reichende Bedeutung haben könnte. Dort lag vermutlich der chattische Hauptort *Mattium,* dessen Zerstörung durch Germanicus 15 n.Chr. der römische Geschichtsschreiber Tacitus beschreibt.

*Die **Chatten** waren ein straff organisierter germanischer Volksstamm mit kriegerisch bärtigen Männern. Die Chatten gelten als Vorfahren der Hessen.*

Bevor einem nun der Kopf ob so viel Historie schwer wird, lüftet man ihn auf dem gut überschaubaren **Burgplateau** kräftig durch. Eine Steinplatte in der Mitte des ehemaligen Burgfrieds zählt auf, was es in welcher Entfernung – zumindest in der näheren Umgebung – zu sehen gibt; darunter auch die Mader Heide und der *Odenberg.* Etwas weiter schweift der Blick auf den Knüll, gut zu erkennen am Fernmeldeturm auf dem ↗ *Eisenberg,* dann westlich auf den Kellerwald und das Ederbergland inklusive Alter Wald, hinter Lohne. Im Norden der Habichtswald: Zunächst die *Langenberge* und – jenseits von Baunatal – der Hohe Habichtswald mit dem 186 m hohen Fernmeldeturm auf dem *Essigberg.* Im Osten steigt das Land über Eder und Fulda hinweg aus der Senke langsam an zur *Söhre.* Dahinter der ↗ *Meißner* sowie, etwas südlich, das Stölzinger Gebirge.

Hereinspaziert: Den Odenberg im Rücken geht's durchs Tor der Obernburg

halb der Burg ist eine Tafel mit Richtungs- und Entfernungsangaben sowie den Wanderzeichen aufgestellt. Dort ist auch der Start für zwei **Rundwege:** Der kürzere, mit B5 bezeichnete, führt auf 2,5 km um den Burgberg herum.

Für eine längere Tour (13 km) ↗ pmv online.

MTB Vorschlag für eine kräftige Tour Lauterbach – Herzberg – Alsfeld ↗ pmv online.

ZUM KUGELN, DAS RIESEN-KEGELSPIEL

Der Stoppelsberg ist der Vorposten der Rhön in nordwestlicher Richtung. Hoch das Haunetal überragend, bietet er sich als Spähposten geradezu an. Das war auch den Rittern von Haune klar, die von Burg Hauneck aus eine uralte Wegeverbindung von Mainz nach Eisenach überwachten. Reizvoll an dieser Altstraße, der Antsanvia, zudem: Sie schlängelt sich durch das sogenannte Hessische Kegelspiel.

Burg Hauneck auf dem Stoppelsberg

▶ Viel ist nicht mehr übrig vom **Wachposten** der *Haune-Ritter,* der erstmals um 1400 erwähnt wird. Ist auch nicht verwunderlich: Der Reihe nach legten sich die jeweiligen Besitzer mit Stärkeren an, die *Burghauner* etwa ziemlich bald mit dem hessischen Landgrafen, nämlich kurz nach 1400 mit *Hermann II.* Aufgrund der strategisch herausragenden Lage besserten die neuen Herrscher das zerlegte Gemäuer in der Regel aber schnell wieder aus; unter anderem mit Material von den Langen Steinen. Mit dem ausgehenden 16. Jahrhundert verfiel die Burg jedoch zunehmend, sodass heute außer dem Rest des Bergfrieds, des Doppeltors, der Ruinen von Palas und des Küchentraktes vor allem der Abort-Erker noch beeindruckt.

Hersfeld-Rotenburg
36166 Haunetal-Oberstoppel
Lage: 524 m, N 50 45.099, O 9 42.072
Höhe: 533 m
Ausgangspunkt: Parkplatz Burg Hauneck
Öffnungszeiten: Frei zugänglich
Einkehr: Passiert man auf dem Weg zum Parkplatz

*Mit **Palas** wird der im mittelalterlichen Burgenbau beliebte Saalbau bezeichnet, der repräsentativ platziert und ausgestattet war. Über dem Festsaal lagen oft Wohnräume, daneben der Küchentrakt.*

Sehr spannend am **Bergfried** und gut zu sehen: Er wurde direkt auf den basaltenen Gipfelfels gemauert. Der Stoppelsberg ist, wie alle Kuppen dort, vulkanischen Ursprungs; die 1000 Grad heiße Lava erstarrte zu den hexagonalen Säulen. Den Ursprung des Namens Stoppelsberg leitet die Tafel am Turm von »Stuphele« und Althochdeutsch »stouf« = Fels her. Womit elegant die Aussicht auf die extrem auffälligen, kegeligen Kuppen in kaum 10 km Entfernung ins Spiel kommt. Das **Hessische Kegelspiel.** Der Sage nach hätten hier Riesen eine Kegelbahn betrieben, wobei der Stoppelsberg die Kugel war ... Die neun Basaltspitzen südlich von Eiterfeld heißen, der Größe nach, *Stallberg, Appelsberg, Rückersberg, Kleinberg, Wieselsberg, Hübelsberg, Morsberg, Lichtberg* und *Gehilfsberg.* Allerdings werden mitunter auch Stoppels- und der deutlich hinter Eiterfeld liegende *Soisberg* dazu gezählt, wie ein volkstümlicher Merkspruch unterstreicht: »Ein Wiesel trägt auf seinem Rücken einen Apfel durch ein Stoppelfeld in einen kleinen, morschen Stall; so is es.« Geografie leicht gemacht!

Zum Glück sind auch die härteren Brocken in größerer Entfernung eindeutig zu bestimmen: Die Tafel oben auf dem Bergfried (nur für Schwindelfreie) macht's möglich. Jenseits der Kegel zeichnet der Thüringer Wald die Horizontlinie, die im Süden übergeht in die Rhön mit dem Dreigestirn ↗ *Milseburg,* ↗ *Wasserkuppe,* Kreuzberg. Den Westquadranten beherrscht der Vogelsberg. An der Nahtstelle zum ↗ *Knüll* ist in 17 km Distanz die ausladende ↗ *Burg Herzberg* platziert. Dann nimmt das Gelände über den ↗ *Rimberg* Anlauf zu den Knüllgipfeln; auffällig natürlich der ↗ *Eisenberg* mit dem Sendeturm. Weiter nach Norden im Uhrzeigersinn sind ↗ *Alheimer* und ↗ *Meißner* das Maß der Dinge, bevor mit dem Dreienberg bei Friedewald der nördlichste Gipfel der Rhön den

Kreis schließt – jedenfalls fast, denn: Mit scharfem Blick erkennen Sie beispielsweise Richtung Heringen, was eines der Merkmale von Waldhessen bzw. vom Kreis Hersfeld-Rotenburg ist: die *Weißen Berge,* aufgetürmt aus dem Abraum der Kalibergwerke.

Anreise & Tourvorschläge

RB Fulda – Kassel bis Haunetal-Neukirchen.

A7 Ausfahrt 90 Hünfeld-Schlitz, auf L3176 Richtung Hünfeld, kurz davor auf B27 Richtung Bad Hersfeld. Nach 10 km am Wirtshaus Sennhütte rechts auf die K47 und durch Unterstoppel bis zur Villa Phantasia; dort links in den Wald und bis zum Parkplatz. Von Norden verlässt man die B27 in Neukirchen und biegt in die L3431 nach Eiterfeld; in Oberstoppel rechts auf die Burgstraße, K47, wo man nach 500 m rechts den Abzweig Burg Hauneck zum Parkplatz im Wald findet. Vom Parkplatz folgt man zu Fuß der Teerpiste in den Wald hinauf. Sie geht schließlich in einen geschotterten Hauptweg bis zur Burg über (knapp 1 km).

Etwas südlich von Burg Hauneck kommt aus Hünfeld der Kegelspiel-Radweg das Haunetal herab. Die stillgelegte Bahntrasse führt auf 27 km nach Rasdorf. Für den Abstecher nach Oberstoppel einfach in Burghaun weiter auf R12 bis Gaststätte Sennhütte radeln, da rechts zur K47 rauf und bis zum Abzweig zur Burg zwischen Unter- und Oberstoppel fahren.

Die Verbindung zu den Hessischen Radfernwegen ist etwas umständlicher – ausführliche Tipps ↗ www.kegelspielradweg.de, ↗ **pmv online.**

Bahnreisende haben knapp 3 km bis zur Burg: Den Hessischen Fernwanderwegen 3 und 10 mit X3 und X10 markiert durch die Stadt folgen: Holzheimer-, dann Hauptstraße, von der rechts durch Johannesstraße und geradeaus weiter durch Burg-Hauneck-Straße hinauf in den Wald. An der Weggabel auf X3 wechseln und diesem bis zur Burg folgen.

Familien-Café Phantasia, Sabine und Rainer Reul, Burgstraße 28, T 06673/ 919187, Fax 919934. www.villa-phantasia.de, info@villa-phantasia.de. Geöffnet Mo – Sa nach Absprache, So und Fei 14 – 19 Uhr. | Die Villa Phantasia ist ein Schullandheim, das aber auch anderen Gruppen, Familien und Einzelbesuchern offen steht. Für Gruppen interessant sind die Aktiv-Angebote. Unterkunft mit Verpfllegung 18,50 – 24,50 €, günstige Preise im Café.

Für eine mittlere **Wanderung** von 7 km Länge bietet sich ein Rundweg an, der zum Naturdenkmal Lange Steine und der Ilmesmühle führt, ↗ **pmv online.**

TINTENFASS IM KORNFELD

Es gibt nur ganz wenige Bauten im Hessischen, die eine ähnliche Präsenz ausstrahlen wie Burg Münzenberg. Von allen Seiten ist das »Wetterauer Tintenfass« zu sehen – und genauso unverstellt ist auch der Blick in alle Richtungen über die uralte Kulturlandschaft bis hin zu den umliegenden Mittelgebirgen.

Landkreis Wetteraukreis
35516 Münzenberg
Lage: 239 m,
N 50 27.066,
O 8 46.618
Höhe: 28,9 m
Ausgangspunkt: Parkplatz Steinbergstraße
Öffnungszeiten: März, April, Okt und Nov Di – So 10 – 16 Uhr, Mai, Juni und Sep Di – So 10 – 19 Uhr, Juli und Aug 10 – 19 Uhr, letzter Einlass 30 Min vor Schließung; Eintritt 3,50 €, ermäßigt 2 €, Familien 8 €
Einkehr: Kiosk am Einlass

Burg Münzenberg

▶ Wohl jeder, der das Land Hessen auf der Autobahn in Nord-Süd-Richtung oder umgekehrt durchquert hat, wird sich bei der Anfahrt aufs Gambacher Kreuz gefragt haben, was denn das für eine mächtige Burg sein mag, die sich dort so unvermittelt aus dem sanft gewellten Ackerland erhebt. Gleich zwei gewaltige Türme flankieren die Anlage – und haben ihr auch den Spitznamen »Wetterauer Tintenfass« eingebracht. Der spielt auf die althergebrachte Form dieses Schreibtischutensils mit zwei Gefäßen an: eins für Tinte, eins für den Sand zum Trocknen des tintenfeuchten Schriftstücks. Der Eindruck eines Spielzeugs in der Landschaft verschwindet jedoch schnell, je näher man dem Bauwerk kommt. Im 12. Jahrhundert erwarben die von *Arnsburg-Hagens* den »Minzenberch« vom Kloster Fulda. *Kuno I.* erhob die geografische Bezeichnung zum Geschlechternamen und nannte sich ab 1156 *von Münzenberg.* Als Reichskämmerer war er einer der mächtigsten Männer seiner Zeit und sorgte für ein dem Stande gemäßes Domizil. Nicht umsonst gelten die ursprünglichen Teile mit Nord- und Südpalas als Idealbild einer stauferzeitlichen Burg und sind eines der bedeutendsten Baudenkmäler Hessens. Den heute noch so prägenden wehrhaften Charakter erhielt die Burg allerdings wohl erst im 15. Jahrhundert, nachdem sowohl die Münzenberger als auch ihre Erben, die *Falkensteiner,* ausgestorben waren.

Foto © Archäologische Denkmalpflege Wetteraukreis

Vogelperspektive: Die Anlage der Burg Münzenberg ist gut erhalten

Ob die **Burg** wehrhaft sein musste, um sich gegen neidische Nachbarn zu behaupten, oder um die höchst fruchtbare Wetterau fest im Griff zu haben, das sei mal dahingestellt. Wer sich aber auf den für die Öffentlichkeit zugänglich gemachten östlichen der beiden Bergfriede begibt, der kann sich lebhaft vorstellen, mit welcher Freude die jeweiligen Herren auf das umliegende Terrain geblickt haben. Schier endlos wellt sich die uralte und schon von den Römern geschätzte »Kornkammer« dahin. Grenzen setzen ihr erst die umliegenden Mittelgebirge: der Taunus mit dem charakteristischen ↗ *Feldberg* und dem an den Taunusnordausläufern über Friedberg wachenden *Steinkopf*, der an dem darauf thronenden Sendemast ebenfalls gut zu erkennen ist. Bei sehr klarer Sicht sind jenseits der Frankfurter Hochhäuser die Gipfel des Odenwalds auszumachen, ebenso leicht östlich davon der Spessart. Die allmählich ansteigenden Hänge des Vogelbergs schließlich begrenzen die Wetterauer Kornkammer im Osten.

Eberhard Schmitt-Burk, Daniela Grosche, *Vogelsberg, Wetterau mit Kindern*. 400 spannende Ausflüge und Aktivitäten rund ums Jahr. 256 Seiten, ISBN 978-3-89859-432-5, 12,95 €.

Interessante Perspektive: Torbogen und Aussichtsturm von unten

Wie viel Sie vielleicht von Knüll, Kellerwald und Rothaargebirge erkennen, hängt vom Wetter ab. Gut zu sehen sein sollte aber der markante Kegel des ↗ *Dünsbergs,* der sich in Blickrichtung über den Ort Münzenberg hinter dem angedeuteten Lahntal aufbaut.

Anreise & Tourvorschläge

RE, RB bis Butzbach Bhf, dann Bus 200 bis Münzenberg Steinbergstraße.

A45 bis Ausfahrt 36 Münzenberg, auf B488 südlich Richtung Münzenberg, dann gleich links auf L3136 in den Ort hinauf. Gut 1 km durch den Ort, dann von Steinbergstraße links auf großen Parkplatz abbiegen.

Münzenberg liegt am Hessischen Fernradweg R6. Am ehesten bietet sich eine Anreise vom Bhf Lich an. Das ist nicht nur ein sehr hübscher, 10 km langer Weg im Tal der Wetter, unterwegs führt die Route auch am höchst sehenswerten Kloster Arnsburg mit Einkehrmöglichkeit vorbei.

Die Steinbergstraße wenige Meter links zur Wohnbacher Straße und dem Hinweis zur Burg folgen.

Zum Löwen, Burgweg 16, 35516 Münzenberg, T 06004/597. zumloewenmuenzenberg@gmx.de. | Rustikales Gasthaus mit Gartenlokal, gutbürgerliche Küche.

Aktivitäten vor Ort

Spaziergang auf **Geologischem Lehrpfad** (aber auch Infos zu Farnen, Moosen, Flechten), der sich auf der anderen Seite des Parkplatzes unterhalb vom Steinberg über den kargen Boden schlängelt – vielleicht findet man sogar ein wenig Minze: die hat in der Tat dem »Minzenberch« bereits im Mittelalter den Namen eingebracht.

MTB Touren 33 – GPS-Daten und Zusatzinfos, ↗ **pmv online**, Region Mittelhessen.

Interessierte Personen und Gruppen können sich zwecks Besuchs- und Führungsterminen mit Herrn Oeste, T 06422/85168, Fax 922724, oder Herrn Groß, T 06004/3072, in Verbindung setzen. www.geologischer-garten-muenzenberg.de.

Einer der landschaftlichen Höhepunkte des ohnehin attraktiven Lahntals ist der Abschnitt bei Runkel. Über der uralten Brücke aus dem 15. Jahrhundert und dem Wehr liegen sich bilderbuchmäßig die Burgen Runkel und Schadeck gegenüber. Trotz aller Nähe: Auch die Fernsicht kommt an dieser Stelle nicht zu kurz.

ERST LABYRINTH, DANN AUSSICHT

Burg und Schloss Runkel

Um in den Genuss dieser Aussicht zu kommen, müssen Sie ganz schön kraxeln. Und lernen gleich, was für ein schweres Leben die Rittersleut hatten. Kreuz und quer geht es auf den Spuren des Burg-Rundgangs durch das alte Gemäuer vor **Schloss Runkel,** bis der Aufstieg zum Bergfried winkt. Das Schöne dabei: Es ist kein geführter Rundgang, sondern der Besucher erhält beim Eintritt ein Merkblatt, auf dem die 18 sehenswerten Stationen innerhalb des Baus beschrieben sind. Für denjenigen, der sich die verwinkelten, teilweise engen und unförmig getreppten Gänge hinauf gearbeitet hat, ist das Erlebnis umso beeindruckender. Unwillkürlich fällt der Blick hinab auf die historische Lahnbrücke. Die wurde 1448 fertiggestellt und gehört zu den wenigen Brücken, die bis heute allen Hochwas-

Limburg-Weilburg
65594 Runkel
Lage: 129 m, N 50 24.348, O 8 09.403
Höhe: 15 m
Ausgangspunkt: Bhf Runkel
Öffnungszeiten: Burg Runkel: Karfreitag – Mitte Okt, Di – So 10 – 17 Uhr; Eintritt 3 €; T 06482/ 941472, www.burg-runkel.de

Standhaft: Alte Lahnbrücke mit Wehr

BURGEN & RUINEN

Hüben und drüben: Burg Runkel und die schlossartige Burg Schadeck belauern sich und die Lahn

sern, Eisgängen und Kriegen trotzen konnte. Schräg dazu zieht das ebenfalls schon vor Jahrhunderten aufgemauerte Wehr ein weiß schäumendes Band quer durch den Fluss; für Paddler heißt es deshalb hier auszusteigen. Sie gesellen sich zu den Ausflüglern, die gerade im Sommer in großer Zahl an den grünen Lahnufern lagern.
Nur teilweise ist von oben die Unterstadt zu erkennen, umso mehr springt auf der anderen Seite **Burg Schadeck** ins Auge. Unwillkürlich denkt man an verfeindete Burgherren, die sich schon vor dem Frühstück böse Grüße zusandten. Zu Recht! Die Runkelsche Dynastie geriet, kaum 100 Jahre nachdem sie 1159 aus dem Dunkel der Geschichte aufgetaucht war, heftig in Zwist. Resultat: *Siegfried V.* blieb, Vetter *Heinrich* zog aus, baute Schadeck (das heute aus Privatwohnungen besteht) und begründete die Westerburger Linie, die über den Westerwald herrschte.
Schweift der Blick weiter, kann er dem Lahntal einige Windungen entlang folgen. Und das gibt immerhin die Sicht auf die entfernter liegenden Mittelgebirge frei, denn: Unmittelbar rechts und links der Lahn sieht man wenig, das hügelige Land wölbt sich höher auf als die Krone des Bergfrieds. Richtung Westen bildet der Hunsrück die Linie zum Horizont. Gen Südosten nehmen Sie den Taunus ins Visier – und wie die Natur es so will: Die Blickachse zielt genau auf den ↗ *Großen Feldberg,* gut zu erkennen an dem Turmensemble.

Wied'scher Hof, Restaurant und Hotel, Obertorstraße 1, 65594 Runkel, T 06482/ 335, Fax 9490563. www.wiedscherhof-runkel.de, info@wiedscher-hof-runkel.de, Sommerzeit Di – So ab 12 Uhr, Winterzeit Di – Sa ab 17, So ab 12 Uhr.

Altstadt-Café, Burgstraße 2, 65594 Runkel, T 06482/ 949790. Di – So 8 – 18, Mo 14 – 18 Uhr.

Anreise & Tourvorschläge

RB25 auf der Stecke Koblenz – Gießen bis Runkel Bhf.

A3 Ausfahrt Limburg-Süd, auf B8 rechts nach Lindenholzhausen, im Ort links auf L3448 nach Eschhofen, am Ortseingang rechts auf L3020 nach Runkel. Dort Obertorstraße zum Schlossplatz rauf und parken.

Hessische Radfernweg R7 verläuft von Limburg über Wetzlar bis Gießen im Lahntal und unterhalb der Burg durch Runkel, hier Burgstraße hinauf. Der Domradweg führt anschließend weiter nach Fulda.

Vom Bhf über die Lahnbrücke, dann rechts in der Burgstraße bis zur Tourist Info gehne, dort direkt links Burgstraße hinauf bis zum Schlossplatz.

Aktivitäten vor Ort

Paddeln auf der Lahn: Einstiegsstelle in Runkel ist die Slipanlage vor der Schleuse bei Lahn-Km 62,4. Kanuverleih bei *Lahntours Aktivreisen,* www.lahntours.de.

MTB Tour 70 – GPS-Daten und Zusatzinfos ↗ **pmv online**, Region Mittelhessen.

Viva Paradieso Biergarten, an der Lahn, am Radweg, 35796, Fürfurt, T 06474/881833. Mai – Okt So – Do 11 – 22 Uhr, Fr – Sa 11 – 23 Uhr. | Breites Angebot an großen und kleinen Gerichten, auch speziell für Kinder, Spielmöglichkeit.

Burg Schwarzenfels unterstreicht eindrucksvoll, dass dieser heute fast völlig unbekannte Landstrich im Osten Hessens einst eine erhebliche Rolle in der Politik spielte. Die Burg, eine illustre Mischung aus Ruine und prächtig wieder aufgebauter Burg, wacht im Schnittgebiet von Spessart und Rhön an strategisch günstiger Stelle über die Schmale Sinn.

RITTERSCHLAG FÜRS SINNTAL

Main-Kinzig-Kreis
36391 Sinntal-Schwarzenfels

Lage: 426 m, N 50 18.008, O 9 40.273

Höhe: 24 m

Ausgangspunkt: Parkplatz/Bushalt Schlossgasse

Öffnungszeiten: Wie Burgcafé und nach Absprache; Teilsicht auch ohne dies möglich

Einkehr: In der Burg und Gasthaus zur Burg

Burg Schwarzenfels

Burg Schwarzenfels und der alte Teil des gleichnamigen Örtchens kleben regelrecht auf dem Felssporn, den der *Hopfenberg* so frech ins Tal hinaus schiebt. Der schwarze Basalt des Berges dürfte ihr wohl auch den Namen gegeben haben. So ganz ist das jedoch nicht mehr zu klären – ebenso wenig wie der Ursprung und der eigentliche Sinn und Zweck der mächtigen Festung. Die politischen Umstände zur Zeit der ersten urkundlichen Erwähnung, 1280, aber auch die Lage legen nahe, dass es sich um ein wohlkalkuliertes

Verein Ritter Schwarzenfels: c/o Gemeinde Sinntal, Postfach 1152, 36389 Sinntal, T 06664/ 402560, info@ritter-schwarzenfels.de und für Veranstaltungen, auch Burgführungen und in der Umgebung, etwa zum Biberpfad buchung@ritter-schwarzenfels.de.

Gasthaus zur Burg, Karl Hölzer, Schlossgasse 18, T 06664/919140, Fax 919142. www.gasthaus-zur-burg.de, info@gasthaus-zur-burg.de. Geöffnet Do – So ab 11 Uhr, Mo, Di ab 17 Uhr. | Im Kern ist die Bausubstanz der uralten Wirtschaft noch original, wurde aber kräftig renoviert; vom Biergarten schöne Aussicht über das südliche Sinntal. Den Gast erwarten günstige Preise; jeden Do ab 17.30 Uhr ist Schnitzelparty, jedes Schnitzel mit Beilagen für 5,80 €.

Unternehmen handelte. Der Klerus aus Fulda und Würzburg mühte sich, seine Position im hessisch-bayerischen Grenzraum zu halten. In der Situation spornte Kaiser Rudolf I. von Habsburg das Haus Hanau an, dieses »widerrechtlich« angeeignete Territorium zurückzugewinnen. Die später zu Grafen erhobenen Herren aus der Wetterau kamen dem gern nach. Eines der Lehen, mit denen Rudolf seine treuen Vasallen belohnte, ist Schwarzenfels, offenbar gezielt als Verwaltungs- und Gerichtssitz angelegt. Im Laufe der Jahrhunderte zersplitterte die Herrschaft der Wetterauer jedoch und die Burg wurde als Witwensitz schlossartig umgebaut. Schwer geschädigt gegen Ende des 30-jährigen Kriegs, gingen ab Mitte des 17. Jahrhunderts physischer Verfall und Fall in die Bedeutungslosigkeit Hand in Hand. Umso erstaunlicher ist da, wie prächtig ausgerechnet der Pferdestall, der *Marstall,* heute herausgeputzt ist. Doch das ist kein Wunder, denn dort ist eine Jugendherberge untergebracht.

Beim Blick vom **Burgfried** kann einem fast schwindlig werden, denn der Berg fällt zur Schmalen Sinn 160 m ab. Das Auge richtet sich unwillkürlich auf Mottgers mit dem großflächigen Werk des Wohnwagenherstellers *Knaus Tabbert.* Dahinter steigt der Bergrücken mäßig an, die Scharte wird flankiert von *Steinfirst* (512 m) und *Senseberg* (518 m). Wenn es die Sicht zulässt, entdecken Sie etwas rechts vom Einschnitt den Vogelsberg. Rechts das Sinntal hinauf liegt Weichersbach, vor allem aber der ↗ *Stoppelsberg.* Im Schatten der steilen Westflanke knickt die Sinn nach Osten ab. Der auffallende Buckel ist Naturschutzgebiet und kaum mit Wegen erschlossen. Dahinter ragen weiter in südlicher Richtung die 900er der Rhön auf – allerdings versperrt der Hausberg der Burg, der *Hopfenberg* (492 m) den Blick auf die spannendsten Gipfel wie ↗ *Wasser-*

kuppe oder *Dammersfeldkuppe* und *Eierhauck;* nur südlich am Hopfenberg vorbei kriegt man eine Ahnung vom *Kreuzberg* auf bayerischer Seite. In die andere Richtung, nach Süd-Südwest, streift der Blick über die Mündung in die Sinn, dahinter reiht sich eine waldige Kuppe an die andere. Von einem noch höher gelegenen Standpunkt aus könnte man sehen, dass der Spessart von hier bis Miltenberg auf 70 km ein fast ununterbrochenes Waldgebiet bildet.

Anreise & Tourvorschläge

RE, RB Frankfurt – Fulda bis Bhf Schlüchtern, dann Bus oder RB bis Bhf Sinntal-Sterbfritz, von dort Bus MKK 96 oder 97 nach Schwarzenfels Zum Bergfried. Ab da 300 m bis zur Burg.

A7 Ausfahrt 94 Bad Brückenau/Volkers, rechts auf B27 bis Staatsbad Brückenau, dort rechts über Züntersbach nach Sinntal, in Schwarzenfels gleich am Ortseingang rechts in Schlossgasse.

A66 Ausfahrt 48 Schlüchtern-Süd, auf L3329 nach Schlüchtern, im Ort Schildern Richtung Sinntal folgen und auf L3180 bis Sterbfritz; dort in Ortsmitte links und gleich wieder rechts Richtung Bad Brückenau und auf L2304 bis Mottgers fahren. Im Tal Brückenstraße weiter und L3180 nach Schwarzenfels hinauf; kurz vor Ortsende links in Schlossgasse und bis Parkplatz an der Burg.

Der Hessische Fernradweg R2 verläuft unterhalb des Ortes im Tal der Schmalen Sinn. In Mottgers östlich auf der Brückenstraße über die Sinn und auf L3180 wie Auto zur Burg.

Aktivitäten vor Ort

Eine sehr schöne, gut 14 km lange **Wanderung** unter Einbezug der Bahn, bietet sich mit dem *Drei-Burgen-Weg* an, ↗ **pmv online.**

MTB Touren 29 und 48 – GPS-Daten und Zusatzinfos ↗ **pmv online**, Region Spessart.

Burgcafé, Verein Ritter Schwarzenfels, Schlossgasse 24, 36391 Sinntal, T 06664/402560. www.ritter-schwarzenfels.de. Geöffnet Sa, So und Fei 10 – 20 Uhr. | Das kleine, vom Verein betriebene Café ist weniger auf großen Kommerz ausgerichtet, vielmehr soll es den Besuch der Burg abrunden – und mit der Aussicht punkten!

Jugendherberge Burg Schwarzenfels, Schlossgasse 21, T 0160/5340478. www.ritter-schwarzenfels.de, buchung@ritter-schwarzenfels.de.

HOCH AUF DER WEISSEN RÜBE

Wie zwei mächtige Brüder beherrschen die Burgen Otzberg und Breuberg den nordöstlichen Odenwald. Doch der exponierte Kegel mit der charaktervollen weiß getünchten Veste darauf ist der eigentliche Favorit. Er lockt schon von fern geradezu zum Hinaufsteigen – und belohnt mit genialer Weitsicht über die ganze Rhein-Main-Ebene sowie Einblicken tief in den Odenwald.

Darmstadt-Dieburg
64853 Otzberg-Hering
Lage: 368 m,
N 49 49.182,
O 8 54.661
Höhe: 17 m
Ausgangspunkt: Parkplatz am Burgberg
Öffnungszeiten: 10 Uhr bis Einbruch der Dunkelheit
Einkehr: In der Veste

Veste Otzberg

▶ Klingt ganz schön despektierlich: **Weiße Rübe** nannte der Volksmund den Bergfried droben auf dem *Otzberg*. Doch das ist liebevoll gemeint. Was sich nicht zuletzt darin zeigt, dass die Veste für die umliegenden Dörfer bei der großen hessischen Gemeinde-Zusammenlegung in den 1970er-Jahren Namenspate war. Seit der Renovierung Ende des vergangenen Jahrhunderts leuchtet der romanische Zentralbau der Veste wieder in heller Farbe. Das V ist eine altertümliche Schreibweise, hat aber nichts weiter zu bedeuten, außer dem Grundsätzlichen, dass es sich architektonisch um eine Festung und nicht eine Burg handelt.

Erstmals erwähnt wurde das »castrum Othesberg« 1231, erbaut jedoch wahrscheinlich einige Jahrzehnte früher. Das Kloster Fulda sicherte in jener Zeit seine Territorien massiv und untermauerte die Machtansprüche, indem es weithin sichtbare Burgen ins Land setzte. Später wurde ein Bruder von Kaiser Barbarossa Hausherr, bevor die Fuldenser 1390 die Anlage aus Geldmangel an Kurpfalz bzw. die Pfalzgrafen verkauften. Der strategisch interessante Standort war lange heftig umkämpft, bis er im frühen 18. Jahrhundert zur Invaliden-Garnison abstieg und 1803, da schon im Besitz von Hessen-Darmstadt, Staatsgefängnis wurde. Ab 1826 gab das Finanzministerium des Großherzogtums Hessen große Teile

des Baus zum Verkauf und Abriss frei. Übrig blieben Kommandanten- und Bandhaus, diverse Ställe, der extrem tiefe Brunnen und die »Rübe«. So gesehen hat sich die Veste wieder schön herausgeputzt; dazu gehört auch das 1996 als Standesamt hergerichtete Korporalshaus. Was die Otzberger dort oben auf dem Plateau alles organisieren, kann sich sehen lassen: Museum, Sommerkonzerte, Märkte, Apfelweinverkostung.
Als Vorbereitung zum Gang auf den **Turm** hinauf empfiehlt sich natürlich nicht allzu tief in den Bembel zu blicken. Und doppelt sehen ist schon gar nicht notwendig. Es gibt auch nüchtern betrachtet so viel zu schauen, dass einem fast schwindlig wird. Wer den engen, buckligen Treppenschacht hinaufgeklettert ist, steht auf einer kreisrunden, 7 m breiten freien Fläche. Die Himmelsrichtungen sind dezent in der weißen Umfassungsmauer angedeutet. Im Norden fliegt das Auge über die gesamte Rhein-Main-Ebene, im Vordergrund die landwirtschaftlichen Freiflächen im Landkreis Darmstadt-Dieburg. Im Hintergrund schließt sich östlich, wenn das Kraftwerk Staudinger bei Groß-Krotzenburg nicht alles vernebelt, der Spessart an, vor allem der Vorspessart mit dem *Hahnenkamm.* Links hinüber spitzen über den Stadtwald Frankfurts Hochhäuser, dahinter der Taunus, der in westlicher Richtung im Rheingau Taunus ausläuft. Der einzelne herausstechende Mast in dieser Richtung steht übrigens bei Dieburg auf dem *Mainzer Berg,* unweit der Grube Messel. Weiter drehend erklimmt das Auge langsam über den vorderen Odenwald bei Rossdorf und Ober-Ramstadt hinweg die *Neutscher Höhe* – sehr gut an den Windrädern zu erkennen. Ebenso auffallend die mit Sendemasten gespickten Gipfel von ↗ *Melibocus* und *Felsberg* sowie der höchste Punkt im hessischen Odenwald, die ↗ *Neunkircher Höhe* mit ihrem Aussichtsturm.

Wer wie ein Rettich in den Himmel ragt, braucht für den Spott nicht zu sorgen: Die Weiße Rübe der Veste Otzberg

*Eine **Festung** (oder Feste) diente vorrangig militärischen Zwecken, während eine Burg eher einen wehrhaften Wohnbau bezeichnet.*

Über die verschlungenen Einschnitte von Gersprenz- und Weschnitztal hinweg schälen sich in der Ferne die mächtigsten Gipfel im Süden des hessischen Odenwalds heraus: *Tromm* (577 m) und *Hardberg* (593 m).

Anreise & Tourvorschläge

Mit Odenwaldbahn SE65 Darmstadt – Eberbach bis Otzberg-Lengfeld, dann Bus K64 nach Otzberg-Hering, bis Auf der Burg; zu Fuß bis Straße Zum Bergfried und weiter dem Fußweg folgen. www.oreg.de/nahverkehr.

B45 Dieburg – Michelstadt, zwischen Groß-Umstadt und Höchst i.O. nach Westen auf B426 bis Zipfen, dann links auf L3318. Nach gut 1 km rechts auf Odenwaldstraße nach Otzberg-Hering; dort Schildern zur Burg folgen. Kleiner Parkplatz an der Straße Zum Bergfried, sonst 50 m weiter, Hinweis »Hinter der alten Schule parken«.

Der Otzberger Ortsteil Hering liegt am Hessischen Radfernweg R4; im Ort Schildern zur Veste Otzberg folgen.

Vom kleinen Parkplatz direkt unterhalb der Burg: 200 m steiler Weg, sonst Burgweg von 500 m.

Museum, Café und Burgschänke, Rolf und Silvia Tilly, Burgweg 28, T 06162/71114 (Museum), 72274 (Schänke), 0171/2759829. www.veste-otzberg.de, veste-otzberg@rolf-tilly.de. Museum und Café: Sa – Mo 11 – 18 Uhr. Schänke: Di – So 11 – 22 Uhr. Eintritt Museum: 2,50 €, Kinder bis 12 Jahre frei.

Aktivitäten vor Ort

M In der Veste ist ein **Museum** untergebracht. Die Sammlung zur Volkskunde in Hessen haben *Gerd J. Grein* und *Hubert Alles* in fünf Jahrzehnten zusammengetragen. Seit 1984 sind die Eigenarten der hessischen Kultur, speziell der Alltagskultur, dort oben zu besichtigen.

Der Besuch auf der Veste lässt sich mit einer hübschen **Wanderung** (6 km) zur lauschig im Bachtal gelegenen Schmelzmühle verbinden, ↗ **pmv online.**

Eine 31 km lange **Radrunde** verbindet die Veste mit Burg Breuberg und Schloss Nauses, ↗ **pmv online.**

MTB Tour 21 – GPS-Daten und Zusatzinfos ↗ **pmv online**, Region Odenwald.

Breuberg gilt als eine der besterhaltenen Burgen in Deutschland. Der Besucher kann im historischen Gemäuer Quartier in einer Jugendherberge nehmen, auch sonst ist der mächtige Bau bestens auf Gäste eingestellt. Die Aussicht reicht über das Mümlingtal hinweg auf die Höhen von Odenwald und Spessart.

WIE AUS BREI BREU- UND AUS EIN- AUSSICHT WIRD

Burg Breuberg

▶ Ein Ort, an dem Geschichte greifbar wird. Mehr noch: Auf Burg Breuberg begegnet einem die Historie mit einem Augenzwinkern. Ob jedoch die schalkhafte Erzählung wahr ist, die sich um den Namen der Mitte des 12. Jahrhunderts erbauten Burg rankt, ist, wie so oft bei alten Bezeichnungen, kaum mehr nachzuweisen. Jedenfalls soll sich in einem kriegerischen Konflikt mit den Herren der nahen *Veste Otzberg* Folgendes begeben haben: Die Nachbarn belagerten das schon früh sehr wehrhaft ausgebaute Gemäuer nach allen Regeln der Kunst. Doch außer, dass immer mal wieder eine Kanonenkugel in den dicken Wänden der Breuberger Burg stecken blieb, passierte gar nichts. Bis die Otzberger den im Hof aufgestellten Breikessel der Verteidiger empfindlich trafen. Das ganze schöne Essen – perdu! Das fuchste angeblich einen der Burgmannen so sehr, dass er den Schlamassel aufleckte und den Belagerern mit verschmiertem Maul die Zunge herausstreckte. Nicht zu glauben? Doch, die Einsicht dämmert schnell: Denn sowohl der Name des Recken, Werner, ist überliefert als auch sein Konterfei. Man achte beim Betreten der Burg auf den frechen Kopf, den die Steinmetze rechts oberhalb vom Eingang herausgemeißelt haben.

Bei so schönen Histörchen muss die Historie auch einmal zurücktreten. Es sei aber gesagt, dass die Burg um 1160 ursprünglich im Auftrag der Fuldaer Abtbischöfe errichtet wurde. Als Statt-

Odenwaldkreis
64747 Breuberg-Neustadt
Lage: 302 m, N 49 49.215, O 9 02.404
Höhe: 25 m
Ausgangspunkt: Wanderparkplatz Burg Breuberg des Naturparks Bergstraße-Odenwald/Parkplatz für Besucher der Burgschänke direkt unterhalb der Burg
Öffnungszeiten: Turm frei zugänglich, sonst Schlüssel bei der JH. Eintritt 0,50 €
Einkehr: In der Burg

Burgschänke, Norbert Bechler, Burg Breuberg, T 06165/ 912559, Fax 1788. www.burgschaenke.de, bechler@burgschaenke.de. Geöffnet Mi – Mo ab 10 Uhr. | So rustikal wie der Name. Der Biergarten im Burghof ist bei schönem Wetter eine beliebte Anlaufstelle für Tagestouristen und Einheimische. Die Karte mit Fisch und Wild macht Lust auf mehr als nur eine kurze Brotzeit.

halter des Klerus sollte das Geschlecht der Reize von Lützelbach für die Sicherheit der Klöster im nördlichen Odenwald sorgen. Dass man für den Job zumindest einigermaßen Weitsicht braucht, versteht sich. Deshalb der mächtige, 9 auf 9 m messende Turm mit 2,5 m dicken Mauern. Beim Hinaufsteigen beachte man den ursprünglich in 12 m Höhe gelegenen, nur per Strickleiter zu erreichenden Einstieg.

Die Sicht reicht nicht ganz so weit, wie man es bei einer derart mächtigen Burg vermuten würde: Die umliegenden Höhen verhindern den Blick auf Landmarken in mittlerer Entfernung. Klar, das Tal der Mümling direkt unterhalb kann man bestens überblicken, wobei die großen Industriebauten nicht sehr attraktiv sind. Genau in der Richtung über das Tal hinweg modelliert die ↗ *Neunkircher Höhe,* mit 605 m höchster Gipfel im hessischen Odenwald, den Horizont. Der andere große Buckel ist der *Morsberg,* gelegen gegenüber von Reichelsheim im Gersprenztal. Über östlicher und nördlicher Richtung liegt eine Ahnung von Maintal, dahinter schimmern bläulich die höchsten Gipfel des Spessarts herüber. In nordwestlicher Richtung taucht an klaren Tagen jenseits vom Frankfurter Dunst der Taunus auf.

A-Note für gute Haltung: Burg Breuberg ist eine der eindrucksvollsten, weil besterhaltenen Burganlagen Deutschlands

Foto © HTS

Anreise & Tourvorschläge

Odenwaldbahn Darmstadt/Hanau – Eberbach SE65 bis Höchst i. Odw., dann Bus 20 bis Breuberg-Neustadt Markt.

Von Westen: B45 bis Höchst i. Odw., in Ortsmitte Beschilderung nach Breuberg auf

Vom Bergfried geht der Blick über Hainstadt – was den aufsässigen »Breilecker« am Burgeingang kalt lässt

B426 folgen, dort Wegweiser Burg Breuberg zum Parkplatz unterhalb der Anlage.

Von Osten: B426 Richtung Höchst i. Odw., kurz nach Hainstadt rechts auf kleinen Teerweg zur Burgschänke Breuberg fahren.

Der Hessische Fernradweg R9 verläuft durch das Mümlingtal, über dem die Burg Breuberg thront; zwischen Neustadt und Hainstadt gibt es zwei beschilderte Zufahrten zur Burg: Bei Neustadt biegt man in die Brückenstraße ab und gelangt via Burgstraße hinauf zur Festung. Aus Hainstadt kommend, führt rechts ein relativ steiler Teerweg zur Burgschänke Breuberg hinauf.

Der Wanderparkplatz Burg Breuberg des Naturparks Bergstraße-Odenwald liegt ebenso wie die Bushaltestelle Markt an einem der Hauptwege des Odenwaldklubs, Markierung Rotes Andreaskreuz, am Marktplatz außerdem Hinweis Fußweg zur Burg.

Aktivitäten vor Ort

M Das **Breuberg-Museum** kann nur im Rahmen einer Führung besichtigt werden. Gezeigt werden in der heimatkundlichen Abteilung historische Produktionen, u.a. Leinenweberei, Sattlerei und Perlmutt-Drechsler. Hervorzuheben ist der Rittersaal mit der Stuckdecke im Renaissance-Stil. Funde aus römi-

M Museum Burg Breuberg: Mitte März – Ende Okt Führungen Sa 13.30 und 14.45 Uhr, So und Fei 13.30, 14.45 und 16 Uhr; Eintritt inkl. Turmbesteigung 4 €, ermäßigt 2,50 €, Familien (1 – 2 Erw mit Kindern) 10 €; spezielle Termine und Kinderführungen auf Anfrage bei Stadtverwaltung Breuberg, T 06163/7090, info@breuberg.de.

Jugendherberge Breuburg, Jürgen Daniels, T 06165/3403, Fax 6469. www.djh-hessen.de/jh/burgbreuberg, burgbreuberg@djh-hessen.de. Preise: ÜF ab 22 €, HP ab 26 €, VP ab 26,50 €. | In der gleichnamigen Burg. 145 Betten, 6 Tagungsräume, Klavier und Flügel, Tischtennis. Familien und Einzelgäste sollten frühzeitig buchen!

Odenwald mit Kindern, Über 500 spannende Ausflüge und Aktivitäten rund ums Jahr, 320 Seiten, ISBN 978-3-89859-416-5, 14,95 €.

scher Zeit, ein Feuerwehrmuseum und der Besuch im Brunnenhaus mit dem 85 m tiefen Brunnen runden die Führung ab.

Für eine ausgedehnte **Wanderung** (14 km, ca. 400 Höhenmeter) bietet sich der Ausflug zur Obrunnschlucht an, ↗ **pmv online.**

Radler fahren zur Veste Otzberg und lernen gleich noch Schloss Nauses kennen – mehr zum 31 km Rundkurs, ↗ **pmv online.**

MTB Tour 64 – GPS-Daten und Zusatzinfos ↗ **pmv online,** Region Odenwald.

GEHEIME LUFTHOHEITEN

Tusch und Vorhang auf für den »König der nordhessischen Mittelgebirge«, den Meißner. Er steht im Mittelpunkt der Sichtachsen in der Hessischen Schweiz. Doch genau genommen sind das Spektakuläre weniger die Blicke übers Werratal hinweg. Vielmehr versetzen einen die alpin anmutenden Klippen in einen Traum von Landschaft.

WO DER MEISSNER ZUM MATTERHORN WIRD

Salzfrau, Pferdeloch & Wolfstisch (Hessische Schweiz, Hitzelrode)

▶ Die **Hessische Schweiz** reckt sich zwar nur bis auf 569 m empor, das Gelände wirkt dennoch ausgesprochen alpin. Das liegt auch an den kargen Böden um die Gipfel von *Hohestein* und *Hörne.* Geprägt von wasserdurchlässigem Muschelkalk, präsentiert sich die Flora auf den trockenen Hängen höchst artenreich. Orchideen oder der sehr seltene Steinsame wachsen auf jenem Bergrücken, der als die *Gobert* genau genommen höchster Ausläufer des in Thüringen verorteten Oberen Eichsfeld ist.

Warum sich für diesen kaum berührten Naturraum der populärere Begriff Hessische Schweiz eingebürgert hat, wird einem schon am ersten Aussichtspunkt klar, der **Salzfrau.** Ähnlich auch am **Pferdeloch** und am **Wolfstisch:** Jäh stürzt das Gelände mehrere Dutzend Meter hinter dem haltgebenden Holzgatter in die Tiefe. Dann läuft es in sanften, von Feld, Wald und Wiese geprägten Wellen aus bis zur Werra. Jenseits davon, gerade mal 14 km entfernt, demonstriert das Meißner-Massiv mit breiter Wucht seinen Regenten-Anspruch. Andere Perspektiven eröffnen sich nur, wenn man den kompletten P4 abwandert.

Von der **Silberklippe** streift der Blick über das Werratal mit *Schloss Wolfsbrunnen* und den *Leuchtbergen* bis Wanfried in den Hainich sowie das Thüringer Becken, hinter dem, in 40 km Distanz, schließlich der Thüringer Wald aufsteigt. Auf

Werra-Meißer-Kreis
37276 Meinhard-Hitzelrode
Lage: Salzfrau: 447 m, N 51 14.255, O 10 03.470
Pferdeloch: 476 m, N 51 14.389, O 10 03.693
Wolfstisch: 471 m, N 51 14.519, O 10 03.822
Ausgangspunkt: Wanderparkplatz Hitzelrode
Öffnungszeiten: Frei zugänglich
Einkehr: Am Wanderparkplatz

Schöne Aussicht: Aus dem Nebelmeer über dem Werratal ragt am Horizont der Meißner hervor

Seltsame Namen: Salzfrau, Wolfstisch und Pferdeloch entspringen einer regen Fantasie

der Nordschleife ist »Schöne Aussicht« fast noch eine Untertreibung. Einzigartig der Rahmen, den die Natur für Schloss Rothestein bildet. An klaren Tagen überfliegt der Blick nicht nur Oberes und Unteres Eichsfeld bis tief nach Niedersachen hinein, vom Horizont kann dann auch der Harz herüber schimmern.

Anreise & Tourvorschläge

Bahn bis Eschwege, dann Bus 240 Richtung Wichmannshausen bis Post. Ab da Mo – Fr Bus 235 nach Hitzelrode, Sa nur eine Abfahrt.

Auf B27 und/oder B249 bis Eschwege, dann (aus Westen kommend) links abbiegen und auf L3403 über Jestädt nach Hitzelrode; von Osten schon vorher von B249 rechts ab und über Grebendorf auf L3424 zum Ziel.

Für Tourenradler nur bedingt zu empfehlen – ab Hitzelrode nur noch Wanderung möglich; Tipps zur Anfahrt ↗ **pmv online.**

Start ist am Wanderparkplatz Hitzelrode, dort befindet sich eine Übersichtstafel und der Einstieg zum Rundwanderweg P4. Ob Sie dem Weg, der wir eine 8 geformt ist, komplett folgen oder nach 2,5 km am Wolfstisch umkehren oder nur die Ostschleife zur Silberklippe wählen: Es gibt viele Möglichkeiten. Aber jede allein würde den Besuch lohnen!

Aktivitäten vor Ort

Der durchgehend und sehr gut mit P4 markierte **Rundwanderweg** ist vom Deutschen Wanderinstitut als Premiumweg ausgezeichnet worden. Zu Recht. Beispielsweise kreuzt keine einzige Straße die 15,5 km lange Tour! An einigen Stellen nimmt sie alpinen Charakter an, teilweise ist Trittsicherheit gefordert. Die auf 5 Std veranschlagte Runde führt zu insgesamt neun Aussichtspunkten.

MTB Für Biker gibt es einen Anreise-Tipp von Eschwege sowie GPS-Daten ↗ **pmv online.**

Café Helgas Eck, Gobertring 9, T 05651/331260. Geöffnet Sa und So ab 14 Uhr, Mi – Fr ab 18 Uhr. | Kleines Lokal im Dorf für Wanderer, die ohne große Umstände einen Happen essen und einen Schluck trinken wollen.

Der Wartburgblick ist der östlichste Punkt auf der »Aussichten-Landkarte« – kein Wunder, dass das Auge dann auch nur jenseits der ehemaligen DDR-Grenze auf Suche geht. Die gewaltige Burg über Eisenach darf man in Anbetracht ihrer historischen Bedeutung jedenfalls als Hochkaräter bezeichnen.

BLICK AUF DEUTSCHE GESCHICHTE

Wartburgblick bei Willershausen

Werra-Meißner-Kreis
37293 Herleshausen-Willershausen
Lage: 269 m,
N 51 01.854,
O 10 12.018
Ausgangspunkt: Willershausen Ortsmitte
Öffnungszeiten: Frei zugänglich
Einkehr: In Willershausen

▶ Ganz ehrlich: Der eigentliche **Wartburgblick,** nämlich der von der Tourismusstelle als solcher per Tafel ausgewiesene Punkt, ist ein wenig enttäuschend. Die dramatische Inszenierung für das zeitweilige Heim für Hessens Landesmutter ↗ *Elisabeth von Thüringen* 1211 – 1227 und des Reformators *Martin Luther,* der sich 1521/22 auf der Wartburg versteckt hielt, scheitert ganz profan an einer mächtigen Stromleitung im Werratal. Etwas schwierig, da hochfliegende Gefühle zu entwickeln für »Junker Jörg«, und sein Ringen mit Tod, Teufel und den Tücken des Lateinischen beim Bibelübersetzen.
Aber – und das ist die positive Wendung – man muss, nein, man sollte keinesfalls an jenem Fleckchen neben der Kreisstraße verharren; sondern sich den kleinen Rundweg gönnen und jene Burg, die so sehr mit den Wendungen deut-

Martin Luther, 1483 – 1546, hatte mit seiner Theorie, dass die Gerechtigkeit Gottes nicht durch eine Leistung des Menschen und schon gar nicht durch Ablasszahlungen erlangt werden könne, sondern ein Geschenk Gottes sei, den Bruch mit der römisch-katholischen Kirche provoziert. 1521 lehnte er einen Widerruf ab und versteckte sich als Junker Jörg mit Hilfe des Kurfürsten auf der Wartburg. Hier übersetzte er die Bibel ins Deutsche.

1393 km Biotop: Im Schatten des Todesstreifens und im grenznahen Raum fanden viele seltene Tier- und Pflanzenarten ihr Zuhause. Ein wertvolles Biotop – das Grüne Band – ist so entstanden

www.wartburgkreis.de/gruenes_band

scher Geschichte verknüpft ist, von mehreren Punkten aus einer Ferninspektion unterziehen. Geschichtsträchtig zudem der kurze Wanderweg: Ein Stück verläuft er entlang jener tödlichen Grenze, die, je länger 1989 und ihr Fall zurückliegen, umso unwirklicher erscheint.

Die Blickrichtung ist bei all dem klar: Über das zur Werra abfallende Riechbachtal ist die kaum 10 km entfernte *Wartburg,* 1067 erbaut, bestens auszumachen. Dahinter steigen die waldigen Höhen des westlichen Thüringer Walds mächtig an, überragt vom *Großen Inselsberg:* Sein Erkennungsmerkmal auf dem 916 m hohen Gipfel ist das Turmensemble. Das ist selbst bei mäßiger Sicht ziemlich unverkennbar, sind es vom Standort doch nur 27 km Luftlinie.

Ein weiteres Stück Architektur zieht am Wartburgblick ebenfalls unwillkürlich den Blick an: die *Creuzburg* von 1165. Gerade mal 4 Kilometer jenseits der Grenze erhebt sich die »Schwesterburg« der Wartburg über dem gleichnamigen Städtchen. Auch sie war einer der Residenzorte der Ludowinger und bevorzugter Aufenthaltsort von Elisabeth von Thüringen.

Anreise & Tourvorschläge

- Anfahrt nur bis Herleshausen Bhf mit Linie R6 Bebra – Eisenach; zu Fuß 6,2 km bis Willershausen.
- A4 bis Ausfahrt 38 Herleshausen, dann rechts durch Ort und am Ende rechts auf L3247 zum Ringgau. Nach knapp 5 km rechts auf K18 und bis Willershau-

sen. Wer nicht parkt und läuft, fährt auf der Landstraße 1,5 km bis zum Wartburgblick.

Zwei große Radfernwege verlaufen ganz in der Nähe: Der Werraradweg und der Herkules-Wartburg-Radweg, der hier ein Stück auf dem Werraradweg verläuft. Dieser 276 km lange Flussradweg ist ein schöner Ausgangspunkt für die Tour in den östlichsten Zipfel Hessens. Von Spichra in Thüringen aus ist es ein Leichtes, in den Westen abzubiegen. Am Knick in der Dorfstraße die Route verlassen, nach Norden und gleich links über die Werra. In Pferdsdorf auf die Hauptstraße, aus dem Ort hinaus und 1,9 km leicht bergan bis zum Wartburgblick.

Von Willershausen mit GB6/GB7 entlang der kaum befahrenen K18, Pferdsdorfer Straße knapp 1,5 km östlich bis Schautafel am Wartburgblick.

Vom Bhf Herleshausen auf Bahnhofstraße in den Ort, Waldstraße rechts, nach 400 m links in Schulstraße, gleich wieder rechts Zum Eckweg, jenseits der Autobahn rechts auf Grenz-/Rundwanderweg GB7 bis Willershausen.

Aktivitäten vor Ort

Für **Wanderfans** lässt sich der Wartburgblick gut mit einer kleinen – oder größeren – Runde verbinden. Auf der Schautafel am Wartburgblick informieren Sie sich über die Varianten, die das Grüne Band bietet (4,4 – 15 km). Wer sich auf die Aussicht festgelegt hat, bleibt bei der Kurzversion GB6, die aufs freie Feld über den Ort sowie an die alte Zonengrenze führt. Die längeren Varianten von GB7 führen nach Creuzburg und Herleshausen.

Ebenfalls sehenswert: Von **Herleshausen** aus, dem »Tor zu Thüringen« mit netter Altstadt, liegt direkt südlich über der Werra die **Ruine Brandenburg** oberhalb der Gemeinde Lauchröden-Gerstungen.

Im alten Wasserschloss residiert höchst illuster das *Golf Gut Willershausen* (9-Loch-Platz). Übernachtung ist hier möglich. www.golf-gut-willershausen.de.

Restaurant Wartburgblick, Kathleen Meier-Gängler, Pferdsdorfer Straße 9, T 05654/924878, Fax 206462. www.wartburgblick-willershausen.de, wartburgblick08@aol.com. Geöffnet Di – Sa 16 – 21 Uhr, So 11 – 15 und 17 – 21 Uhr und nach Vereinbarung. | Gefühlt am Ende der Welt, wird der Besucher hier mit ungewöhnlichen Ideen und feiner Küche verwöhnt. Mit etwas Halsverrenken erhascht man auch aus dem Haus einen Blick auf die Wartburg. Tipp: Vor dem Besuch informieren, ob nicht gerade wegen Veranstaltung geschlossen, was häufiger vorkommt. Zusatzangebote: Kochschule, beispielsweise Wild-Kochkurs.

KÖNIGLICH-BAYERISCHE AUSSICHTEN

Der Grenzgang über die Gipfel zwischen hessischer und bayerischer Rhön erlaubt eine der faszinierendsten Fernsichten überhaupt: Ganz Bayern scheint einem zu Füßen zu liegen – begrenzt wird die Sicht nur durch die jeweiligen atmosphärischen Bedingungen.

Landkreis Fulda
36129 Gersfeld-Rodenbach
Lage: Himmeldunkberg: 888 m, N 50 25.390, O 9 57.545
Hohe Hölle: 894 m, N 50 25.721, O 9 57.703
Simmelsberg: 824 m, N 50 25.809, O 9 56.252
Ausgangspunkt: Parkplatz Simmelsberglifte/Berghütte Simmelsberg
Öffnungszeiten: Frei zugänglich
Einkehr: Am Ausgangspunkt

Hohe Hölle und Himmeldunkberg

▶ Dieser Weg hat es in sich. Aber das ist kein Wunder, wenn die Ziele *Hohe Hölle* und *Himmeldunk* heißen. Über Stock und Stein steil aufwärts, von Gersfeld oder Bischofsheim aus wären es satte 400 Höhenmeter am Stück ohne abzusetzen. Das ist kein Gang für Gelegenheitsspaziergänger. Solche Mühen, will man meinen, müssen entsprechend belohnt werden. Werden sie. Der **Himmeldunkberg,** dessen Gipfel genau genommen 50 m auf bayerischer Seite liegt, bietet über die offene Graslandschaft hinweg eine uneingeschränkte Sicht. Die Hölle dürfte indes für Fotofans spannender sein, da sich mit der urigen Heidelandschaft im Vordergrund und dem natürlichen Rahmen des Waldes schöne Motive einfangen lassen. Der »Rahmen« begrenzt allerdings auch die Sicht auf das östliche und südöstliche Spektrum.

Mit Übertreibungen heißt es vorsichtig zu sein, doch hier kann man behaupten: Wenn es der Himmel zuließe, dann könnten Sie von den hohen Südgipfeln der Rhön bis zu den bayerischen Alpen schauen. Doch so sind die Verhältnisse eben nicht. Verunreinigungen und das in der Luft gebundene Wasser machen selbst die geringe Distanz von 250 km bis zum Bayerischen Wald schier unüberwindbar. In der Regel haben Sie eine schöne Sicht über das Einzugsgebiet des Obermains. Wie ein Halbkreis formieren sich um das weite Becken mit Bamberg im Zentrum die Züge der näheren Mittelgebirge: Ganz im Osten die südlichen

Ausläufer des Thüringer Walds, anschließend der Frankenwald sowie das Fichtelgebirge. Der Bogen der Fränkischen Alb hinter Nürnberg verschwindet bereits wieder im Glast der Metropolregion. In der Regel verliert sich der Blick schon davor an den Hängen der Fränkischen Schweiz. Ein Gradmesser, wie gut die Sicht ist, mag der Versuch sein, in ost-südöstlicher Richtung das Fichtelgebirge auszumachen. Luftlinie sind es bis zu den beiden 1000ern *Schneeberg* (1051 m) und *Ochsenkopf* (1024 m) rund 120 km. Im Südwesten schließlich, dort, wo das Sinntal eine Zäsur setzt, grüßen hinter dem Kegelspiel der Südrhön mit *Dreistelzberg* (660 m) und *Mettermich* (585 m) die dunkel bewaldeten Höhen des Spessart herüber.

Doch bevor sich das Auge im Weiten und Ungefähren verliert, lohnt auch ein Blick auf das Naheliegende. Dominant der *Arnsberg* (843 m) direkt gegenüber, gegliedert durch den fast schon geometrisch angeordneten Bewuchs neben den Skiliften. Direkt dahinter der *Kreuzberg* (928 m) mit Sendemast und dem berühmten Kloster Kreuzberg. Dort schenken sie ein auf alter Brautradition beruhendes dunkles Bier aus – aber nicht nur deswegen gilt der südlichste der Rhöner 900er als der »Heilige Berg der Franken«. Die Gipfel rechts vom Einschnitt des Sinntals, namentlich *Roßberg* (851 m), *Eierhauck* (910 m) und *Zornberg* (838 m), fallen als Wanderziele aus. Sie liegen im militärischen Sperrgebiet Wildflecken.

Um das Land unmittelbar zu Füßen zu erspähen, muss man auf dem Himmeldunkeln Stück zur Kanto

Himmel dunkel? Dann sind Sie auf der Hohen Hölle!

Foto © Annette Sievers

Einheimisch: Rhön-Zicklein

Berghütte Simmelsberg, Stephan Schmitt, Dammelhof 63, T 06654/918780. www.berghuette-simmelsberg.de, info@berghuette-simmelsberg.de. Mi – So ab 11 Uhr. | Rustikale Ausflugsgaststätte mit deftiger, regionaler Küche; großer Biergarten.

des Plateaus laufen. Dabei keinesfalls die Wege verlassen, die Hochrhön genießt als *Biosphären-Reservat* hohen Schutz! Zipfel der Orte Oberweißenbrunn und Bischofsheim sind zu sehen, beide am Oberlauf der Brend. Dem kleinen Fluss folgend, trifft er bei Bad Neustadt auf das Tal der Fränkischen Saale. Dahinter werfen sich die mäßig hohen Gipfel der Hassberge auf sowie etwas westlich davon, gerade am Kreuzberg vorbei, der Steigerwald.

Anreise & Tourvorschläge

Von Bhf Fulda mit RB52 nach Gersfeld, ab da Bus VRG 8305 Richtung Bischofsheim bis Rodenbach, dann durch den Ort und 1,2 km bis zu den Skiliften am Simmelsberg.

A66 Ausfahrt 53, rechts auf B27 nach Gersfeld, in Döllbach links auf B279, durch Gersfeld weiter auf B279, nach 2,5 km links nach Rodenbach und Straße bis Dammelhof/Parkplatz Skilifte folgen.

Der Hessische Fernradweg R1 führt im Fuldatal bis Gersfeld, dort trennt er sich: Der südliche Ast nach Bischofsheim führt über Rodenbach, von wo man links nach Dammelhof, dem Ausgangspunkt der Wanderroute, abbiegen kann. Der östliche Ableger führt über Mosbach Richtung Wanderparkplatz Schwedenwall. Kurz hinter Mosbach schräg rechts und Schildern nach Dammelhof folgen.

Die Aussichtsziele sind nur zu Fuß oder für gut trainierte Mountainbiker zu erreichen. Wanderer beginnen den 7,5 km langen Rundkurs vor dem Gasthof: Mit Blick auf den Berg ein paar Meter nach rechts gehen und sofort links in den Teerweg einbiegen. Ab dann stets dem Wanderzeichen Blaues Dreieck aufwärts folgen. Oberhalb Frankfurter Hütte wieder Forststraße. Nach 1 km aus dem Wald heraus und am Rand der Bergwiese links und 500 m bis Himmeldunkberg gehen. Weiter auf dem Grenzweg; man beachte, dass die Grenzsteine zunächst links, später rechts stehen, man also von bayerischer auf die hessische Seite wechselt. Die Hohe Hölle ist ausgeschildert. Von da mit Blauem Dreieck steilen Weg hinab bis Parkplatz Schwedenwall. Dort links abwärts mit Radwegschild R1a Richtung Gersfeld. Nach 1,7 km kurz vor Mosbach allerdings scharf links zurück und Schildern nach Dammelhof und Rodenbach nochmals rund 1,7 km bis zum Ausgangspunkt folgen.

Aktivitäten vor Ort

Der **Wildpark Gersfeld,** auch Hochwildschutzpark Ehrengrund genannt, gehört zu den schönsten und natürlichsten Wildparks in Deutschland.

Mit **Gersfelder Wanderbus** zum Roten Moor und zur Wasserkuppe – Bus anfordern über Tourist-Info, T 06654/1780, www.gersfeld.de.

Extra-Tipp für Ausdauernde: 500 m nach Frankfurter Hütte geht es scharf rechts beschildert zum Simmelsberg – mit tollem Ausblick über den Gersfelder Kessel, auf Wachtküppel und die höchsten Teile der hessische Rhön mit der Wasserkuppe.

Skilaufen und **Rodeln** im Winter.

MTB Tour 72 – GPS-Daten und Zusatzinfos ↗ **pmv online,** Region Rhön.

Wildpark Gersfeld, Anfahrt beschildert, T 06654/680. April – Okt täglich 9 – 18 Uhr, Nov – März 10 – 16 Uhr. Erw 3,40 €, Kinder 4 – 12 Jahre 2 €, bis 17 Jahre sowie Schüler, Studenten, Schwerbehinderte 2,40 € Familien (2 Erw, 2 Kinder) 9 €.

Foto © Annette Sievers

Mufflon, gar nicht mufflig: Ein Besuch im Wildpark bringt Abwechslung in die Aussichten

STEINIGER ANLAUF

Der Kuhkopf ist eine kleine Kuppe, die verschwiegen über den Limes wacht. Der Ausguck mit Schutzhütte liegt im Schatten von Steinkopf respektive Winterstein mit dem hohen, neuen Aussichtsturm. Deshalb kommt hier nur selten ein Wanderer vorbei.

Kuhkopf

Wetteraukreis
61169 Friedberg
Lage: 496 m,
N 50 19.124,
O 8 38.850
Ausgangspunkt: Ortsmitte Pfaffenwiesbach
Öffnungszeiten: Frei zugänglich

▶ Wer dem beschriebenen Weg von **Pfaffenwiesbach** herauffolgt, wird sich verwundert die Augen reiben: Die letzten Meter auf dem Geröllpfad haben für hiesige Breiten schon Seltenheitswert. Belohnung für den Anmarsch ist ein kleiner, naturnaher Ausguck. Aus der Hütte heraus erspähen Sie das Usinger Becken – allerdings sollte man kein Breitwand-Panorama erwarten: Das Grün sprießt auf dem Kuhkopf und gibt deshalb nur einen Ausschnitt frei. Doch gerade diese unverfälschte Nähe zur Natur macht den Reiz dieses Ausfluges aus.

Dieser lässt sich für **Wanderer** übrigens problemlos um einen hübschen, 6 km langen Exkurs erweitern: hinüber zum ↗ *Winterstein* und mit einem Schlenker an der Gaststätte *Forsthaus Winterstein* vorbei zurück nach Pfaffenwiesbach. Wegbeschreibung dafür: Dem K-Weg weiter knapp 1 km folgen bis Hauptweg mit Schwarzem U, rechts und gleich wieder links hinauf und am Sender auf dem Steinkopf vorbei gehen. Dann Teerweg erst rechts, dann links, am nächsten Linksknick geradeaus 40 m hinab bis zum Querweg laufen. Auf diesem rechts 500 m vor bis zum *Winterstein-Turm* laufen. Anschließend dem Pfad mit dem Schwarzen U 1,4 km bis Forsthaus Winterstein folgen. Nach der Einkehr links auf dem Hauptweg dem Roten Kreuz folgen und 1,3 km zum Limes gehen. Dort liegt ein paar Meter rechts der *Gaulskopf* mit einem nachgebildeten Römerturm. Ansonsten gehen Sie vom Limes gleich links auf den

Fremdkörper im Wald: Militärisch genutzter Sender auf dem Steinkopf

Foto © Annette Sievers

mit Schwarzem Römerturm markierten Limesweg, biegen nach 1,8 km scharf rechts ab und wandern wie oben beschrieben mit Schwarz-blauem XT nach Pfaffenwiesbach hinunter.

Anreise & Tourvorschläge

- Ab Frankfurt Hbf mit R15 nach Wehrheim, am Bhf umsteigen in Bus 64 Richtung Usingen Neuer Marktplatz, bis Pfaffenwiesbach, 300 m in Fahrtrichtung weiter ist rechts die Nauheimer Straße.
- A5 Ausfahrt Ober-Mörlen, auf B275 Richtung Usingen, nach knapp 10 km links auf K728 nach Pfaffenwiesbach, im Ort parken.
- Kein Ziel fürs Tourenrad!
- Start für die gut 9 km lange Tour ist in der Ortsmitte **Pfaffenwiesbach** (283 m): Nauheimer Straße aufwärts gehen, nach wenigen Metern rechts in Kapersburgstraße, dann Wanderzeichen Grüner Balken 1,8 km zum Wald hinauf folgen, am Querweg rechts und sofort wieder links am abgezäunten Bundeswehrdepot aufwärts wandern. Nach 1 km erreichen Sie den Limes: rechts liegt das Römerkastell Kapersburg, welches sehenswert ist, sonst links weiter auf Limesweg mit Markierung Schwarzer Wachtturm gehen, nach knapp 500 m rechts hinauf (Zeichen: Quer liegendes Schwarzes U), damit gleich wieder links und nochmals 400 m weit laufen. An der Kreuzung, rechts auf Hauptweg mit K, nach 250 m links und auf immer schmaler werdendem K-Pfad bis Kühkopfhütte wandern. Rückweg: wieder hinab zum Limes, dort 650 m rechts, dann schräg links: Schwarz-Blauem XT bis auf Wiesen oberhalb Pfaffenwiesbach folgen, wo XT rechts abbiegt, weiter geradeaus und in Ort hinunter gehen.
- **Picknick** mit Aussicht, **Wanderung** zum ↗ *Winterstein-Turm*
- **MTB** Tour 36 – GPS-Daten und Zusatzinfos ↗ **pmv online**, Region Taunus.

Foto © Annette Sievers

Deutscher Wald: Im Taunus kann es vorkommen, dass man den Wald vor lauter Schildern nicht mehr sieht …

Gaststätte Forsthaus Winterstein,, liegt am oben beschriebenen Exkurs – Details ↗ Winterstein.

PERLEN-TAUCHEN IM SPESSART

Main-Kinzig-Kreis
63628 Bad Soden-Sal-münster Mernes
Lage: 443 m, N 50 14.586, O 9 29.691
Ausgangspunkt: Marjoß: Kreuzung Bad Orber-/Distelbachstraße
Öffnungszeiten: Frei zugänglich
Einkehr: Gasthaus Zum Jossatal, ebendort

***Flussperlen:** Nicht nur der Biber, sondern auch die Flussperlenmuschel war hier einst in großen Mengen heimisch. Darüber informiert der Kulturradweg Perlen der Jossa des Archäologischen Spessartprojekts. Eine weitere der zwölf Tafeln am Weg ist Marjoß gewidmet. Das hatte einen bedeutenden Ruf als Heimstatt des Töpferhandwerks. Wurden die Tonkünstler erstmals 1391 erwähnt, so arbeitet heute dort nur noch ein Töpfermeister.*

Das Jossatal ist ein höchst beschaulicher Flecken Hessen, der abgeschieden knapp vor der bayerischen Grenze liegt. Früher für seine Töpferware bekannt, lädt das sanfte Tal abseits aller größeren Verkehrswege heute zu mußevollen Stunden ein. Die Vogelperspektive muss man sich allerdings erarbeiten.

Stackenberg im Jossatal

▶ In gut 200 m Höhe wacht der *Stackenberg* über dem Jossatal. Die Aussicht liegt genau oberhalb jener Stelle, wo das 32 km lange Flüsschen nach Osten abknickt, um sein Wasser in die *Sinn* zu schicken. Spektakuläre Ausblicke über den ganzen Spessart hinweg darf man nicht erwarten. Allerdings ist das in diesem Mittelgebirge sowieso sehr selten. Sämtliche der höchsten Gipfel sind flache, dicht bewaldete Kuppen. Das gilt für den *Geiersberg* (586 m) wie für die *Hermannskoppe* (567 m) in Hessen. Selbst der recht nah zu Bad Orb liegende *Markberg* (516 m) als höchster Punkt des Spessarts über dem Kinzigtal ist wenig aussichtsreich: keine markante Felsformation zu finden, geschweige denn ein Turm. Der Spessart hat nicht umsonst seinen geheimnisvollen Ruf mit den tiefen Wäldern als Heimat berüchtigter Räuber.

Der Markberg immerhin ist einer der Fixpunkte der Aussicht vom *Stacken:* Er liegt ein klein wenig südlicher als West. Der Einschnitt just rechts daneben ist der Pass hinüber ins Kinzigtal. Die Kreuzung dort, die *Merneser Heiligen,* sind die einzige Stelle, wo die Linie der gegenüberliegenden Talseite auf unter 400 m sinkt. Der Blick zieht im Halbrund über *Totenkopf, Hainberg, Kahler Berg* bis zum *Eulerskopf,* wo die Alte Weinstraße von Steinau aus dem Kinzigtal herüber ins Sinntal verläuft. Sie belegt, dass hier einst reger **Handelsverkehr** herrschte, denn die »wagen« (= Wein)-

Spannend: Das Museum Steinau zeigt eine modern präsentierte Ausstellung über den Spessart und seine Durchreisenden

straße verband die großen Fernwege Frankfurt, Nürnberg, Leipzig. Wie verschwiegen sie heute liegt, darüber kann man in Betrachtung des Tales nachdenken: Jossa und Sinn sowie einige Seitentäler sind mittlerweile wieder Heimat des Bibers. Der traute sich nach 200 Jahren der Ausrottung und wanderte aus dem Osten nach Hessen ein, www.hessen.nabu.de.

Anreise & Tourvorschläge

- RE oder RB bis Bhf Schlüchtern, dann Bus MKK91 bis Steinau-Marjoß Distelbachstraße; oder mit RE, RB bis Bhf Bad Soden-Salmünster, dann Bus MKK74 bis Distelbachstraße.
- A66 Ausfahrt 46 Bad Soden-Salmünster, dann auf L3178 nach Mernes, im Ort links auf L3197 nach Marjoß; keine ausgewiesenen Wanderparkplätze unten im Tal, aber in Marjoß oder Mernes findet man problemlos einen Stellplatz.
- Im Jossatal gibt es den beschilderten **Kulturradweg Perlen der Jossa.** Er verläuft auf der anderen Seite

Töpfermeister Georg Ruppert, Brückenauer Straße 21, 36396 Steinau an der Straße, Stadtteil Marjoß, T 06660/304.

Zum Jossatal, Salmünsterer Straße 15, 63628 Bad Soden-Salmünster Mernes, T 06660/1376. www.zum-jossatal.de, info@zum-jossatal.de. Geöffnet täglich außer Di 10 – 14.30 und 17 – 24 Uhr. | Einfache Wirtschaft mit Biergarten.

Maria Bonifer, *Spessart mit Kindern,* 700 Ausflüge und Aktivitäten rund ums Jahr, 320 Seiten, ISBN 978-3-89859-407-3, pmv, 12,95 €.

des Tals. Um zum Aussichtspunkt zu gelangen, bleiben Sie – von Jossa kommend – in Marjoß auf der L3197. Nach 1 km geht links ein bestens ausgebauter Wirtschaftsweg in einen bewaldeten Einschnitt hinauf. Auf dem immer aufwärts, nach 1 km erst eine Rechts-, dann eine Links- und kurz darauf noch eine Rechtsserpentine. Kurz danach eine große Kreuzung mit einer netten Sitzgruppe (linker Hand): an der geradeaus vorbei. Nach 700 m erneut eine Kreuzung, da scharf rechts. Der ebene Weg steigt später in einer Linkskurve kräftig an. Dort rechts ab und in den Waldweg mit Wanderzeichen Pilz nach Marjoß radeln. Nach kurzer Schiebestrecke auf bayerischem Forstweg sind Sie beim Waldrand und Heideland wieder in Hessen auf festem Weg. Am Kreuz rechts, nach der Schutzhütte noch 150 m, dann links in Panoramaweg einbiegen. Der zieht 400 m um den Gipfel des Stackenbergs. Hinab ins Tal wie folgt: Am Ende des Panoramawegs rechts den Teerweg am Sendemast vorbei abwärts und immer auf dem Hauptweg bleiben. Am T-Stück rechts und auf Teerpiste bis Mernes hinab. Im Ort links weiter auf Brückenauer Straße, dann scharf rechts in Salmünsterer Straße, wo man wieder auf die Perlen der Jossa trifft.

Für einen Tourenvorschlag Bad Soden-Salmünster – Jossa mit 25 km/400 Höhenmeter ↗ **pmv online.**

Start für die insgesamt 9,5 km lange **Rundtour** ist in der Ortsmitte von Marjoß: Kreuzung Bad Orber Straße, Distelbachstraße. Da führt links die Grabenstraße aufwärts. Wo sie sich in Hofrasen und Siedlung aufspaltet, geradeaus dem Teerweg zum Wald weiter bergan folgen. Rund 1 km immer geradeaus und teils steil auf schmalem Pfad aufwärts. Dann erreicht man wie die Radler, die von rechts heraufkommen, jene niedliche Sitzgruppe: Weiter auf dem Hauptweg oberhalb davon und ab da exakt denselben Weg einschlagen bis Mernes. In Mernes ebenfalls in Salmünsterer Straße, aber gleich am ersten

Linksknick rechts in Jossastraße einbiegen und dem fortan flachen Wanderweg im Tal nach Marjoß folgen.

Aktivitäten vor Ort

- Tipps für eine längere Tour, um den **Kulturradweg Perlen der Jossa** einzubinden ↗ pmv online.
- M Im **Museum Steinau an der Straße** kann man seit dem 14. Jahrhundert nachweisbares Töpferhandwerk, das in Steinau einmal eine große Bedeutung hatte, bestaunen. Heute gibt es nur noch ganz wenige Töpfer in Steinau und Umgebung. Im Obergeschoss befinden sich in Vitrinen typische Produkte der ländlichen Töpferei.
- **MTB** Tour 25 – GPS-Daten und Zusatzinfos ↗ pmv online, Region Spessart.

M **Museum Steinau,** Brüder-Grimm-Straße 80, 36396 Steinau an der Straße, T 06663/ 7605, Fax 918800. www.museum-steinau.de, info@museum-steinau.de. Täglich 12 – 17 Uhr; 23. Dez – 1. Jan geschlossen. 3 €, Kinder 5 – 16 Jahre 2 €, Familien 6 €.

SICHTACHSE MIT SELTENHEITSWERT

Türme und Bergspitzen sind in der Regel ja schon auf der Karte als Aussichtspunkte erkennbar. Der Spähposten unterhalb vom Judenkopf dagegen dürfte zu den überraschendsten Ausblicken im Taunus zählen: Mitten im dichten Wald öffnet sich die Landschaft wie eine Schießscharte und gibt schlagartig die Sicht auf Frankfurt frei.

Domherrnwald

▶ Wald, Wald, Wald, nichts als Wald in dem Geviert zwischen Langenhain und Eppstein, zwischen Wildsachsen und Lorsbach. Wildschweinrotten treiben da ihr Unwesen und die Förster mitunter zur Verzweiflung. Tief und finster kommt es einem vor, schon nach kurzer Wegstrecke meint man, ewig kein freies Stück Land mehr gesehen zu haben. Vielleicht liegt es an den Wegen, die dort in vielen Kehren durch den Forst mäandern, vielleicht ist es nur in der Fantasie so. Denn viele Kilometer bis zur Zivilisation sind es in dieser Ge-

Main-Taunus-Kreis
65719 Hofheim-Langenhain
Lage: 358 m, N 50 07.552, O 8 23.61
Höhe: Frei zugänglich
Ausgangspunkt: Wanderparkplatz Domherrnwald
Öffnungszeiten: Frei zugänglich
Einkehr: Keine am Weg

gend ja nie. Aber gerade so etwas macht den Reiz aus, zumal wenn der dichte Wald so schroff kontrastiert wie mit dieser Aussicht: Eine Schneise nur, am fels- und steindurchsetzten Einschnitt *Kalteborn* gelegen, rechts und links flankiert von waldigen Hängen. Eine Laune der Natur hat die Landschaft so angeordnet, dass der Betrachter fast meint, bis zu den Frankfurter Hochhäusern in 20 km stünde ein großer Wald. Dabei fällt das Gelände nach dem ersten Buckel in Blickrichtung, dem *Heidenkeller,* zum durchaus bewohnten Lorsbacher Tal ab. Auch der Einschnitt über die *Gundelhard* hinweg, zwischen *Lorsbacher Kopf* und *Hahnenkopf,* ist eine vom Wald umstandene Weidelandschaft. Doch ein glücklicher Zufall hat das, wie gesagt, zu einem stimmigen Gesamtbild gefügt – am besten, Sie packen das Picknick aus und genießen im Schatten der Schutzhütte.

Zum Neufville-Turm (schöner Blick über Eppstein, ↗ Kaisertempel): Weiter mit Schwarzem Wildschwein, an Kreuzung nach 1,1 km schräg rechts dem Blauen Punkt 1 km folgen. Er führt im Zickzack: Gleich wieder rechts in Hauptweg, dann links in Nebenweg, kurz darauf scharf rechts und bald Serpentinenpfad zum Turm hinab.

Anreise & Tourvorschläge

Mit S2, RE oder RB bis Hofheim Bhf, dann Bus 403 oder 406 nach Langenhain bis Siedlung. Ab da 500 m zu Fuß auf Eppsteiner Straße an Bahai-Tempel und Volkssternwarte vorbei bis zum Waldrand und Parkplatz Domherrnwald.

A66 Ausfahrt 12 Hofheim, auf L3011, kurz nach Stadtmitte links auf L3018 nach Langenhain, nach 5 km an zentraler Kreuzung Ortsmitte rechts und Eppsteiner Straße bis zum Wanderparkplatz Domherrnwald am Wald durchfahren.

Der Ausblick im Domherrnwald ist mit einem längeren Abstecher vom Hessischen Radfernweg R8 aus zu erreichen ↗ **pmv online.**

Vom Wanderparkplatz Domherrnwald geradeaus in den Wald mit den Wanderzeichen Roter Rehbock, Schwarze Wünschelrute (Querliegendes Y) und Schwarzes Wildschwein. Bis zum Ziel in 1,7 km mehrere Wegverzweigungen, dabei stets dem Schwarzen Wildschwein folgen.

Wildschwein gesichtet! Die Wanderzeichen sind genauso zahlreich wie die echten Wildsäue …

Aktivitäten vor Ort

- Eine schöne **Wanderung** (9,5 km, 250 Höhenmeter) führt durch das Lorsbachtal ↗ pmv online.
- **Volkssternwarte:** Sternbeobachtung (öffentlich) Sa ab Einbruch der Dunkelheit; Info T 06192/6363.
- **Bahai-Tempel,** das ist das europäische *Haus der Andacht:* Informationszentrum am Tempel, Eppsteiner Straße 89, T 06192/99290, www.bahai.de, info@bahai.de; Anmeldung für kostenlose Führung möglich.
- **MTB** Tour 54 – GPS-Daten und Zusatzinfos ↗ pmv online, Region Taunus.

KLIPPEN ÜBER DEM NEBELMEER

Tief im Hinterlandswald, an einem Seiteneinschnitt des Wispertals, liegen zwei mächtige Felsformationen, die einen fantastischen, wenn auch begrenzten Blick über diese verschwiegene Landschaft bieten. Der Preis der (Wald-)Einsamkeit: Ohne längere Wanderung geht's nicht.

Rheingau-Taunus-Kreis
65391 Lorch-Espenschied
Lage:
Balthasarlei: 320 m, N 50 04.631, 0 7 55.248
Katzenlei: 345 m, N 50 04.631, 0 7 55.248
Ausgangspunkt: Wanderparkplatz Laukenmühle
Öffnungszeiten: Frei zugänglich
Einkehr: Am Ausgangspunkt der Wanderung

Balthasarlei und Katzenlei

▶ Steht man auf **Balthasarlei,** mutet die Landschaft wie auf einem Gemälde von *Caspar David Friedrich* an: Der Wanderer, mutig auf hoher Klippe über dem Abgrund stehend, den Blick in der Ferne verloren, allein mit sich und der Landschaft. Zugegeben: Die Szenerien, in die der wohl berühmteste Maler der Frühromantik um 1800 seine Personen stellte, sind spektakulärer als Ernstbachtal und Seelbachtal. Es können eben nicht überall Nebelmeere dramatisch wallen und Kreidefelsen sich auftürmen. Oder, wenn eine Landschaft doch einmal so überwältigend ist, kann man im 21. Jahrhundert sicher sein, dass sich dort die Besucher auf den Füßen herumtreten. Das ist in den Seitentälern der *Wisper* gewiss nicht der Fall. Gefühlt bleibt die Welt weit hinter einem, kann der Betrachter Einsamkeit an einem heroischen Ort empfinden.

Dass die **Katzenlei** eine nicht ganz so erhebende Aussicht wie die Balthasarlei bietet, ist ihrer Lage zuzuschreiben. Sie liegt im Tal des Seelbachs. Das ist ein winziges Bächlein, das sich dennoch ein schmales Tal tief in den Kammerburger Wald geschnitten hat. Die Klippen selbst werden teilweise überragt von üppigem Grün. Der Ausguck beschränkt sich deshalb auf die waldigen Höhen im näheren Umkreis. Auch deshalb wird man bald den Weg zum eigentlichen Höhepunkt der Wanderung aufnehmen, der **Balthasarlei.**

Die Klippe wacht über dem Zusammenfluss von Seelbach und *Ernstbach*, letzterer ist schon merklich breiter, wie an einer Furt ein Stück den Bach hinauf zu sehen. Weit hat sich die Felsnadel vorgeschoben, entsprechend weitet sich der Blick und versinkt in den waldigen Bögen, die das Tal bis hinunter zum Abfluss in die Wisper beschreibt.

__Allerlei Lei:__ Lei ist ein altes, im Mittelhochdeutschen gebräuchliches Wort für Fels oder Klippe. Landschaftlich eher dem Rheinischen zuzuschreiben, schwingt darin auch mit, dass es sich dabei um Schiefer handelt. Die Schreibweise variiert durchaus. Wenn man über Lai oder Lay zu Ley kommt, fällt einem ganz schnell der bekannteste Felsen Deutschlands ein: die Loreley. Und im Rhein-Main-Gebiet ist natürlich »der Kaiserlei« ein Begriff, wobei es eigentlich »die Kaiserlei« heißen müsste. In der Tat: Die Gemarkungsbezeichnung für das Gebiet zwischen Offenbach und Frankfurt leitet sich von einem Felsen ab, der in einem mittlerweile verschwundenen Seitenarm des Mains lag und 1852 gesprengt wurde.

Anreise & Tourvorschläge

RE Frankfurt/RB Wiesbaden – Koblenz bis Bhf Lorch, ab da mit Freizeitbus 210 Richtung Taunusstein bis Laukenmühle; oder Rufbus 191 Richtung Espenschied. Der Rufbus muss min. 1 Std vor Fahrtantritt unter T 01803/101113 bestellt werden!

Auf B42 bis Lorch, dann ins Wispertal auf L3033 abbiegen, bis Parkplatz Laukenmühle; dann zu Fuß.

Die Anfahrt bis direkt zu den Klippen ist guten Gewissens nur für Mountainbiker oder hart gesottene Trekkingradler zu empfehlen. Ansonsten nur bis Laukenmühle, dann 18 km lange Wanderung.

Für die 18 km lange **Rundwanderung** mit gut 350 Höhenmetern, 4 Std, starten Sie vom Parkplatz mit dem Wanderzeichen Roter Balken: Ein paar Meter parallel zur Straße das Tal hinauf, dann rechts auf Forstweg. 3,6 km aufwärts, alle Abzweige ignorieren bis zur ersten richtig großen Wegkreuzung, dort

FREISTAAT FLASCHENHALS

▶ Kein Scherz, sondern blutiger Ernst: Nach dem Ersten Weltkrieg existierte in der Tat dieser einzigartige Kleinstaat, und zwar vom 10. Januar 1919 bis zum 25. Februar 1923. Damals waren die westlich des Rheins gelegenen Provinzen Deutschlands von den Siegermächten besetzt. Um auch auf der anderen Seite präsent zu sein, malten sie einfach um das amerikanische Koblenz und das französische Mainz jeweils einen Halbkreis von 30 km auf die Karte und beanspruchten das Gebiet für sich. Zwischen diesen Brückenköpfen blieb bei Laufenselden im Taunus ein Gebiet in Form eines Flaschenhalses frei, abgeschnitten vom übrigen Deutschland. Berühmt wurde der Lorcher Bürgermeister *Edmund Pnischeck*, der den seltsamen Staat organisierte und auch das Freistaatgeld einführte – bei Sammlern heute eine begehrte Rarität. Nicht zuletzt wegen der selbstbewussten Sprüche auf den Geldscheinen: »In Lorch am Rhein, da klingt der Becher, denn Lorcher Wein ist Sorgenbrecher.« Die teilweise verzweifelte Situation der Eingeschlossenen hat für viele kuriose Anekdoten gesorgt. Eisenbahnverkehr gab es nicht, deshalb kaperte ein freistaatlicher Lokführer kurzerhand einen Güterzug mit französischer Beutekohle aus dem Ruhrgebiet und verteilte sie unter der Bevölkerung. Schmuggel und Unbotmäßigkeit gegenüber den Besatzern – die Franzosen etwa sollen des öfteren nackte Hintern zu sehen bekommen haben, wenn sie mit ihren Scheinwerfern über den Rhein leuchteten – sorgten für das Ende des Staates: Die Franzosen besetzten das Gebiet und nahmen Pnischeck fest. ◀

Laukenmühle, Klaus Schifferstein, Im Wispertal 5, T 06675/355, Fax 1291. www.laukenmuehle.de, kontakt@laukenmuehle.de. Warme Küche Di – Fr 9 – 19.30 Uhr, Sa, So und Fei 9 – 20.30 Uhr. | Nettes Ausflugslokal mit Spezialitäten wie frischgefangenen Forellen und Wild, zivile Preise, großer Biergarten mit Mühlrad. Eigentlich idyllisch im Wispertal gelegen, wenn man mal von der Landstraße vor der Haustür absieht …

rechts abbiegen. Von hier sind es 2,9 km bis zur *Katzenlei* und nochmals 1,6 km bis *Balthasarlei.* Nach knapp 700 m erneut eine Kreuzung, an der rechts ein Hochstand ist: links auf Schotterweg, der dem Seelbachtal leicht abwärts folgt. 500 m später ein Einschnitt, dahinter den linken, oberen Weg wählen; hier ein Stück weiter. Auch wenn der Weg wilder wird, auf Höhenweg bleiben, alle steileren Abzweige ignorieren – außer den Pfaden zu den Klippen!

Nach **Balthasarlei** dem Weg noch knapp 1 km folgen, dann Hauptweg schräg rechts abwärts und bis ins Ernstbachtal hinab (1,7 km). Dort scharf rechts und mit Wanderzeichen Quer gelegtes U rechts zum Wispertal. Über die Straße, weiter mit dem Liegenden U, nach 750 m bergauf geht es in einer Linksserpentine geradeaus weiter mit Weiß-blauem W vom Wispertalsteig bis zur Laukenmühle.

MTB Tour 32 – GPS-Daten und Zusatzinfos ↗ **pmv online**, Region Rheingau.

ALLES RIMDIDIM HIER

Der Berg mit dem höchst seltsamen Namen Rimdidim ist eine knapp 500 m hohe Kuppe unweit von Burg Rodenstein und der Neunkircher Höhe, der höchsten Erhebung im hessischen Teil des Odenwalds. Von dort hat man eine »sagenhafte« Rundumsicht – jedenfalls sagen das alte Odenwälder.

Rimdidim

▶ Doch, doch: Sie liegen völlig richtig. Hier auf dem Rimdidim sieht man die Aussicht vor lauter Bäumen nicht. So schön, wie der Messbacher Oberwald diesen 498 m hohen Buckel besteht, käme kein Mensch auf die Idee, hier und heute von Aussicht zu sprechen. Dieser Ausflugsführer tut es dennoch, will aber den Leser keineswegs auf den Holzweg führen. Vielmehr will er jedem, der die Muße findet, sich so tief in den Odenwald hineinzuwagen, eine Ahnung von der Vergänglichkeit des Irdischen schenken. Selbst in den scheinbar ewig schweigenden Wäldern. Wobei: Eigentlich geht es nicht um den schweigenden Wald, sondern um einen infernalisch lauten Forst. Und das kommt so: *Albrecht Ohly,* der erste Darmstädter Oberbürgermeister (1874 – 1891), ein Wanderer vor dem Herrn und erster Vorsitzender des Odenwaldklubs, machte in Neunkirchen Urlaub. Wie er sich so im Walde erging, traf er einen Förster (von dem nur der Nachname – Hechler – überliefert ist). Der überredete ihn, mit zum Gipfel des Arnstein zu kommen. Dort hatte kurze Zeit zuvor ein gewaltiger Wirbelsturm tabula rasa gemacht. Die Bäume lagen kreuz und quer und gaben rundherum eine bis dahin ungekannte Aussicht frei. Was den Förster zu der unsterblichen und nur im Odenwälder Dialekt wahrhaftigen Aussage hinriss: »Vun do hott mer de schönste Blick rimdidim im Ourewald.« Seither, so heißt es, wird der Gipfel oberhalb des Gagernsteins und unweit von *Burg Rodenstein* Rimdidim genannt und auch so in den Karten geführt. Was die Chronik geflissentlich verschweigt: 1898, als sich diese Begebenheit zugetragen haben soll, war Ohly schon sieben Jahre tot. Aber schön erzählt ist es.

Wenn nun weiter oben etwas pathetisch von Vergänglichkeit die Rede war, so bezieht sich das auf den Kreislauf des Wachsens und Vergehens. Erstaunlich, wie schnell das Grün sprießt. Wie schnell selbst machtvolle Bauwerke von der Natur überwuchert werden. Umgekehrt: Wer mit aufmerksamem Blick durch jene Wälder schweift, in denen in jüngerer Zeit beispielsweise der Jahrhundertsturm Kyrill im Januar 2007 große Flächen niederlegte, wird viel Neues entdecken. Und er ahnt zugleich, weshalb manche Aussichten bald nie wieder zu schauen sein werden.

Landkreis Darmstadt-Dieburg
64405 Fischbachtal-Steinau
Lage: 498 m, N 49 44.297, O 8 48.044
Ausgangspunkt: Parkplatz Gagernstein
Öffnungszeiten: Frei zugänglich
Einkehr: Burg Rodenstein (nur bei 12 km Rundwanderung)

Hofgut Rodenstein, Michael Schneider, An der Burgruine, 64407 Fränkisch-Crumbach, T 06164/1087, Fax 515584. www.hofgut-rodenstein.de. Fr – So 11 – 19, Apr – Okt auch Do 15 – 23 Uhr. | Stilvoller Landgasthof, unterhalb der malerischen Burg gelegen; mit weitläufigem Biergarten. Saisonale Küche, z.B. Wildbuffet, Osterbrunch, Martinsgans.

Ab Rimdidim 1,7 km: 350 m der Gelben 3 folgen, beim Hinweis Verbindungsweg R. Rodenstein nach links, dann mit Weißer Balken, Gelbem V und Gelber 6 knapp 1 km bergab bis Ruine Rodenstein.

Anreise & Tourvorschläge

Ab Darmstadt Hbf mit Bus K85 Richtung Fischbachtal-Niedernhausen, an Haltestelle Linde umsteigen in Bus K57 bis Steinau, Haltestelle Abzweig Steinau.

A5 Ausfahrt 28 Richtung Seeheim-Jugenheim, auf L3103 durch Jugenheim und 9 km bis Beedenkirchen, links auf K69, Modaustraße nach Modautal, im Ort Odenwaldstraße folgen, links in L3102, Lützelbacher Straße Richtung Fischbachtal, im Ortsteil Steinau rechts auf Hauptstraße und bis zum Parkplatz Gagernstein am Ortsende.

Tief im Wald gelegen, ist der Rimdidim für Tourenradler kein leichtes Ziel – wer sich durchschlagen will: ↗ **pmv online.**

Vom Parkplatz Gagernstein rund 1,7 km mit Wanderzeichen Gelbe 2 steil bergauf, nach 800 m am Gagernstein vorbei, geradeaus weiter mit Gelber 3, unten rechts und circa 400 m bergauf, dann scharf rechts und Gelber 3 knapp 300 m bis Rimdidim folgen.

Aktivitäten vor Ort

Wer sich auf eine etwas größere **Rundwanderung** mit zwei herausragenden Zielen im Odenwald begeben will, dem sei eine knapp 12 km lange Tour empfohlen. Sie führt zu Burg Rodenstein und zum »Spitzenspektakel« ↗ *Neunkircher Höhe.*

MTB Tour 58 – GPS-Daten und Zusatzinfos ↗ **pmv online,** Region Odenwald.

KULTURGIPFEL

Nordhessen positioniert sich seit Neuerem touristisch als Märchenland, als »Grimm-Heimat«. Die wirkten zwar in Kassel, doch das Herz des Märchenlandes schlägt unzweifelhaft in der Sababurg, dem Dornröschenschloss. Verbunden mit einem Abstecher zur Trendelburg mit dem Rapunzel-Turm erlebt der Besucher märchenhafte Ausblicke über das Naturschatzkästlein Reinhardswald.

DORNRÖSCHEN – ENTLAUBT

Schloss Sababurg und Trendelburg

▶ Um es vorwegzunehmen: Sababurg und Trendelburg gehören nicht zu den atemberaubenden Aussichten. Ihren Reiz macht vielmehr das märchenhafte Ambiente aus. Nicht umsonst verpasste der Volksmund im 19. Jahrhundert jener ach so romantisch zugewucherten Ruine der **Sababurg** dieses Etikett. Ursprünglich war die »Zappenburg« eine Gründung der Mainzer Erzbischöfe. Aus dem im Jahr 1300 erstmals erwähnten Bau machte Landgraf *Wilhelm I.* 1490 ein Jagdschloss. Sein Nachfahre *Wilhelm IV.* ließ 1571 südlich des Burgbergs einen **Tierpark** anlegen, einen der ersten Europas. Heute beherbergt er viel heimisches Großwild, aber auch Wisente, Wölfe und Exoten wie Pinguine und Kängurus. Der Tierpark war aber wahrscheinlich der Grund für die Sage vom Dornröschenschloss: Um die Tiere im Zaum zu halten, umgab bis 1591 eine 3 m hohe und 6 km lange Dornenhecke den Tierpark! Etwa in jener Zeit taucht auch der Name Sababurg auf. Der malerische, im 19. Jahrhundert einsetzende Verfall wurde erst aufgehalten, als ab 1950 Familie Koseck mit Hilfe des Landes begann, ein Hotel-Restaurant daraus zu machen. Original jedenfalls sind jene beiden Türme mit den unverwechselbaren glockenförmigen Hauben.

Von der Burg haben Sie eine hübsche, wenn auch mäßig weite **Sicht** auf die Wipfel des ringsum liegenden Reinhardswaldes. Eine schöne Sichtach-

Landkreis Kassel
34369 Hofgeismar-Sababurg

Lage: Sababurg: 327 m, N 51 32.635, O 9 32.251
Trendelburg: 126 m, N 51 34.435, O 9 25.404

Höhe: Sababurg: 15 m, Turm bis Juni 2010 in Renovierung
Trendelburg: 38 m, Turm bis Aug 2010 in Renovierung

Öffnungszeiten: Sababurg: Turmbesteigung 10 – 17 Uhr im Rahmen der Außenbesichtigung des Schlosses; Eintritt 2 €.

Einkehr: Im Schloss

Durchblick mit Ausblick: Die Wasserspiele im Kasseler Schlosspark zu Füßen des Herkules sind natürlich der Gipfel an Kultur

beide Fotos © TI Trendelburg

Bilderbuchburg: Die Trendelburg zeigt sich von ihrer idyllischsten Seite

se öffnet sich über das Donnebachtal nach Trendelburg. Wer dorthin wandert (15 km), kommt zunächst am Urwald Sababurg vorbei, einem 92 ha großen Naturschutzgebiet. Der ehemalige Hutewald wurde 1907 als erstes hessisches und eines der ersten deutschen Naturschutzgebiete ausgewiesen; geprägt von bizarren Baumriesen, darunter sogenannte 1000-jährige Eichen und uralte Buchen.

Auf einem Sporn 70 m über der Diemel thronend, beherrscht die im 13. Jahrhundert zum Schutz der Handelswege errichtete **Trendelburg** das Tal eindrucksvoll; großartige Fernsichten sind ob der Kessellage jedoch nicht möglich. Die nie dem Verfall ausgesetzte Anlage ist seit 1949 ein Hotel-Restaurant mit außergewöhnlichem Ambiente. Dazu trägt natürlich auch der **Rapunzelturm** bei: Von einem der Rundtürme auf der Bastion, so heißt es, ließ die Holde einst ihr Haar herab – und da Tourismusmarketing nicht ausstirbt, tut sie es noch heute. Das äußere Burggelände ist ohne Eintritt zu besichtigen; von der Mauer sowie der Restaurant-Terrasse sind schöne Aussichten möglich. Nur der 38 m hohe Bergfried ist geschlossen, soll aber saniert und mit Dach versehen werden.

Dornröschenschloss Sababurg, Familie Koseck, 34369 Hofgeismar, Sababurg (im Reinhardswald), T 05671/8080, Fax 808200. www.sababurg.de, dornroeschenschloss@sababurg.de. Geöffnet ab 11 Uhr. | Gediegenes Restaurant mit Wild- und Fischspezialitäten; aber auch kleinere Karte für Vesper und Café-Betrieb; mit Freiluftbewirtung. Im Hotel der Sababurg können Sie in Zimmern übernachten, die seit Wilhelm IV. Zeiten »Im weißen Hirsch« oder »In der wilden Sau« heißen.

Anreise & Tourvorschläge

RE Kassel – Hagen bis Hofgeismar oder RB Kassel – Halle (Saale) bis Hann. Münden, dann jeweils Bus 190 bis Sababurg Tierpark. Nach Trendelburg über Hofgeismar Bhf, dann Bus 180.

Von B80 Hann. Münden – Bad Karlshafen in Veckerhagen westlich auf L3229 in den Reinhardswald, dann Schildern zur Sababurg folgen. Von Kassel B83 über Grebenstein, Hofgeismar. In Gottsbüren links in Hofgeismarer Straße und via Friedrichsfeld bis Trendelburg. Unterwegs lohnt ein Halt am Naturdenkmal Nasser Wolkenbruch.

Die Sababurg liegt am Reinhardswaldradweg, der von Kassel bis Wülmersen im Diemeltal führt; dort haben Sie Anschluss an den Diemelradweg. An dem liegt gut 6 km südlich Trendelburg. 8 km kürzer, aber nicht so schön: Reinhardswaldradweg bis Gottsbüren, dann auf Hofgeismarer Straße; entlang der L763 ist das als Radweg klassifiziert. Schmankerl unterwegs: das Naturdenkmal Nasser Wolkenbruch knapp 1 km hinter Friedrichsfeld.

Burg Trendelburg, Steinweg 1, 34388 Trendelburg, T 05675/ 9090, Fax 9362. www.burg-hotel-trendelburg.com, info@burg-hotel-trendelburg.com. Geöffnet täglich ab 11 Uhr, Restaurant 12 – 14 und 18 – 21 Uhr.

TRENDULA UND DER WOLKENBRUCH

▶ Ein einzigartiges Naturdenkmal liegt wenige Meter neben dem Weg nach Trendelburg: der **Nasse Wolkenbruch,** sozusagen eine Aussicht Richtung Erdmitte. Eine Tafel beschreibt die höchst eigenartige Geologie. Es handelt sich, wie auch beim nahen **Trockenen Wolkenbruch** um einen Einsturztrichter, entstanden durch einen Erdfall. Das tief unter dem Buntsandstein liegende Salzgestein wurde weggespült, irgendwann brach das Deckengestein ein und hinterließ die zwei Trichter. Der »Nasse« ist kreisrund und 47 m tief. An der Oberkante beträgt der Durchmesser 150 m, der See misst immerhin noch 60 m. Im Trockenen Wolkenbruch bleibt – wen wundert's – kein Wasser stehen.

Da sich frühere Generationen die Löcher in der Erde nicht erklären konnten, entstand die Sage von der *Riesin Trendula,* nach der die Trendelburg ihren Namen hat. Zur Strafe für einen Mord streckte ein Blitz sie nieder und nach tagelangen Wolkenbrüchen öffnete sich die Erde und verschlang sie. ◀

Tierpark Sababurg, T 05671/ 766499-0, Fax -99. www.tierpark-sababurg.de, info@tierpark-sababurg.de. Jan, Feb 10 – 16, März 9 – 17 Uhr, April – Sep 8 – 19, Okt 9 – 18, Nov – Dez 10 – 16 Uhr. Eintritt 4 €, Kinder bis 15 Jahre 2,30 €.

Für ausdauernde Radler bieten sich zwei größere Runden (56 oder 62 km) durch Reinhardswald und an der Weser entlang an. ↗ **pmv online.**

Für eine längere Zielwanderung nach Trendelburg und am Nassen Wolkenbruch vorbei (Rückfahrt per Bus) ↗ **pmv online.**

Aktivitäten vor Ort

Schlossführung mit Burggarten; besonders schön zur Rosenblüte Ende Mai – Aug. Burggarten auch ungeführt zu sehen. April – Okt 10 – 17 Uhr im Rahmen der Außenbesichtigung; Theater und Konzerte.

Besuch im **Tierpark Sababurg:** Greifvogel-Flugschau, Museum, Kulturscheune, Schulbauernhof und zwei Mittelaltermärkte im Jahr.

MTB Tipp für eine etwas längere Tour (40 km, 600 Höhemeter) ↗ **pmv online.**

KASSEL KOLOSSAL

Er ist gewissermaßen das Wahrzeichen Nordhessens: Titanengroß überragt der Herkules Kassel. Millionen Mal fotografiert, ebenso wie der mächtige Fernblick. Genau aus diesem Grund führt dieses Ausflugsbrevier zunächst zum viel weniger bekannten Aussichtsturm Hohes Gras. Als höchster Gipfel des Habichtswalds überragt er lässig um 100 m den Herkules, der aber auch nicht zu kurz kommt, denn dort führt die kleine Wanderung hin.

34131 Kassel

Lage:
Hohes Gras: 615 m, N 51 18.381, O 9 21.296
Herkules: 523 m, N 51 18.966, O 9 23.625

Höhe:
Hohes Gras: 30,7 m
Herkules (Oktagon): 33 m

Ausgangspunkt: Kassel

Hohes Gras und Herkules, Kassel

▶ Aussicht gibt es auf dem **Hohen Gras** nur 10 – 18 Uhr, außerhalb der Öffnungszeiten des Restaurants unten im Turm rüttelt der Besucher vergebens an der Metallpforte. Mit dem Schlüssel bewaffnet (erhältlich im Restaurant), steigt er erst den alten Steinturm hinauf. Zum Glück wurde dem 1890 errichteten Gebäude 1969 ein metallener Aufsatz verpasst. Damit ist ein sagenhaftes

360-Grad-Panorama sichergestellt, allerdings sind wegen der fast bis an den Turmkragen reichenden Bäume nur entfernte Ziele auszumachen. Diese, aber auch die näheren sind geradezu vorbildlich auf vier Edelstahltafeln samt Distanz und Höhenangabe eingraviert. Deshalb hier nur ein schneller Rundflug im Uhrzeigersinn, beginnend im Norden: Solling und Reinhardswald über dem Wesertal, der Harz, 105 km entfernt, nur bei bester Sicht zu sehen, der Kaufunger Wald gerade auf der anderen Seite der Fulda, dahinter Teile des Obereichsfelds in Thüringen, Ringgau, Söhrewald, Stölzinger Gebirge und Rhön in 95 km Entfernung. Im Süden stehen ↗ *Knüll* und *Langenberg* (der südliche Ausläufer des Habichtswaldes), dann kommen *Kellerwald,* Ederbergland und jenseits des Wolfhager Landes das Hochsauerland mit dem hessischen Upland. Am markanten Aussichtsturm auf dem ↗ *Bärenberg* vorbei können schließlich Eggegebirge und im Teutoburger Wald

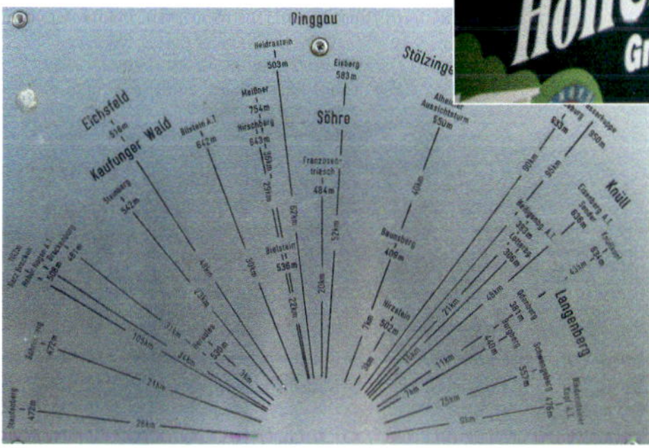

Selbsterklärend: Für den Biergarten braucht's keiner vielen Worte, die Fernsichten vom Hohen Gras sind aufgezeichnet

Öffnungszeiten: Hohes Gras 10 – 18 Uhr
Herkules (Besucherplattform): 15. März – 15. Nov Di – So und Fei 10 – 17 Uhr. Eintritt: 3 €, bis 18 Jahre frei.
Wasserspiele: 1. Mai – 3. Okt Mi, So und Fei 14.30 Uhr.
Einkehr: Aussichtsturm Hohes Gras ist Teil des Gaststätten-Gebäudes

das Hermannsdenkmal auf der Grotenburg in Sicht kommen. Um die Figur, mit Sockel 53,5 m hoch, in 80 km Entfernung zu erkennen, braucht es äußerst günstige Umstände.

Aber man kann, wenn einem nach »kolossal« zumute ist, einfach die 3,5 km hinüber zum **Herkules** spazieren. Die Figur kommt zwar nur auf 8,25 m, dafür erhebt sie der Unterbau, ein Oktogon und eine Pyramide in 70 m Höhe. Das Riesenspielzeug des Landgrafen *Karl von Hessen-Kassel* überragt den Bergpark Wilhelmshöhe, berühmt geworden durch die einzigartigen, bereits 1701 erdachten Wasserspiele. Der Blick über die 250 m langen Kaskaden am Karlsberg ist das Fotomotiv schlechthin.

Mächtiger Unterbau: Blick vom Bergpark auf den Herkules, Wahrzeichen Kassels

Foto © dzt

Der Entwurf der gesamten Anlage stammt von dem italienischen Architekten *Giovanni Francesco Guerniero.* Spannend und sehr gut besucht ist im Sommerhalbjahr die Vorführung der **Wasserspiele:** Um Punkt 14.30 Uhr schießen 350.000 Liter Wasser los. Bis sie sich durch laut tönende Hörner, die Kaskaden und die Wasserfälle 225 m zum großen Teich vor Schloss Wilhelmshöhe hinunter gestürzt haben, vergeht 1 Stunde! Krönender Höhepunkt ist die bis zu 52 m aufsteigende Fontäne. Viele Besucher genießen

das Schauspiel in ganzer Länge, indem sie mit den zu Tale plätschernden Wassermassen mitlaufen.
Land und Stadt wollen für das Gesamtkunstwerk 2012 den Status als Weltkulturerbe bei der UNESCO beantragen. Dafür wird die Anlage seit 2005 aufwändig restauriert. Der im Original verwendete Basalttuff aus dem Habichtswald ist sehr erosionsanfällig. Wann genau die Baugerüste verschwinden, ist noch nicht klar; jedenfalls ist deshalb die Aussichtsplattform zu Füßen des Herkules gesperrt und nur die riesige Terrasse des Oktogon betretbar. Doch den Eintritt kann man sich sparen, auch so fasziniert der Blick. Über das künstliche Wasserbett hinweg gleitet er zum Bergpark, in Kassel entlang der Achse Wilhelmshöher Allee und schweift aus zu Kaufunger Wald, Söhre und ↗ *Meißner*. Wenn die Plattform wieder offen ist, sollten im Nordosten auch Reinhardswald, der Gaußturm auf dem Hohen Hagen im Landkreis Göttingen und bei guter Sicht der Harz erkennbar sein sowie im Westen der Kellerwald, der *Essigberg* mit dem Fernmeldeturm im Habichtswald und der kahle *Dörnberg* bei Zierenberg.

Restaurant & Café Hohes Gras, Michael Bröffel, Hohes Gras 3, 34131 Kassel, T 0561/ 32166, Fax 315247. www.hohes-gras.de, restaurant@hohes-gras.de. Geöffnet Di – So 11 – 18 Uhr. | Nettes Ausflugsrestaurant mit großem Biergarten, ideal für Wanderer.

Anreise & Tourvorschläge

Bhf Kassel Wilhelmshöhe, dann mit Tram 3 oder Bus 52 bis Druseltal, ab da Bus 22 bis Hohes Gras und etwa 300 m zu Fuß bis zum Aussichtsturm.

A44 Ausfahrt 68 Kassel-Wilhelmshöhe, an Kreuzung mit B520 links auf Konrad-Adenauer-Straße, nach 2,7 km Schildern zum Herkules auf L3298 folgen. Nach 3,4 km rechts die K6 zum Herkules nehmen, nach knapp 2 km links die Zufahrt zum Hohen Gras; Parkplätze jeweils am Ziel.

Kassel liegt am Hessischen Radfernweg R1, außerdem beginnt hier der Herkules-Wartburg-Radweg. Wer vom einen auf den anderen wechseln will, kann

KULTURGIPFEL

das in den Kasseler Fuldaauen leicht tun, wo die beiden Radwege 1 km weit identisch verlaufen.

Aktivitäten vor Ort

Kassel bietet als Zentrum Nordhessens von Kultur bis Sport, von Unterhaltung bis Einkehr eine in der Breite kaum zu übertreffende Vielfalt.

❄ Selbst **Skisport** ist am Lift Hohes Gras möglich, die Piste wird sogar beschneit.

Die beiden Aussichtspunkte können Sie mit einer **Wanderung** verbinden. Start ist am Hohen Gras, der Weg (3,5 km) zum Herkules mit X7 beschildert und gut zu finden. Um den Rückweg zu variieren, begeben Sie sich zurück zu den Parkplätzen hinter dem Herkules und kreuzen die K6 nach rechts mit Hinweis auf Elfbuchen. Nach 250 m links in Hauptweg abbiegen und dem Weißen Punkt folgen: am Vorwerk Sichelbach vorbei (dort wird das Nass für die Wasserspiele am Herkules gesammelt), weiter über den Gipfel des Großen Steinhaufens, 400 m danach links mit Weißer Punkt, Weiße Raute und Weißer Doppelbalken über K6 und zurück zum Hohen Gras.

GRAUE EMINENZ

Er ist mehr als nur ein Teil der Fritzlarer Stadtbefestigung: Der Graue Turm nimmt für sich in Anspruch, der »höchste erhaltene städtische Wehrturm Deutschlands« zu sein. Aus gut 30 m Höhe haben Sie eine prächtige Sicht über die Stadt und das Fritzlar-Waberner Becken bis hin zu den umliegenden Mittelgebirgen. Ähnlich vom Büraberg, zu dessen Füßen sich die Ederaue und auf dem gegenüberliegenden Steilufer die alte Dom- und Kaiserstadt ausbreiten.

Fritzlar und der Büraberg

▶ Ohne *Bonifatius* geht in Fritzlar nichts. Dort fällte er die Donar-Eiche, um den *Chatten,* den

Vorfahren der Hessen, zu zeigen, was Gott von Baumheiligtümern hält. Der Büraberg mit der fränkischen Reichsburg diente ihm als Operationsbasis, um die Heiden Mores zu lehren. Und der heutige Besucher muss, wenn er im Grauen Turm dem Aussichtsgeschoss zustrebt, erst einmal dem axtbewehrten »Apostel der Deutschen« gegenübertreten. Der wacht überlebensgroß in der sogenannten Bonifatius-Etage und ist eine Replik des Denkmals von *Ubbo Enninga* am Dom. Sinnend blickt Bonifatius auf ein Gotteshaus: 724 soll er dort, wo nun der Dom steht, aus dem Holz der gefällten Eiche eine Kapelle errichtet haben. Das gibt dem Beginn der Christianisierung Mittel- und Norddeutschlands ein Datum und ist außerdem die erste urkundliche Erwähnung Fritzlars.

Die strategisch günstige Lage im Grenzland zwischen Sachsen und Franken machte die Stadt auch für Könige und Kaiser interessant. Wohl schon unter *Karl dem Großen* (747 – 814) gab es eine Pfalz. Wichtigstes Ereignis aber war der Reichstag von 919, als der Sachsenherzog *Heinrich* (876 – 936) zum König des ostfränkischen

Schwalm-Eder-Kreis
34560 Fritzlar-Ungedanken

Lage:
Grauer Turm: 221 m,
N 51 07.911,
O 9 16.171
Büraberg: 273 m,
N 51 07.270,
O 9 14.210

Höhe:
Grauer Turm: 38,5 m
Büraberg: 275 m

Ausgangspunkt: Marktplatz Fritzlar

Öffnungszeiten: Grauer Turm: April – Okt 9 – 12 und 14 – 17 Uhr; Eintritt 0,45 €
Büraberg: Frei zugänglich

Einkehr: Zahlreiche Restaurants, Cafés etc. in der Altstadt

Mission Axt: Bonifatius war nicht zimperlich, wenn es um die Interessen seiner Kirche ging

An ihm kommt keiner vorbei: Der Graue Turm ist mit 38,5 m einer der mächtigsten Wehrtürme deutscher Städte

Reiches gewählt wurde: Das gilt gemeinhin als die Geburt des Reiches. Trotz mehrfacher, fast völliger Zerstörung stand Fritzlar weiter im Blickpunkt deutscher Geschichte. Erst im 13. Jahrhundert begann langsam der Niedergang. Die Stadt, zunächst noch Zankapfel der Mainzer Erzbischöfe und hessischen Landgrafen, geriet spätestens mit der Reformation als katholische Enklave ins Abseits.

Diese Geschichte bezeugt der **Graue Turm.** 1274 erstmals erwähnt, wurde er schon 1250 erbaut. Auf zwei Ebenen ziehen sich um das oberste zu besichtigende Geschoss Fenster. Schrifttafeln geben Auskunft über die nähere Umgebung, etwa wo Geismar, der Standort der Donar-Eiche, liegt. Ebenfalls im Westen, hinter Bad Wildungen, ist der nördliche Kellerwald mit dem Traddelkopf auf 626 m zu sehen. Im Südwesten ragt der noch etwas höhere Wüstegarten mit 675 m heraus. Je nach Witterung tauchen im Süden Vogelsberg und Knüll auf. Über den Dom hinweg fällt der Blick auf Seulingswald und Stölzinger Gebirge. Exakt im Osten ist – deutlich näher in knapp 13 km – der Heiligenberg über Felsberg, der mit seiner Burg ein beliebtes Ausflugsziel ist. Weiter streift der Blick über die Westhessische Senke und bleibt an den kleinen Basaltkuppen rund um Gudensberg hängen; am hervorstechendsten dort der Schlossberg mit der Obernburg darauf, der Lamsberg mit dem Windrad und der ↗ *Odenberg*. Die Versammlung der Basaltkegel setzt sich im Norden mit Wartberg und dem Niedensteiner Kopf fort. Letzterer liegt im Schatten des rechts davon aufsteigenden Langenbergs, dem südlichen Ausläufer des Habichtswaldes, der die Richtung auf Baunatal und Kassel markiert.

Auf dem **Büraberg** erwartet den Besucher eine ganz andere, stille, fast schon meditative Atmosphäre. Die *Brigida-Kapelle* ist vielleicht der älteste Kirchenbau nördlich des Limes – Mörtelspuren in der Chorbogenwand wurden auf 543 n.Chr. datiert. Sicher ist: Der aussichtsreich gelegene Bergsporn ist seit dem Jungpaläolithikum (ab 40.000 v.Chr.) besiedelt. Die Franken errichteten eine mächtige Reichsburg zum Schutz des Edergebietes; sie diente Bonifatius als militärischer Schutzschirm für seine Christianisierungsfeldzüge. 741 oder 742 wird der Büraberg gar Sitz des ersten hessischen Bistums – aber nur bis 746 oder 747. Der Reiz der Aussicht liegt im Erhabenen des Platzes, dem postkartengleichen Blick über die Ederauen hinweg auf Fritzlar und dahinter die *Gudensberger Kuppenschwelle* mit den zahlreichen Basaltkegeln.

Naturdenkmal: Eine Eiche wie diese auf dem Büraberg musste einst fallen, um als Bauholz für den Fritzlarer Dom-Vorgänger zu dienen

Anreise & Tourvorschläge

Vom ICE-Bhf Kassel-Wilhelmshöhe fährt ein Express-Bus zum Fritzlarer Busbahnhof; von da sind es wenige Meter zu Fuß bis zum Marktplatz. Sonst: RE bis Bhf Wabern, dann RB43 nach Fritzlar; damit auch Weiterfahrt bis Ungedanken-Büraberg.

A49 Ausfahrt 14 Fritzlar, Richtung Stadtmitte, um die Altstadt sind mehrere Parkplätze ausgewiesen. Von dort Richtung Stadtmitte zum Marktplatz, Sehenswertes wie der Graue Turm komplett ausgeschildert, wenige Minuten zu Fuß. Zum Stadtteil Ungedanken auf B450 Richtung Borken, an Kreuzung mit B253 rechts Richtung Bad Wildungen; nach gut 4 km links nach Ungedanken hinein, von der Hauptstraße wenig später links in Bürabergstraße, Schilder zur Wallfahrtskirche und Büraburg.

KULTURGIPFEL

Mitten durch Fritzlar geht die Route des Hessischen Radfernwegs R4. Um zum Grauen Turm zu kommen, biegen Sie am Burggraben in westliche Richtung ab.

Südlich der Stadt am anderen Ufer verläuft der Ederradweg. Auf ihm gelangen Sie zum zweiten Aussichtspunkt, dem Büraberg: R4 nach Süden aus der Stadt, neben der B450 die Eder queren, direkt dahinter rechts Ederradweg nach Ungedanken einschlagen (knapp 5 km). Dort links in den Ort auf der Hauptstraße, dann wie ↗ Auto noch 2 km bis Büraberg.

Wer von Fritzlar zum Büraberg wandern will, kann das in einer Stunde schaffen (4 km). Vom Marktplatz begeben Sie sich zum Dom, biegen links in die Titusgasse und gleich wieder rechts die Neustädter Straße hinab. Nach wenigen Metern folgen Sie links dem Weg an der alten Stadtmauer zum Mühlgraben, einem Nebenarm der Eder und queren diesen. Auf der anderen Seite rechts den Mainzer Ring durch und zum Vier-Türme-Blick. Am Ende der Straße Ausschau halten nach Wanderzeichen X12, Bonifatiuspfad und X8, Hessischer Fernwanderweg 8, der Barbarossaweg. Sie führen parallel zum Mühlgraben nach Westen, queren nach 1,6 km die Eder, kurz danach auch Bahnlinie und B253 und klettern schließlich den Büraberg hinauf. Rückweg genauso – eine praktikable Alternative gibt es leider nicht.

MTB Eine etwa 50 km lange Runde führt über Geismar, Bad Wildungen und Büraberg, ↗ **pmv online.**

Aktivitäten vor Ort

Fritzlar als alte Dom- und Kaiserstadt bietet selbst bei einem kurzen Rundgang durch die mittelalterliche, weitgehend erhaltene Altstadt nebst Befestigung eine Überfülle an Sehenswertem: der Dom mit seinen Schätzen, der prächtig von Fachwerkhäusern eingerahmte Marktplatz, das Rathaus, das älteste Amtshaus Deutschlands, die gotischen Steinhäuser oder das Hochzeitshaus, welches das M **Regionalmuseum** beherbergt. Das alles lässt sich auch bei einer Kutschfahrt bestaunen.

Führungen historische **Altstadt** (auch als Kutschfahrt): Touristinformation Fritzlar, T 05622/988643, Fax 988626, touristinfo@fritzlar.de, www.fritzlar.de.

MAJESTÄTISCHE WACHT

Keine andere Stadt in Hessen liegt derart eingebettet in eine steile Hügellandschaft wie das mittelhessische Marburg. Die uralte Universitätsstadt spielt eine bedeutende Rolle bei der Entstehung des Landes Hessen. Und im Wortsinne überragend ist in dem Zusammenhang das Schloss zu nennen.

Marburger Schloss

Marburg-Biedenkopf
35037 Marburg
Lage: 272 m, N 50 48.592, O 8 46.064
Höhe: Schlossberg 287 m
Einkehr: Burgcafé und mehrere auf dem Weg aus der Stadt hinauf.

▶ Wer durch das Lahntal reist, kann sich an Burgen und Schlössern wahrlich satt sehen. Kaum ein anderes Bauwerk an den hessischen Ufern der Lahn aber, vom Dom zu Limburg mal abgesehen, macht schon bei der ersten Begegnung einen so überwältigenden Eindruck wie das Marburger Schloss. Majestätisch wacht es über die Stadt und zählt kunsthistorisch, ähnlich wie die Elisabethkirche in der Unterstadt, zu den Baudenkmälern von nationalem Rang.
Die Anfänge liegen etwas im Dunkeln. Es gibt Datierungsversuche für Marburg, die bis ins 9. Jahrhundert zurückreichen. Sicherer wird der Boden erst im 12. Jahrhundert mit der ersten Erwähnung eines *Ludewicus von Marburg.* Spätestens für diese Zeit kann auch die Burg nachgewiesen werden. Sie wuchs in verschiedenen Ausbauphasen. Den wichtigsten Einschnitt markiert jedoch die Abspaltung der Landgrafschaft Hessen in Folge des hessisch-thüringischen Erbstreits (1247 – 1263).

Elisabeth von Thüringen, 1207 – 1231, 1235 heilig gesprochen, war eine ungarische Königstochter, Gemahlin Ludwig IV von Thüringen und sehr mildtätig. Als Witwe stiftete sie in Marburg ein Hospital, in dem sie die Ärmsten der Armen selbst pflegte. Ihre Tochter Sophie (1224) wurde als Herzogin von Brabant die Stammmutter der Landgrafen von Hessen.

Prunkvolles Gedenken an eine Mildtätige: Elisabethschrein in der frühgotischen Elisabethkirche

Forciert wurde das von *Sophie von Brabant* – einer Tochter jener *Elisabeth*, die als karitative und barmherzige Frau schon zu Lebzeiten einen sagenhaften Ruf genoss und als Patronin Hessens gilt. Die heilige Elisabeth war ursprünglich in Marburg an der Stelle begraben, an der heute die gleichnamige Kirche steht. Der erste – auch reichsrechtlich anerkannte – hessische Herrscher *Heinrich I.* baute das Schloss aus. Aus jenen Tagen stammt beispielsweise der *Fürstensaal* (482 qm), der zu den beeindruckendsten profanen Sälen der Gotik zählt.

Historisches erlebte die Stadt erst in der Reformationszeit wieder, als Landgraf *Philipp der Großmütige* 1526 das Land einigte. Er gründete die erste, somit heute älteste, protestantische Universität – und im Schloss debattierten Luther und Zwingli. Der Bau verlor nach dem 30-jährigen Krieg an Bedeutung und taugte als Festung nicht mehr. Von den Festungsanlagen blieben die beeindruckenden, heute wieder begehbaren Kasematten übrig. Kasematten sind die unterirdischen Gewölbe einer Festung, die gegen Artilleriebeschuss geschützt sind.

Aussichten sind in drei Richtungen möglich. Da der Felssporn, auf dem das Schloss thront, nicht ganz die Höhe der Lahnberge auf der anderen Seite hat, kann sich der Betrachter auf das Tal konzentrieren. Im Norden fällt der Blick rechtsseitig der Lahn auf die *Kirchspitze* sowie den Höhenzug bei Cölbe. Der zwingt nicht nur die Lahn zu einer bemerkenswerten Schleife, er riegelt mit seinen knapp 300 m auch das Tal ab. Weit greift der Blick dagegen im Süden aus. Im Unterschied zum rela-

M **Landgrafenschloss und Universitätsmuseum für Kulturgeschichte im Wilhelmsbau,** April – Okt Di – So 10 – 18 Uhr; Nov – März Di – So 10 – 16 Uhr. Eintritt 4 €, ermäßigt 2 €, T 06421/282-2355.

tiv engen Tal bei Marburg, schwingt der Fluss in seinem Lauf nach Gießen erheblich weiter aus. In Marburg selbst ragen die Kirche St. Marien, knapp unterhalb in südlicher Richtung, und St. Elisabeth im Norden aus den vielen spitzen Giebeln und Dächern der Altstadt heraus. Der Betrachter verfolgt den Flusslauf und ist nicht ganz so angetan davon, wie einst die Verkehrswege ins Tal gepresst wurden. Gegenüber auf den Lahnhöhen dominieren die hellen Zweckbauten der Universität und der HR-Sendeturm. Etwas links davon noch einmal ein echter Blickfang: Unverkennbar mit dem kleinen »Buttertürmchen« schieben sich keck die Mauern des Spiegelslustturms, ein weiterer Aussichtspunkt, über die Baumwipfel.

Anreise & Tourvorschläge

IC, RE, RB bis Bhf Marburg, dann Bus 1 oder 7 bis Hanno-Drechsler-Platz, wahlweise auch Bus 4 bis Rudolphsplatz/Lahntor, dann Bus 16 bis Schloss.

Auf B485/B3 bis Marburg Mitte, Beschilderung in der Stadt folgen, einige Parkplätze oben am Schloss; sonst Parkleitsystem – Parkhaus Pilgrimstein 26 und mit Aufzug zur Oberstadt.

Das Lahntal ist bestens erschlossen mit dem **Lahntalradweg.** Ab Cölbe hat man zudem Anschluss an den Hessische Fernradweg R2. Dem Lahntalradweg folgen Sie bis zur Lahnbrücke just unterhalb der Marburger Altstadt und wechseln da auf die andere Flussseite. Dann auf Straße Lahntor in die Altstadt hinauf, gleich rechts in Hirschberg und noch mal schräg rechts die Reitgasse nehmen. Nach 170 m links durch die Marktgasse zum Marktplatz.

Wie die Radler am Fuße der Altstadt ab Lahntor durch die Gassen hinauf; aber nach wenigen Metern in der Rittergasse rechts Landgraf-Philipp-Straße.

M **Schlossführung** und **Stadtbesichtigung.**

MTB Tour 31 – GPS-Daten und Zusatzinfos, ↗ **pmv online**, Region Mittelhessen.

Öffentliche Führungen April – Okt, Treffpunkt Unterer Schlossvorhof: Schloss So 15 Uhr, 3 €; Kasematten Sa 15.15 Uhr, 4 €. Führung für Gruppen (Schloss 40 €, Kasematten 52 €), außerdem Angebote wie Kinderführungen: Anmeldung bei Tourist-Info.

Marburg Tourismus und Marketing GmbH, Pilgrimstein 26, T 991223, Fax 991212 www.marburg.de, gaestefuehrungen@marburg.de.

Vom Parkhaus Pilgrimstein aus führen zwei **Aufzüge in die Oberstadt.** Sie enden in der Wettergasse. Diese führt nach links zur Reitgasse, von dort rechts durch die Marktgasse kommen Sie zum großen Marktplatz. Zum Schloss rechts bergauf gehen, gleich links in die Rittergasse einbiegen, von der nach 500 m rechts die Lutherstraße abgeht. Am Ende scharf rechts in den Gisonenweg und zum Schloss. Zu Fuß kann man auch eine der Treppengasse wählen.

DIE LÄNGSTE AUSSICHT

Die Hohe Straße ist, das verrät schon der Name, kein Aussichtspunkt im eigentlichen Sinne. Vielmehr könnte man sie als 20 km lange Dauer-Aussicht bezeichnen. Sie ist Teil des Regionalparks Rhein-Main, mit vielen Landschaftsobjekten gespickt und bis auf die Landwirtschaft praktisch verkehrsfrei: ideal zum Wandern und Radfahren mit der ganzen Familie.

Frankfurt/Main-Kinzig-Kreis, Niederdorfelden, Maintal, Schöneck, Nidderau, Bruchköbel, Hammersbach (Ortsteile Marköbel und Langen-Bergheim)
Lage: 130 – 205 m; höchster Punkt bei N 50 10.683, 0 8 49.899
Ausgangspunkte: Frankfurt/Bergen-Enkheim; höchster Punkt oberhalb Hühnerberg an K872 Wachenbuchen – Niederdorfelden
Öffnungszeiten: Frei zugänglich
Einkehr: In Bergen mehrere Cafés, Gaststätten und Weinstuben

Hohe Straße bei Frankfurt

▶ Es ist eine der malerischsten Aussichten überhaupt auf die Frankfurter Skyline, die sich dem Betrachter von der Hohen Straße aus bietet. Von Osten kommend, steuern Radler und Wanderer auf das Waldstückchen *Kleine Loh* zu. Schnurgerade geht der Weg hindurch und eröffnet wie in einem Natur-Bilderrahmen die Sicht auf die Riesen aus Beton, Stahl und Glas. Fällt dann noch im Sommer morgens um sechs das Licht der aufgehenden Sonne auf die Hochhäuser, kommen sie einem vor wie glitzernde Edelsteine. Doch es wäre höchst ungerecht, die Hohe Straße auf diesen einen Frankfurt-Blick zu verkürzen. Sichtachsen, die durch Stelen und Kunstwerke betont werden, gibt es auf alle umliegenden Mittelgebirge, außerdem Lese- und Spielecken sowie Landschafts-Skulpturen.

Der Weg verläuft auf dem **Höhenrücken** zwischen Nidder- und Kinzigtal. Und er wurde beileibe nicht erst in der Neuzeit erfunden. Möglicherweise existierte eine »Straße« schon in vorrömischer Zeit. Das jedenfalls wird spekuliert, da in Marköbel die Hohe Straße den Limes kreuzt. Der Limes ist zwar heute in diesem Abschnitt nicht mehr sichtbar, doch besaß er genau an dieser Stelle einen markanten Knick: ein möglicher Hinweis, wie die Römer vorhandene Infrastrukturen in ihren Verteidigungswall einbanden. Sicher ist, dass die Hohe Straße Teil einer alten Reichsstraße war, diese

beide Fotos © Annette Sievers

Auf der Hohen Straße: Markante Hinweistafeln, interessante Kunstwerke, die in Bezug zu Geschichte und Landschaft stehen, und Spielgelegenheiten säumen ihren Weg

Via Regia vom Rhein nach Schlesien, erstmals 1252 beurkundet, wurde sogar insgesamt Hohe Straße genannt. Solche Königsstraßen dienten als Heer- und Handelsstraßen im Alten Reich. Eine besondere Bedeutung hatte die Hohe Straße, da sie die wichtigen Messestädte Frankfurt und Leipzig verband.

Viel Geschichte also, die Sie unter die Füße oder Räder nehmen. Das Schöne an der zumeist geteerten Strecke: Sie hat auf diesem Abschnitt ihren alten Charakter als Höhenweg bewahrt. Flusstäler mit ihren Überschwemmungen und dem feuchten, oft ungesunden Klima waren in frühen Zeiten ein Problem. Erst als wichtige Siedlungen in den Niederungen entstanden, verlegten die Herrscher die Fernrouten auch in die Täler. Die Hohe Straße zieht erst weiter östlich hinab ins Kinzigtal; da liegt in Gelnhausen immerhin eine Kaiserpfalz.

Doch solche Niederungen nimmt der Fußgänger oder Radler auf dem bestens beschilderten **Regionalparkweg** nur als Landmarken wahr. Die Flüsse Main, Kinzig, Nidda oder Weller ahnt er bestenfalls. Von ein paar sehr kurzen waldigen Stücken abgesehen, genießt der Flaneur freie Sicht. Herausragend markiert sind am Wegesrand Stellen mit besonders schönen Aussichten auf

Taunus, Odenwald, Spessart und Vogelsberg: Wie Bilderrahmen lenken gestaltete Metallstelen den Blick des Betrachters. Dazu kommen »Himmelsschaukeln« an den höchstgelegenen Stellen, hölzerne Bänke an den windgeschützten Leseecken oder Skulpturen an einst wichtigen Landmarken wie dem Wartbaum. Gemessen auf die ganze Länge sind die Höhenunterschiede eher gering, die Anstiege (bis auf einen) sehr moderat. Auch wer nicht die ganze Strecke von Bergen-Enkheim bis Hammersbach in Angriff nimmt, findet in überschaubaren Abständen schöne Plätzchen zum Rasten, zum Spielen für Kinder oder zum Abschalten und Sich-in-die-Landschaft-hinein-träumen.

Zur Alten Post, Marktstraße 50, T 06109/22421. Mo – Fr 17 – 24, So 17 – 23 Uhr. Rustikale Apfelweinwirtschaft in einem alten Fachwerkhaus.

Zum Goldenen Engel, Marktstraße 60, T 06109/501223. Di – Sa 16 – 24, So, Fei 11 – 23 Uhr. | Gutbürgerliche Küche in Gastraum mit offenem Kamin.

Eis-Café Cristallo, Marktstraße 47, T 06109/21703. Mo – Sa 14 – 22, So 13 – 21.30 Uhr. Im Winter geschlossen. | Für das selbst gemachte Eis stehen die Leute Schlange!

Anreise & Tourvorschläge

- Ab Hanau Hbf R33 bis Nidderau-Ostheim; dann 800 m zu Fuß: in Fahrtrichtung 100 m den Gleisen folgen, dann links über Bahnbrücke, leicht ansteigenden Weg aufs Feld nehmen, nach 250 m links und Hauptweg 450 m bis Hohe Straße (beschildert) gehen.
- Ab Frankfurt Hbf U4 bis Seckbacher Landstraße, Bus 43 Richtung Bergen-Ost bis Karl-Wessendorf-Straße, diese aufwärts, am Ende rechts in Hohe Straße und über Landstraße aufs Feld hinaus gehen.
- A66 Ausfahrt Hanau Nord, auf B45 bis Ausfahrt Bruchköbel, links nach Mittelbuchen bis Ortsmitte, von dort nach Wachenbuchen, im Ort rechts auf K872 Richtung Niederdorfelden, nach 2,3 km am höchsten Punkt kreuzt die Hohe Straße; Parkplatz vorhanden.
- Radler starten am besten im Frankfurter Stadtteil Bergen-Enkheim. Dorthin gelangt man über den Grüngürtel-Radweg, der sogar ein paar Meter auf der Hohen Straße verläuft.
- **MTB** MTB-Touren 45 und 63 – GPS-Daten ↗ **pmv online,** www.gps-tourenplaner.de Region Vogelsberg.

Die Abtei St. Hildegard und das Niederwalddenkmal, beide hoch über dem Rhein bei Rüdesheim, stehen für höchst unterschiedliche Momente deutscher Geschichte. Die berühmte Mystikerin aus dem 12. Jahrhundert fasziniert noch heute Abertausende als Quell spiritueller Erneuerung. Die »Wacht am Rhein«, gegen den ehemaligen Erzfeind Frankreich gerichtet, ist das in Bronze gegossene Nationalverständnis des deutschen Kaiserreichs.

VON DER MYSTIK ZUR NATION

St. Hildegard und Niederwalddenkmal

▶ Um es vorweg zu nehmen: Wer glaubt, hier oben auf den originalen Spuren der **Hildegard von Bingen** zu wandeln, irrt. Jenes Kloster, das sie 1165 als Tochterkloster ihres Stammklosters Rupertsberg gründete, lag 750 m unterhalb der heutigen Abtei am Ortsrand von Eibingen. Es wurde bei der Säkularisation 1803 aufgehoben. Die mächtige Anlage oberhalb der Rüdesheimer Weinberge entstand ab 1900. Den im neoromanischen Stil errichteten Bau stiftete Fürst *Karl zu Löwenstein-Wertheim-Rosenberg*, besiedelt wurde er 1904 von Benediktinerinnen aus der Abtei St. Gabriel. Doch das tut der Geschichte um die bedeutende Mystikerin keinen Abbruch und schon gar nicht der Aussicht. Diese reicht vom Soonwald im Westen auf rheinland-pfälzischer Seite des Rheins über Bingen und Nahemündung teils weit nach Rheinhessen hinein bis zum Donnersberg. Schräg links hinüber, oberhalb der Agglomerate von Gau-Algesheim und Ingelheim,

Foto © Peter Meyer

Hildegard, die Mystikerin: Figur vor der Abtei

Rheingau-Taunus-Kreis
65385 Rüdesheim
Lage: Abtei St. Hildegard: 227 m, N 49 59.541, O 7 55.712
Niederwalddenkmal: 307 m, N 49 58.862, O 7 53.972
Höhe: Germania 12,5 m
Ausgangspunkt: Bahnhof Rüdesheim
Öffnungszeiten: Klosterkirche 5 – 20.15 Uhr; Info-Raum 7 – 21 Uhr, im Winter 7 – 18 Uhr
Niederwalddenkmal frei zugänglich
Seilbahn: Oberstraße 37, T 06722/2402, Fax 3574, info@seilbahn-ruedesheim.de, März – Nov, Hin-/Rückfahrt 6,50 €, einfach 4,50 €.

sticht ein wuchtiger weißer Turm aus dem Wald: der *Bismarckturm.* Den Rhein aufwärts ziehen sich vor allem auf Pfälzer Seite zahlreiche Auengebiete. Angesichts des Verkehrs auf »Vater Rhein« mag man kaum glauben, dass dort wirkungsvoll Naturschutz möglich ist. Weiter in Richtung Osten verliert sich der Strom in der Dunstglocke über den beiden Landeshauptstädten Mainz und Wiesbaden.

Das Panorama vom **Niederwalddenkmal** ist ähnlich, aber detailreicher beim Blick auf den Rhein hinab. Das Auge fixiert unwillkürlich den berühmten Mäuseturm mitten im Strom und die Stromschnellen in dem bei Schiffern einst berüchtigten Binger Loch; mehr dazu und was der hartherzige Mainzer Erzbischof *Hatto* mit dem illustren, rot-weiß herausgeputzten Turm zu tun hat ↗ *Gewässerschau.* Durch den 60 m höher gelegenen Standort und die Münz-Ferngläser lassen sich erheblich mehr Beobachtungen beim Blick nach Rheinland-Pfalz über den Binger Rochusberg hinweg machen.

Das sollte einen indes nicht hindern, sich auf der weitflächigen Aussichtsplattform umzuwenden und zumindest kurz die Germania zu inspizieren – so häss-

Frühjahrswanderung: Durch die Weinberge zur Abtei St. Hildegard

Foto © Peter Meyer

lich ist des Bildhauers Töchterlein ja auch nicht. Als Modell für die 12,5 m hohe Statue hatte *Johannes Schilling* seine Tochter *Katharina* erkoren. Insgesamt ragt das 1877 begonnene Denkmal 38 m auf. Zur Einweihung 1883 sprach Kaiser Wilhelm I. und die Rheinschiffe feuerten Salut. Der Sinn des 75 Tonnen schweren Denkmals: Die Deutschen feierten sich und ihr »wiedergewonnenes« Vaterland, die (Neu-)Gründung des deutschen Kaiserreichs nach dem Krieg gegen Frankreich 1870/71. Wie bahnbrechend die pathetische Gesinnung jener Zeit war, mag man an den fast als Nationalhymne gesungenen Strophen des Liedes »Die Wacht am Rhein« ersehen. Fünf der sechs Strophen sind unter dem Hauptrelief eingemeißelt samt dem bekannten Refrain: »Lieb Vaterland magst ruhig sein/fest steht und treu die Wacht/die Wacht am Rhein«.

beide Fotos © dzt

Politik mit anderen Mitteln: Niederwalddenkmal über dem herrlichen Rheingau bei Rüdesheim

Anreise & Tourvorschläge

RE, RB bis Rüdesheim, dann zu Fuß links durch Oberstraße zur Kabinenseilbahn zum Niederwalddenkmal. Zum Kloster ↗ Fußweg.

Auf der A66 Richtung Rüdesheim fahren, sie geht in die B42 über, am Ortseingang rechts Beschilderung zur Abtei St. Hildegard folgen. Weiter zum Niederwalddenkmal: Zurück nach Rüdesheim, dann Schildern zum Niederwalddenkmal folgen.

- Der Hessische Fernradweg R3 verläuft auf halber Höhe durch die Weinberge des Rheingaus, er endet in Rüdesheim. Um zum Kloster zu gelangen im Ort an der Theodor-Heuss-Straße rechts hoch und auf der Nothgottesstraße bis hinauf zum Klosterweg, da links 400 m zur Pforte.
- Der Rundweg misst 7,6 km, an Höhenmetern sind gut 200 zu bewältigen, weshalb man mit mehr als 2 Stunden Gehzeit rechnen muss. Vom Bhf Rüdesheim zum Kloster Hildegardis führt auf 3,2 km das Wanderzeichen Gelber Balken. Zunächst an Rheinpromenade stromaufwärts, nach 800 m in Grabenstraße, Beschilderung Zum Niederwalddenkmal folgen, rechts in Ferdinand-Heyl-Straße und links in Eibinger Straße. Nach 700 m links hinauf bis Klosterweg. Zum Niederwalddenkmal sind es noch einmal rund 2,6 km: Einfach auf Klosterweg weiter und Gelbem Römerkelch bzw. H7 folgen. Dann auf Gelben Balken achten: ein Stück nach kleiner Kabinenseilbahn rechts ab. Die ist, falls Fußweg mit Gelbem Balken nicht erste Wahl, eine luftige Alternative für den Rückweg nach Rüdesheim.
- Wer nur zum Denkmal will, läuft vom Bhf links in die Oberstraße und folgt ab Am Feldtor dem Gelben Balken zur Germania.

Aktivitäten vor Ort

- **Klosterladen** und **-weingut** laden zum Probieren und Kaufen ein. Tagesbesucher können die Kirche anschauen, außerdem gibt es Vorträge über benediktinisches Leben.
- Besuch der **Falknerei** am Niederwalddenkmal.
- **MTB** MTB-Touren 8 und 68 – GPS-Daten und Zusatzinfos ↗ **pmv online**, www.gps-tourenplaner.de, Region Rheingau).

Klosterladen & Besucherinfo:
Klosterweg, 65385 Rüdesheim am Rhein, T 06722/499-271. www.abtei-st-hildegard.de, besuchergruppen@abtei-st-hildegard.de. Büro Mo – Fr 9 – 11 und 14.30 – 16.30 Uhr. Übernachtungen möglich.

GEMAUERT & GEMEISSELT

FELS IM WIPFEL-MEER

Über riesige Flächen wogen die waldigen Wipfel des Kaufunger Walds im Grenzgebiet zu Niedersachsen dahin und sind aus der Entfernung betrachtet oft nur schwer unterscheidbar. Doch wer den Bilstein, mit 641 m der zweithöchste Gipfel dieses Gebirges, erobert hat, dem bietet sich über das nordöstliche Hessen und bis zum Harz ein faszinierender Rundumblick, den nicht einmal der Meißner zu toppen weiß.

Bilstein

Werra-Meißner-Kreis
37247 Großalmerode
Lage: 641m, N 51 17.128, O 9 47.228
Höhe: 20 m
Ausgangspunkt: Wanderparkplatz Kohlenstraße
Öffnungszeiten: Frei zugänglich
Einkehr: Auf dem Gipfel

▶ Es soll schon Leute gegeben haben, die auf dem falschen Bilstein standen. Nämlich dem *Bielstein* oberhalb von Helsa, nur knapp 10 km Luftlinie entfernt! Überhaupt ist die Bezeichnung »Bil« recht geläufig. Das geht, so die eine Erklärung, auf das althochdeutsche »bilu« zurück für auf- oder hervorspringen. Eine andere Lesart sagt, dass damit scharf und steil aufragende Felsnasen bezeichnet würden. Das passt beides zu der kargen Gipfelfläche des Bilstein mit den zu Basalt erstarrten Magmasäulen.

So ursprünglich wie die Landschaft, muten einem auch **Gaststätte und Turm** an. Vor allem, wenn man sich die Historie des Turms vor Augen führt mit dem ersten Vorläufer von 1869, jenem knubbeligen Bau, wie er auf der Tafel neben dem Eingang abgebildet ist. Der mag seinerzeit für die Aussicht gelangt haben. Um heute den Wald zu überragen, musste der Steinkonstruktion von 1891 vor 50 Jahren ein Metallhütchen aufgesetzt werden.

Kleine Schautafeln in alle Himmelsrichtungen machen es leicht, sowohl die Geografie der näheren als auch der fernen Umgebung zu sortieren. Allen voran der große Nachbar, der ↗ *Hohe Meißner,* schweift der Blick über alle nördlichen Mittelgebirge Hessens: in der Ferne die Rhön, deutlich näher das Stölzinger Gebirge mit dem ↗ *Alheimer,*

Gute Aussichten: Zu Füßen des Kellerskopf Turms gibt es einen Biergarten

der ↗ *Knüll,* der Kellerwald, überflügelt vom dahinter liegenden Rothaargebirge, im Norden übergehend ins Hochsauerland; dann der Habichtswald und die Kasseler Berge mit dem ↗ *Herkules;* Reinhardswald und schließlich der charakteristische Gaußturm auf dem *Hohen Hagen* im Landkreis Göttingen sowie der Harz. Und der Vollständigkeit halber: Nur 5 km Luftlinie entfernt ist die komplett bewaldete Kuppe des ↗ *Hirschbergs,* der mit 643 m der höchste Berg im Kaufunger Wald ist, und nicht, wie oft behauptet, der Bilstein.

Wer sich nicht auf den Turm wagt, der hat auch von der Terrasse der **Gaststätte** einen prächtigen Ausblick nach Norden und Nordosten. Über Witzenhausen hinweg, was nur indirekt am schlanken weißen Schornstein auszumachen ist, geht der Blick auf die etwas östlicher gelegene Burg Hanstein und dahinter Göttingen, die Göttinger Berge und, bei klarer Sicht, den Harz.

Berggaststätte Bilstein, Karin Sombrowski, T 0160/ 3572069, Fax 05542/ 500413. karinsombrowski@freenet.de. Geöffnet April – Okt Di – So 11 – 18 Uhr; Nov – März Sa, So und Fei 11 – 18 Uhr. | Einfache Gaststätte mit lauschiger Aussichtsterrasse.

Anreise & Tourvorschläge

Vom Bhf Kassel-Wilhelmshöhe Tram 4 nach Helsa, dann Bus 210 nach Großalmerode Hof Hirschberg; ab da 4 km zu Fuß bis zum Gipfel (Kohlenstraße hinauf ↗ Auto).

A7 Ausfahrt 78 Kassel-Ost, auf B7 bis Helsa, im Ort links auf B451 bis kurz vor Großalmerode: links in Kohlenstraße, an Gut Giesenhagen vorbei 1,6 km bis Parkplatz Naturpark mit Bilsteinturm; dann Fußweg.

In der Nähe von Großalmerode verläuft der **Herkules-Wartburg-Radweg.** In Helsa davon abweichen und auf Berliner Straße B451 Richtung Großalmerode radeln. Nach 1,2 km rechts in den Wirtschaftsweg auf andere Talseite einbiegen und in alter Fahrtrichtung weiter bis Wickenrode; am Friedhof links ab, nach 130 m rechts und auf Ringenkuhler Straße Ort verlassen. Nach 1,9 km schräg links zur B451, diese queren und Kohlenstraße 1,5 km zum Wanderparkplatz hinaufradeln. Kurz davor weichen Sie von der Zufahrtsstraße ab und nehmen den Hauptweg schräg rechts. Nach gut 300 m tauchen Gelbe 3 und 6 auf: ab da gut 2 km immer geradeaus auf Schotterpiste mit der 3 bis zum Turm hinauf.

Vom Wanderparkplatz Kohlenstraße aus mehrere Fußwege, Tafel vor Ort; kürzeste Verbindung mit 2,3 km ist markiert als Rundwege Gelbe 3 und 6.

Trägt ihren Namen zu Recht: Die Rote Nieste

Aktivitäten vor Ort

Als etwas längere Variante für den Rückweg lohnt ein Abstecher zur **Quelle der Roten Nieste** (nicht auf Tafel eingezeichnet!). Dazu mit Gelber 4 Richtung Westen/Spießborn, nach 1,5 km, am Treffpunkt mit Gelber 9 scharf links gehen. 700 m weiter ist etwa auf Höhe der Steinbergseen nach rechts ein Pfad zur Roten Nieste ausgeschildert. Dem Besucher bietet sich ein seltenes Naturschauspiel: Der 15 qm große Quellgrund strahlt in sattem Rostrot, kein Wunder bei den Eisenvorkommen in der Gegend. Zurück zum Parkplatz folgen Sie der Gelben 4.

MTB Biker finden im Werra-Meißner-Kreis ein neu eingerichtetes Tourennetz, darunter eine auf den Bilstein; mehr dazu ↗ **pmv online.**

ÜBER GOLDGRÄBERN

Der Georg-Viktor-Turm wacht über die Reste von Burg Eisenberg und erlaubt einen überraschend großzügigen Blick über Upland und Waldecker Land bis zu den Kasseler Bergen und dem Kellerwald. Ja, sogar noch erheblich weiter reicht die Sicht: Mit etwas Glück erspähen Sie viele der großen Gipfel im Nordosten Hessens.

Eisenberg bei Korbach

▶ Es ist nicht alles Gold, was glänzt, heißt es. Korbach dreht diese Redewendung um: Hier glänzt vieles und noch dazu ist manches Gold. Im

Waldeck-Frankenberg
34497 Korbach-Goldhausen
Lage: 562 m, N 51 15.072, O 8 49.648
Höhe: 22,5 m
Ausgangspunkt: Freizeitgelände Goldhausen
Öffnungszeiten: Mitte April – Mitte Okt 9 – 18.30 Uhr, Mitte Okt – Mitte April ist der Turm geschlossen

kleinen Ortsteil Goldhausen buddelten sie vom 12. bis 17. Jahrhundert in einer der größten deutschen Fundstätten nach dem Edelmetall. Bis zu 1,5 t des Edelmetalls, so schätzt man, holten die Menschen in Generationen aus »Deutschlands reichster Goldlagerstätte«, so der Verein Historischer Goldbergbau Eisenberg. Noch heute spült die *Itter* Goldflitter bis in die *Eder* und macht dort Goldsuchen als Touristenspaß möglich. Korbach war die einzige hessische Hansestadt. Und dort, wo heute der Aussichtsturm auf dem Eisenberg in den Himmel ragt, stand einst ein Schloss. Heute ist von der ursprünglichen **Burg Eisenberg** nicht mehr viel vorhanden. Auf einer Tafel neben der Ruine sind Teile der Historie zu lesen, so auch von den langjährigen Besitzern, dem Waldecker Grafengeschlecht, das schon 1692 ausstarb. Einem späteren Nachfahren, Fürst *Georg-Viktor zu Waldeck und Pyrmont* (1831 – 1893), ist der Turm gewidmet.

Die in alle Himmelsrichtungen angebrachten Tafeln geben vor allem einen Überblick zu den Orten und Landmarken in der näheren Umgebung. Im Westen reicht die Sicht natürlich nur bis zum Rothaargebirge und, als hessischer Teil davon, den Upland-Gipfeln, gekrönt vom Ettelsbergturm bei Willingen. Östlich über Korbach hinweg erlaubt das flacher nach Bad Arolsen und Warburg abfallende Land wieder richtig weite Blicke. Die Höhenzüge von Reinhardswald und Solling (in Niedersachsen) sollten sich bei guter Sicht andeuten; an extrem klaren Tagen könnte auch der Harz in Ost-Nordost zu sehen sein. Ziemlich dominant schieben sich jedoch südlich des *Eschebergs* in knapp 40 km Entfernung die bewaldeten Höhen des Habichtswalds dazwischen, insbesondere *Großer Gudenberg* und ↗ *Großer Bärenberg.* Davor erhebt sich als markanter Solitär der *Isthaberg.* Nur ganz wenig südlich dann der *Essigberg* mit dem Sendemast, der besser als das ↗ *Hohe Gras* bekannt ist. Hinter dieser höchsten Erhebung des Habichtswaldes mit 615 m verschwindet Kassel mit dem ↗ *Herkules.* Dafür erlaubt rechts davon der Einschnitt zum *Langenberg* eine Fernsicht auf den Kaufunger Wald mit dem ↗ *Bilstein* und, alles übertrumpfend, den ↗ *Hohen Meißner.* Spannend auch noch mal der Blick gen *Dicker Kopf.* Davor erahnt man den Edersee. Aber über Obernburg hinweg ist als einzelne, ferne Spitze der ↗ *Alheimer* im Stölzinger Gebirge sichtbar, ebenso in der Scharte rechts vom Dicken Kopf der ↗ *Knüll.* Erheblich näher wieder der Kellerwald, auf den sich wie stets der Blick gut einpegeln lässt durch den Sender auf dem Hohen Lohr. Etwas links davon der höchste Berg im Kellerwald, der *Wustegarten.* Und etwas rechts davon zeichnet sich bei klarer Sicht am Horizont die charakteristische Wölbung des Vogelsbergs ab. Weiter geht es über Burgwald zum Rothaargebirge in Nordrhein-Westfalen, dessen südliche Ausläufer auf hessischer Seite durch die ↗ *Sackpfeife* oberhalb von Biedenkopf markiert werden.

M **Bergwerk-Führung:** Mai – Okt, Gruppen bis 12 Pers 60 €, Kindergruppen 50 €; Einzelbesucher zahlen bei den regelmäßigen Führungen 7, Kinder 3,50 €. Unbedingt notwendig ist eine Anmeldung: www.goldspur-eisenberg.de oder direkt über das Bürgerbüro, buergerbuero@korbach.de, T 05631/53232. Treffpunkt ist das Dorfgemeinschaftshaus.

Anreise & Tourvorschläge

RE, RB bis Bhf Korbach, von dort Bus 510 (Mo – Sa) bis Goldhausen Mitte. Dann zu Fuß zum Dorfgemeinschaftshaus via Zum Klusenberg, Mittelweg und Turmweg.

Auf B251 oder B252 nach Korbach, dort auf Ringstraße; an Kreuzung West- und Südring westlich auf Medebacher Landstraße, in Lengefeld links Richtung Medebach, auf L3083 ca. 2,5 km, dann links nach Goldhausen abbiegen. Im Ort ist der Georg-Viktor-Turm zweifach ausgeschildert, beide Wege führen zum Parkplatz am Freizeitgelände am Dorfgemeinschaftshaus knapp unterhalb.

Korbach liegt am Hessischen Fernradweg R5. Vom Südring biegen Sie am Kreisel an der Sachsenberger

Landstraße westlich auf Weg mit Markierung X8. In Goldhausen links Turmweg hinauf zum Dorfgemeinschaftshaus und Georg-Viktor-Turm.

Ab Parkplatz Freizeitgelände mit Weißer Raute und Weißem Andreaskreuz 350 m bis zum Turm hinauf. Von Korbach ist der Weg nach Goldhausen (6 km) einfach zu finden: ab Bhf mit Wanderzeichen X8 durch Altstadt, dann über Land.

Aktivitäten vor Ort

M Zwei **Rundwege** mit Tafeln veranschaulichen auf 3,3 bzw. 5 km die **Geschichte des Goldschürfens.** Sogar das original belassene **Bergwerk** kann im Rahmen einer Führung besichtigt werden.

MTB Konditionsstarke Biker können eine Tour der **Bike Arena Sauerland** bis nach Goldhausen ausbauen ↗ pmv online.

KANZEL FÜR DEN KANZLER

Das Land um Eschwege wirkt, als hätte sich die Werra Urlaub von ihrem schlingenreichen Lauf durch die waldigen, oft steil aufragenden Mittelgebirgslandschaften im Grenzgebiet von Hessen und Thüringen genommen. Geradezu als i-Tüpfelchen hineingesetzt in die flache Ebene mit der Seenlandschaft sind die Leuchtberge, gekrönt vom Bismarckturm.

Leuchtberge und der Bismarckturm Eschwege

▶ Für Bismarck darf es schon ein wenig klotziger sein. Werra-Sandstein, vermauert auf 8 x 8 m im Quadrat bis in eine Höhe von 26 m. Gekrönt wird der kantige Koloss mit seinen drei Aussichts-Geschossen von einer Feuerpfanne. In die 3,8 m messende Schale stapelten einst die Fans des Fürsten so viel Brennmaterial, dass ein über 6 m hohes Feuer bis zu anderthalb Stunden loderte.

Bismarcktürme: *172 Bismarcktürme und -säulen von einst 240 stehen heute noch.*

Eröffnet wurde der ab 1892 gebaute Turm mit einem Volksfest am 2. September 1903.
Solcherart Pyrotechnik hat, wer die 109 Stufen erklommen, heute nicht mehr zu befürchten. Er wird sich vielmehr für die überraschend weite Aussicht erwärmen. Glaubte man – beispielsweise beim Blick vom Meißner herunter –, die **Leuchtberge** seien nur eine bessere Aussichtskanzel auf Eschwege, sieht man sich hier eines Besseren belehrt. Beschriftete Reliefzeichnungen machen es zudem leicht, alle wesentlichen Punkte eindeutig zuzuordnen (die kleine historische Tafel unten am Turm dagegen ist etwas wahllos mit den Himmelsrichtungen). Zuvorderst natürlich Eschwege mit diversen Baudenkmälern und dem Werratalsee. Jenseits der Gewässer dreht der Blick, beginnend bei der Hörne, über die Hessische Schweiz und das Eichsfeld hinweg zur ➚ *Plesse.* Wieder auf dieser Seite der Werra der Schlierbachswald mit *Lotzenkopf* und *Hundsrück,* überragt vom Plateau aus *Graburg* und *Heldrastein,* der Grenze zum Ringgau. Etwas westlicher als Süd die *Boyneburg,* ebenfalls ein markanter Gipfel samt der schon vor 900 Jahren erstmals erwähnten gleichnamigen Burg. Fast dreimal so weit (30 km) weist der ➚ *Alheimer* das Stölzinger Gebirge aus. Dann springt

Werra-Meißner-Kreis
37269 Eschwege
Lage: 319 m, N 51 11.093, O 10 04.906
Höhe: 26 m
Ausgangspunkt: Wanderparkplatz Leuchtbergsattel
Öffnungszeiten: April – Okt frei zugänglich, sonst Schlüssel ausleihen (Pfand 10 €) bei Touristinformation Eschwege, Hospitalplatz 16, T 05651/331985, Fax 50291, tourist-info@werratal-tourismus.de, www.werratal-tourismus.de.
Einkehr: Auf dem Kleinen Leuchtberg.

36.000 Reichsmark: So viel war der alte Reichskanzler den Eschwegern 1903 wert

Waldgasthaus Schubartshöhe, Veronika Ballasch, Schützenweg 4, 37269 Eschwege, T 05651/ 7481-0 , Fax 7481-19. Fußweg: Schubartshöhe: 250 m Fußweg (ausgeschildert) ab Wanderparkplatz Leuchtbergsattel. Geöffnet Sommer Di – So 11.30 – 21 Uhr, Winter Di – Do 15 – 20 und Fr – So 11.30 – 20 Uhr; nach Absprache auch weitere Termine möglich. | Ausflugslokal mit großer Terrasse und Panoramablick über Eschwege; serviert wird deutsche Küche und als Spezialität Südamerikanisches.

das Auge wieder ganz in die Nähe zur Blauen Kuppe; der Basalthügel wurde schon von Alexander von Humboldt untersucht und ist ob der spektakulären Felsformationen für Geologen ein Paradies. Den Westen prägt der *Hohe Meißner,* bevor der Umlauf im Uhrzeigersinn mit dem ↗ *Bilstein* (nicht Bielstein wie auf der Tafel!) im Kaufunger Wald schließt.

Anreise & Tourvorschläge

RB Eschwege Stadtbahnhof, dann Bus 230.4 bis Eschwege Stadthalle, ab da 1,3 km Fußweg durch Leuchtbergstraße.

B27 bis Ausfahrt Eschwege, B249 immer geradeaus Richtung Zentrum. Aus Osten kommend: B249 über Werrabrücke, dann links). Durch Bahnhofstraße Beschilderung Weißenborn folgen und an Altstadt 1 km entlang, dann an Ampel links in die Neustadt bis Kreisel mit Dünzebacher Straße und Leuchtbergstraße, ab da sind Leuchtbergsattel und Bismarckturm ausgeschildert; noch 1,3 km bis Wanderparkplatz Leuchtbergsattel.

Eschwege liegt am Hessischen Radfernweg R5 sowie dem Werraradweg. Die führen zu Füßen des Großen Leuchtberges durchs Tal. An der Gaststätte Leuchtberg Felsenkeller nimmt man den Radweg nach Süden am Cyriakusbach entlang. Nach 650 m links auf den Schützenweg und noch mal soweit bis zum Wanderparkplatz Leuchtbergsattel; ab da wie ↗ Fußweg.

Am Wanderparkplatz Leuchtbergsattel steht eine Übersichtstafel, auf der sich Besucher über die Lage der Ziele – Bismarckturm und die beiden Gaststätten – informieren können. Wer nicht den etwas größeren Bogen des Premiumwanderwegs P3 bevorzugt (1,2 km), ist mit dem Weißen Balken 27 nach 850 m am Turm auf dem Großen Leuchtberg.

Aktivitäten vor Ort

Um die Leuchtberge selbst gibt es zwei kleine **Rundwanderwege** mit 2,3 und 2,1 km. Ein als Premiumweg zertifizierter Rundweg von 20 km erschließt noch mehr Schönheiten im Werratal ↗ pmv online.

MTB Die neu eingerichteten MTB-Routen des Werra-Meißner-Kreises führen nicht direkt auf die Leuchtberge; Tipps, um dorthin zu kommen, sowie weitere Routen ↗ pmv online.

Das weitläufige und großteils dicht bewaldete Gipfelplateau der Sackpfeife würde keine Aussichten erlauben, gäbe es nicht den Kaiser-Wilhelm-II.-Turm. Als höchster Punkt im westlichen Teil Mittelhessens erlaubt er Fernsichten über fast das ganze Land.

HIER WIRD GEPFIFFEN UND GETROMMELT

Kaiser-Wilhelm-II.-Turm auf der Sackpfeife

Waldeck-Frankenberg
Marburg-Biedenkopf
35216 Biedenkopf
Lage: 673 m, N 50 57.327, O 8 32.315
Höhe: 21 m
Ausgangspunkt: Freizeitzentrum Sackpfeife
Öffnungszeiten: Frei zugänglich
Einkehr: Am Parkplatz des Freizeitgeländes

▶ Das ist schon – vom Namen mal ganz abgesehen – ein kurioses Ding mit der **Sackpfeife:** Umstandslos wird der Berg von der Stadt Biedenkopf vereinnahmt. Dabei gehört der höchste Punkt, auf dem auch der **Kaiser-Wilhelm-II.-Turm** steht, genau genommen zur Gemeinde Hatzfeld im Landkreis Waldeck-Frankenberg. Da der aber im Upland mit viel höheren Bergen protzen kann, fällt die *Sackpfeife* (674 m) hinten runter. Was den Biedenkopfern durchaus zupass kommt. Sie vermarkten einfach das ganze weitläufige Gipfelplateau samt Freizeitgelände; am Turm allein mit dem Sammelbüchslein an der Außentreppe könnte keiner Geld verdienen. Das hat auch der Oberhessische Gebirgsverein, der Eigentümer des Turms, nicht vor. Er verlangt lediglich einen freiwillig zu entrichtenden Obolus von 0,50 €, um das Gemäuer instandzuhalten. Wer gespendet

Irritierend: Kein Hollywood-Schriftzug auf den Hängen der Sackpfeife, sondern bloß die Spiegelung in der Schutzscheibe

und sich die über 100 Stufen hinaufgewendelt hat, wird indes reich belohnt. Bei extrem guter Fernsicht soll sogar der ↗ *Melibocus,* der charakteristische Gipfel im Odenwald an der hessischen Bergstraße, erkennbar sein. Das wären sagenhafte 137 km Luftlinie – Tipp: Wer ihn sucht, muss haarscharf rechts am ↗ *Dünsberg* vorbeischauen. Gefunden? Dann haben Sie außerordentliches Glück mit dem Wetter gehabt. Der Dünsberg jedenfalls ist erheblich leichter zu finden. Und zwar nicht nur, weil 33 km vergleichsweise wenig sind, sondern weil das Turmrondell auf der Sackpfeife mit einer 360-Grad-Panoramatafel versehen ist, die sämtliche Landmarken verzeichnet. Wenn der Blick nun schon gen Süden geht, kann man gleich nach dem Taunus schauen. Der sollte unmittelbar neben dem Dünsberg auftauchen und weist sich wie stets mit dem ↗ *Feldberg* aus. In östliche Richtung drehend, schiebt sich der ↗ *Vogelsberg* ins Blickfeld; dahinter ist bei sehr guter Fernsicht auch die Rhön, eventuell auch der Thüringer Wald zu erspähen. Ansonsten dreht man weiter über ↗ *Knüll* und *Kellerwald,* bis sich vom Norden her das Rothaargebirge bis weit in den Westen breit macht, im wahrsten Sinne des Wortes: Die waldigen, teils 200 m höheren Hänge schließen den Horizont ab und es wird klar, dass die Sackpfeife in der Tat nur der kleine hessische Ausläufer davon ist.

Berghütte Sackpfeife, Ingelore Riffert, T 06461/3779, Fax 936396. www.berghuette-sackpfeife.de, berghuette-sackpfeife@gmx.de. Geöffnet im Sommer täglich 11 – 22 Uhr (während Liftbetrieb); sonst Di – So 11 – 18 Uhr. Bei Dauerregen geschlossen! | Rustikale Berghütte mit viel Holz, bietet Platz für bis zu 70 Personen. Bei entsprechendem Wetter auch Freiluft-Bewirtung mit »Pistengrill«.

Anreise & Tourvorschläge

RB bis Bhf Biedenkopf, dann 15 km Rundwanderung! ↗ **pmv online.**

B62 bis Biedenkopf, im Stadtteil Ludwigshütte nördlich auf B253, ab Kreisel Schildern zur Sackpfeife und zum Parkplatz des Freizeitzentrums folgen.

Es ist etwas umständlich, mit dem Rad auf die Sackpfeife zu kommen. Man kann jedoch den Hessischen Radfernweg R2 das Lahntal hinaufrollen; hinter Biedenkopf, bei Wallau, stößt man auf den R8. Auf ihm nördlich durch Weifenbach und 5,3 km weit, dann an großer Kreuzung mit Hütte am Rettungspunkt MR-21 rechts und Hauptweg entlang Grenzverlauf 3 km bis Sackpfeife (Wanderweg X23) folgen.

Vom Parkplatz des Freizeitzentrums wählt man am besten den mit V bezeichneten Rundwanderweg. Der führt auf 3,4 km Länge nicht nur zum Turm, sondern auch durch den Wald, an Wasserläufen, Felsen sowie dem Sender, als auffälligstes Bauwerk auf dem Gipfelplateau weithin sichtbar, vorbei.

Freizeitzentrum Sackpfeife, T 06461/3778, www.biedenkopf.de. Kombiticket 2 – 6 Pers, 4 Std, 35 €, Einzelfahrt Sessellift Erw 1,40 €, Kinder bis 14 Jahre 1 €, Autoscooter 1 €, Sommerrodelbahn Erw 3,50 €, Kinder 2,50 €. Geöffnet Mai – Okt Di – Fr 14 – 18, Sa, So, Fei 12 – 18 Uhr, in Sommer- und Herbstferien täglich 12 – 18 Uhr, Wintersport Nov – April Mo – Fr 16 – 20, Sa, So 11 – 20 Uhr.

Aktivitäten vor Ort

Freizeitzentrum Sackpfeife: Wandern, Sommerrodelbahn, großer Abenteuerspielplatz, unter anderem mit Bungy-Trampolin und Autoscooter, Indianerdorf, Streichelzoo, Sinnespfad. Im Winter Langlaufloipen und beleuchtete Skiabfahrt.

MTB Tour 31 – GPS-Daten und Zusatzinfos, ↗ **pmv online,** Region Oberhessen.

Die Sackpfeife: Der Name ist so merkwürdig, dass selbst Einheimische nur vage Erklärungen haben. Nach der einen soll ein wandernder Pfeifenschnitzer dort einen ganzen Sack mit Pfeifen verloren haben. Wahrscheinlicher ist jene, welche die Sackpfeife mit dem dudelsackähnlichen Instrument Hummelchen in Verbindung bringt und auf die plump-längliche Form des Berges anspielt. Auch eine dritte bezieht sich auf die Geografie. Wer die Wiese an der Sesselbahn hinabschaut, erblickt unten einen Taleinschnitt. Der trug ob seines abrupten Endes volkstümlich die Bezeichnung Sack, ähnlich wie bei Sackbahnhof. Und dieses Tal hinauf soll immer wieder mächtig der Wind gepfiffen haben.

KLEINER BRUDER, ABER OHO!

Der Knüll ist wie der erheblich mächtigere Vogelsberg vulkanischen Ursprungs. Als dessen kleiner Bruder führt er aber meist ein Schattendasein. Zu Unrecht, zumindest was die Aussicht angeht! Die ringsum kahle Kuppe ist in dieser Hinsicht die geheime Beherrscherin auf dem Weg nach Nordhessen.

Schwalm-Eder-Kreis
34639 Schwarzenborn
Lage: 634 m,
N 50 54.985,
O 9 25.332
Höhe: 12 m
Öffnungszeiten: Frei zugänglich
Einkehr: Direkt unterhalb des Gipfels

Knüllköpfchen & -türmchen

▶ Für den Weg auf den *Knüll,* genauer: das **Knüllköpfchen,** bräuchte es eigentlich gar keiner Wegbeschreibung. Von allen Seiten führen die Wege auf die baumlose Kuppe mit dem **Türmchen.** Zudem laufen die wenigen Wanderwege, die dort oben markiert sind, fast automatisch auf den zugigen, 634 m hohen Gipfel zu. Wer exakt jene Mischung aus rauer Landschaft und relativer Abgeschiedenheit sucht, ist auf dem zweithöchsten Gipfel des Knüll genau richtig. Mag sein, dass der unmittelbar unterhalb liegende Truppenübungsplatz ein Weiteres hinzu tat, um der Gegend ein gewisses Maß an Abgeschiedenheit zu verschaffen. Der Knüllteich etwa, der genau in südlicher Richtung vom Aussichtsturm liegt, wäre andernorts ein perfektes Etappenziel für Wanderungen um den Gipfel. Doch er liegt mitten im Truppenübungsplatz Schwarzenborn. Sei's drum; was hier an Unterhaltungsmöglichkeiten fehlt, wird allemal durch das 360-Grad-Panorama aufgewogen. Und noch schöner: Durch die rund um den Mauerkragen laufende Bronzeplatte sind sämtliche Landmarken optimal beschildert. Im Süden beginnend, sozusagen jenseits des Soldatenteichs, ist der »große Bruder«, der Vogelsberg unverkennbar. Sich weiter nach Osten wendend, kommen die Rhön und der Thüringer Wald bei guter Sicht ins Visier. Nach Norden schließen sich ↗ *Hoher Meißner,* Kaufunger Wald, Reinhardswald und Habichtswald an: das gesamte Spektrum der Kasseler Berge. Dann schiebt sich der Kellerwald in den Blick, bei klarem Wetter überragt vom Rothaargebirge. Viel näher der Vulkankegel, auf dem ↗ *Amöneburg* thront. Links davon oder vielmehr leicht südlich versetzt der ↗ *Dünsberg.* Mit Glück werden Sie dann noch den fernen Taunus erhaschen. Der relativ nahe, markante Fernmeldeturm Richtung Südosten steht übrigens auf dem ↗ *Eisenberg,* die mit 636 m höchste Erhebung im Knüll (aus dem Grunde ist der Knüllkopf auch kein »Spitzenspektakel«). Daran erkennt man, dass er ein ziemlich flächiges Gebirge ist, was zunächst mal gar nicht zu seinem Namen passen will. Etymologisch ist die Sache zwar nicht absolut eindeutig, doch eine Wortverwandtschaft zu »knüllen« und zur »Knolle« ist dem Knüllgebirge nicht abzusprechen. Darüber mag man sich, auf dem windigen Türmchen stehend, Gedanken machen und vielleicht den Blick noch ein bisschen höher wenden – um sich am Anblick der dort stets kreisenden Raubvögel zu erfreuen.

Knüll-Jause, Grace Meyer, Richtbergstraße 11, T 05686/730, Fax 1599. www.knuell-jause.de, info@knuell-jause.de. Geöffnet Sa – Do 12 – 17 Uhr. | Einfache Ausflugsgaststätte mit regionalen Schmankerln; weitläufiges Außengelände.

Anreise & Tourvorschläge

Nächster Bhf Schwalmstadt-Treysa: Keine Busverbindung zum Knüllköpfchen.

Die beschilderte Zufahrt zum Knüllköpfchen mit Wanderparkplatz liegt an der L3155 zwischen Seigertshausen und Schwarzenborn; um dorthin zu kommen, gibt es zwei Möglichkeiten: A7 Ausfahrt 85 Hersfeld-West, nach Aua, dahinter links auf L3155 und über Raboldshausen, Salzberg und Grebenhagen; oder auf B454 nach Neukirchen, in der Ortsmitte auf L3156 nach Schwarzenborn, kurz davor links auf L3155.

Um den Knüll machen die großen Radrouten einen Bogen. Wer dennoch das Knüllköpfchen ansteuern will, kann das auf dem Seenweg (R15) tun. Der hat in Borken Anschluss an den Hessischen Radfernweg R4. Nach 31 km in Hergetsfeld am Ortsende, der

Einmal echt, einmal gemauert: Der Turm steht fest auf Knüllfels

getsbachstraße, biegen Sie rechts auf den R17, der kommt nach 3 km in Schwarzenborn an. Dort die Neue Straße gleich nach rechts verlassen und Wanderzeichen K1 folgen; nach 750 m erneut rechts, dann schnurgerade zum Knüllköpfchen hinauf.

Fußweg: —

Aktivitäten vor Ort

Ein mäßig langer **Wanderweg** von 4,5 km animiert zu einer kleinen Runde am Knüllköpfchen. Durchgehend markiert mit K1 geht es nach Osten zu einer kleinen bewaldeten Kuppe, dem Waldknüll, drumherum und nach ein paar Haken und Winkeln nach rechts nach Schwarzenborn; am Ortsrand rechts und nach 700 m oberhalb von einem Parkplatz erneut rechts und zum Ausgangspunkt zurück.

Im Winter ist **Langlauf** möglich.

MTB MTB-Tour 67 – GPS-Daten und Zusatzinfos ↗ pmv online, Region Mittelhessen.

KLEINER TURM MIT GROSSER WIRKUNG

Im sanft gewellten Lahn-Dill-Bergland erwartet der Besucher kaum großartige Aussichten, bis er auf dem Altenberg steht und eines Besseren belehrt wird: Ganz Mittelhessen bis hinüber zum Vogelsberg breitet sich vor ihm aus.

Lahn-Dill-Kreis
35644 Hohenahr-Hohensolms
Lage: 442 m, N 50 38.217, O 8 31.030
Höhe: 6 m
Öffnungszeiten: Frei zugänglich
Ausgangspunkt: Bushaltestelle Hohensolms/Am Altenberg an der L3053

Aussichtsturm Altenberg

Er hat irgendwie etwas Vergessenes, der kleine Turm auf dem Altenberg. Etwas Melancholisches umweht ihn, ohne dass man sagen könnte, woher solche Anwandlungen kommen mögen. Vielleicht ist es insgeheim mit der Geschichte des Fleckens zu erklären: Einst, zu Beginn des 14. Jahrhunderts, erhob sich hier eine wahrscheinlich mächtige Burg. Doch die Mauern von Alt-Hohensolms standen gerade mal 30 Jahre, dann mussten die Solmser Grafen vor den Feinden aus der Reichsstadt Wetzlar die Waffen strecken. Und Kaiser Karl IV. untersagte den Wiederaufbau, nachdem das Gemäuer 1349 zerstört worden war. Was die listigen Solmser nicht hinderte, im Jahr darauf 2 km weiter das noch heute prächtig anzuschauende – und nach wie vor genutzte – *Hohensolms* zu erbauen. Am Altenberg erinnerte lange Zeit nur der Name an das Gewesene. Wer dann im 19. Jahrhundert, und wahrscheinlich aus den Steinen der Burg, das **Türmchen** schuf, ist nicht geklärt. Genauso wenig, wie die Frage, ob er möglicherweise auf alten Fundamenten steht. Von der alten Burg sind nur Reste von Wall und Grabenanlagen zu sehen.

Kurz, aber effektiv: Vom Altenbergturm gibt es den 360-Grad-Blick gratis

Umso beeindruckender dagegen ist der Blick. Im Osten beginnend, springt einem der ↗ *Dünsberg* mit dem charakteristischen Sendemast ins Auge; bei klarer Sicht zeichnet sich am Horizont der ↗ *Vogelsberg* ab. Weiter gen Süden markieren die Burgen Gleiberg und Vetzberg das Lahntal. Dahinter steigen die waldigen Hänge des Taunus an; dessen höchster Punkt, der ↗ *Feldberg*, mit der ebenfalls sehr charakteristischen Bebauung den Horizont nach Süden begrenzt. Mit Glück erkennt man zudem das zinnen- und türmchengeschmückte hessische Neuschwanstein, *Schloss Braunfels*. Damit verlässt der Betrachter das Lahntal und der Blick fliegt über den Westerwald und, weiter nach Norden drehend, das Rothaargebirge. Was sonst noch alles im weiten Rund zu erspähen ist, so etwa auch das nahe Hohensolms, das bekommt der Besucher minutiös auf einer umlaufenden Bronzetafel erläutert.

Anreise & Tourvorschläge

RE, RB bis Bhf Wetzlar, zu Fuß zum Busbhf, Bus 415 nach Hohenahr bis Hohensolms/Am Altenberg

A45 bis Wetzlarer Kreuz, Ausfahrt 29 auf A480 Richtung Hohenahr, am Autobahnende links auf L3053, dann 5,2 km bis Parkplatz an Bushaltestelle Hohensolm/Am Altenberg.

- Anreise auf Aartal-Radweg möglich: Start ab Herborn Bhf, 25 km bis Hohensolms (landschaftlich reizvoll, ↗ Aartalsee!); dann der Wetzlarer Straße südlich Richtung Wetzlar folgen, nach 2,4 km an Bushaltestelle Hohensolms links in den Wald und mit Wanderzeichen des Lahn-Dill-Bergland-Pfads bergauf zum Turm (Schiebestrecke).
- Vom Parkplatz über die Straße und den Schildern des Lahn-Dill-Bergland-Pfads wenige Minuten bergauf folgen.

Aktivitäten vor Ort

- **Zweiburgen-Tour,** Start/Ziel Bushaltestelle Hohensolms/Am Altenberg; 11,5 km-Runde, 3,5 Std; sehr gut markiert mit grünem Logo des Lahn-Dill-Bergland-Pfads.
- **MTB** MTB-Tour 40 – GPS-Daten und Zusatzinfos ↗ pmv online, Region Mittelhessen.

DER OLYMP DER KELTEN

Landkreis Gießen
35444 Biebertal
Lage: 498 m, N 50 39.012, O 8 34.817
Ausgangspunkt: Parkplatz Keltentor am Fuß des Dünsbergs
Öffnungszeiten: Wie Gaststätte
Einkehr: Auf dem Gipfel

Wenige Berge überwachen so dominant ihre Landschaft wie der Dünsberg. Das Gießener Becken, dort, wo die Lahn nach Westen abknickt, liegt einem regelrecht zu Füßen. Kein Wunder, dass der Dünsberg mit seiner auffälligen, regelmäßigen Kegelform seit ältester Zeit besiedelt war, denn wer oben auf dem Kegel thronte, hatte alles im Griff.

Der Dünsberg bei Gießen

▶ An den Kelten führt kein Weg vorbei, wenn man auf den Gipfel will. Das ist sowohl wegen des nachgebauten »Keltentores« am Beginn des Aufstiegs als auch wegen der über den halben Berg verstreuten und grabungsgeschichtlich gut erschlossenen Siedlungsreste dieses Volkes wörtlich zu nehmen. Dennoch waren die Kelten nicht die ersten dort oben. Schon in der Jungsteinzeit und der Bronzezeit wusste man die Vorzüge des erstaunlich runden Kegels mit dem charakteristisch abgeflachten Gipfel zu schätzen. Noch einfacher, den Überblick zu wahren, hat es natürlich der heutige Besucher: Der **Dünsbergturm** erhebt sich hoch über den geschlossenen Wald rundherum. Geradezu niedlich, wie unten im Lahntal die Burgen Gleiberg und Vetzberg aus ihren Hügeln wachsen. Hinter dem Lahntal steigen im Süden sanft die waldigen Züge des Taunus an mit dem ↗ *Feldberg* als Höhepunkt, wie stets gut zu erkennen am Turmensemble. Weiter gen Westen drehend fällt das Land ab. Erst mit dem Westerwald erklimmen die Berge wieder Höhen über 600 m. Noch weiter steigt das Rothaargebirge an, das aber schon im Nordrhein-Westfälischen liegt. Davor breitet sich das Gladenbacher oder Lahn-Dill-Bergland aus. Dessen höchste Erhebung, die äußerst flache Kuppe der Angelburg, ist recht gut am Fernsehturm auszumachen. Apropos Turm: Der Nachbar hier auf dem Dünsberg ist ein *Fernmeldeturm der Post.* Mit seinen 108 m knackt der 1974 – 1978 errichtete Betonkoloss vom Typ FMT 11 sogar die 600er-Marke. An ihm vorbei geht der Blick Richtung Norden und bei gutem Wetter wird man den Kellerwald identifizieren, ebenso wie im Osten den Vogelsberg.

Wer die Rundumsicht ausgekostet hat, wird verstehen, weshalb die **Kelten** hier oben eine ihrer

Hüttenromantik: Einkehr auf dem Dünsberg

Dünsberg-Raststätte, Adolf Schäfer, T 06409/7618. Geöffnet März – Okt Mi, Sa 13 – 22, So 8 – 22 Uhr; Nov – Feb Mi, Sa 13 – 20, So 8 – 20, Fei ab 10 Uhr. | Dem abgelegenen Standort entsprechende rustikale Gaststätte, Platz bis 80 Pers; großzügige Außenanlage mit Kinderspielplatz und Freiluft-Bewirtung mit günstigen Preisen.

Auch ohne ihn wäre die Anlage imposant: Holz-Krieger am nachgebauten Keltentor

Höhensiedlungen anlegten. Bis zu 2000 Menschen dürften in der La-Tène-Zeit (5. – 1. Jahrhundert v.Chr.) hier gelebt haben. Drei, einst bis zu 10 m hohe Ringwälle umschlossen konzentrisch das 90 ha große Gelände. Aus späteren Epochen werden Funde den Alemannen und den Merowingern zugeschrieben; die strategisch günstige Lage an einem Fernweg Richtung Westfalen, war für sie ideal.

Günstig empfanden auch die Landvermesser Anfang des 19. Jahrhunderts die herausragende Lage. Ein Sandsteinpfeiler, 1835 gesetzt, diente als Orientierungspunkt. Er ist heute noch im Innern des Turms vorhanden, wobei das Aussichtsgemäuer erst 1899 vom Dünsberg-Verein errichtet wurde. Eine Periode überbordender nationaler Gefühle, die auch die Menschen aus Wetzlar und Gießen ergriff: Denn, mit Verlaub, den Hügel als »Olymp der Heimat« zu bezeichnen, greift schon sehr hoch.

Anreise & Tourvorschläge

🚌 Ab Gießen Bhf mit Bus 419 oder 420 Richtung Biebertal-Frankenbach Fellingshausen Dünsberg gegenüber Parkplatz Keltentor.

🚗 A480 bis Ende, geradeaus weiter und stets auf L3047 Richtung Dünsberg bleiben, Parkplatz Keltentor am Fuße des Dünsbergs nach 7,5 km auf der linken Seite.

🚲 Gießen liegt am Hessischen Radfernweg R7, von da sind es 19 km bis zum Ziel. Aus Gießen westlich nach Heuchelheim, im Ort rechts Bahnhofstraße, am Ende links in Hauptstraße, weiter in Waldstraße; am Ende rechts mit Radwegschildern der Gleiberg-Route 450 m bis Landstraße folgen, dann links Radweg nach Rodheim-Biebertal. Dort stets geradeaus bis Stadtteil Bieber; rechts in Kehlbachstraße und Radwegschildern nach Fellingshausen folgen; geradeaus durch den Ort und kurz dahinter auf Radweg links bis Parkplatz am Fuß des Dünsbergs. Dann 3 km Teerstraße bis oben.

🚶 Ab Parkplatz Keltentor mit zwei Möglichkeiten (je 200 Höhenmeter): Gemütlich auf Teerstraße (3 km spiralförmig den Berg hinauf) oder direkt mit Wanderzeichen Gelber Balken (1,1 km).

Aktivitäten vor Ort

🚶🚲 **Wanderern** und **Mountainbikern** bieten sich mannigfache Möglichkeiten, das Terrain und vor allem die Ausgrabungsstätten zu erkunden – fast im Dutzend führen markierte Wege auf und um den Berg herum. Am besten auf der Karte am Parkplatz schauen – und abhängig von Lust, Laune und Ausdauer mit der Bergtour kombinieren; am spannendsten ist gewiss der Archäologische Wanderpfad (Markierung AW) mit 8 km.

🚲 **MTB** MTB-Tour 40 – GPS-Daten und Zusatzinfos ↗ pmv online, Region Mittelhessen.

LUFTIGE STUDIEN

Wenn der Wiesbadener nicht auf ganz gemütlich macht und sich per Standseilbahn auf den Neroberg direkt über der Stadt chauffieren lässt, sondern eine Aussicht draußen im Grünen sucht, ist der Kellerskopf erste Wahl. Zumal er auch auf ihn herauf bis vor Turm und Gaststätte mit dem Auto fahren könnte.

Kellerskopf (Wiesbaden)

65207 Wiesbaden-Naurod
Lage: 474 m, N 50 08.281, O 8 17.005
Höhe: 20 m
Öffnungszeiten: Wie Gaststätte
Einkehr: Am Turm

▶ Sie können fast Wetten darauf abschließen: Wenn es in hiesigen Gefilden einen halbwegs steilen und kegelig rund aufragenden Gipfel gibt – die **Kelten** waren schon da. Auch auf dem **Kellerskopf** oberhalb vom nördlichsten Wiesbadener Stadtteil *Naurod.* Wer das, vor allem aus der Ferne betrachtet, auffallend flache Gipfelplateau geentert hat, dem erschließt sich der Sinn solch alter Höhenburgen augenblicklich: Die Weitsicht ist grandios. Und wenn sich nicht gerade böse Buben über den waldigen Kamm im Rücken heranpirschen, können Kelte (seinerzeit) und Germanenspross (heute) auch prima beobachten, was im Tal an Bewegung herrscht. Wobei eine kleine Einschränkung zu machen ist: Das Rheintal hüllt sich gern, gerade in der wärmeren Jahreszeit, in Dunst. Auch in Wiesbaden selbst sind Details wie Schloss Biebrich oder die Regierungsbauten nur mit Wissen, Geschick und Feldstecher auszumachen.

Leichter wird es beim Blick über die Landesgrenzen: Über Mainz und Rheinhessen hinweg grüßt der Donnersberg, auch eine Kelten-Hochburg. Diesseits des Rheins ziehen die bewaldeten Hänge des Rheingau-Taunus bis zum Knick bei Rüdesheim; höchste Punkte sind *Kalte Herberge* (619 m) sowie, leicht rechts davon, die erheblich besser zu lokalisierende *Hohe Wurzel* (618 m, mit Sender). Der Höhenzug setzt sich fort über *Eiserne Hand* und *Jagdschloss Platte* bis er mit der *Ras-*

sel nördlich vom Standpunkt ausläuft. Drüber hinweg lugt die *Hohe Kanzel*, getrennt durch das Theißtal. Nächster ganz klarer Bezugspunkt ist der ↗ *Große Feldberg* mit dem Turmensemble. Links davon fällt der Höhenzug, der Ems- und Weiltal scheidet, langsam ab, den Goldenen Grund und Bad Camberg kriegt man jedoch nicht zu sehen. Unterhalb des Feldbergs Glashütten, rechts davon der *Altkönig* (798 m), vor dem der *Atzelberg* (bei Ruppertshain) mit dem Sendemast besonders auffällt. Fast exakt im Osten funkeln, wenn die Sonne gerade untergeht, im Sichtfenster zwischen Hahnenkopf und Judenkopf die Spitzen der Frankfurter Hochhäuser aus 28 km herüber. Falls jenseits davon noch etwas durch die Abluftglocke zu erkennen ist, dann der Vorspessart mit dem Hahnenkamm bei Alzenau. Etwas links davon der dicht bewaldete Gipfel in 10 km ist der Staufen mit 415 m oberhalb von Eppstein: Mitten im Wald leuchtet weiß der ↗ *Kaisertempel* heraus. An diesem Höhenzug entlang, der bei Hofheim in die Rhein-Main-Ebene absinkt, kommt brettflach das Hessische Ried in Sicht und dahinter mit dem markanten ↗ *Melibocus* an der Bergstraße der Odenwald.

Freundlicher Ort: Kellerskopf-Turm

Berggasthof Kellerskopf, Kellerskopf 1, T 06127/4926. www.kellerskopf.de, info@kellerskopf.de. Geöffnet Do, Fr ab 15 Uhr, Sa, So ab 11.30 Uhr. Gutbürgerliche Ausflugsgaststätte mit nett eingerichteten Gasträumen und schönem Biergarten zu Füßen des Aussichtsturmes. Außerdem Spielplatz und Spielzimmer; Liegewiese.

Anreise & Tourvorschläge

Ab Hbf Wiesbaden Bus 6 zum Platz der deutschen Einheit, von dort Bus 21 bis Wiesbaden-Naurod Erbsenacker; ab Bhf Niedernhausen (RE, RB, S-Bahn) mit Bus 22 nach Wiesbaden-Naurod, an Fondetter Straße umsteigen in Bus 21 bis Erbsenacker.

A3 Ausfahrt 46 Niedernhausen, auf B455 Richtung Wiesbaden nach 4 km rechts auf K647 Richtung Rambach, kurz darauf rechts rauf Schildern zum Kellerskopf folgen. Sehr schön dabei: Mehrfach sind auf den 2,4 km bis oben Stellplätze am Wegesrand, so lässt sich je nach Laune ein Spaziergang einschieben.

Der Hessische Radfernweg R6 verläuft bei Naurod knapp 1 km auf der Zufahrt zum Kellerskopf, einfach am Waldrand in westlicher Richtung auf den geteerten Zuweg zum Berggasthof abbiegen; dann 1,5 km hinauf.

Ab Haltestelle Erbsenacker mit Schwarz-blauem XT unter Brücke von B455 nach Westen, dann mit dem Zeichen knapp 2 km zum Gipel.

Aktivitäten vor Ort

Für eine kleine Tour von 4 km empfiehlt sich der **Kellerskopf-Rundwanderweg;** der Rote Rehbock führt auf der Nordseite ins Rambachtal, zum Kellerskopfstollen und wieder hinauf (200 Höhenmeter).

Eine größere, 13,5 km lange Runde führt über die **Hohe Kanzel** und Niedernhausen ↗ **pmv online.**

MTB Von zwei der pmv-MTB-Touren ist man mit einem Abstecher schnell am Kellerskopf ↗ **pmv online.**

GEWÄSSERSCHAU

Wer »Lug ins Land« heißt, muss schon einiges in die Waagschale werfen. Das kann diese Klippe hoch über dem Wesertal, die, das sei eingeräumt, nicht auf hessischem Territorium liegt. Doch erst der Abstecher von 440 m Luftlinie nach Niedersachsen eröffnet einem die Lufthoheit über Hessens nördlichsten Punkt.

REISE ZUM NORDKAP

Lug ins Land bei Bad Karlshafen

▶ Nordkap – das verbindet der Europäer automatisch mit Wasser. Genauso ist es auch in Hessen. Allerdings dehnt sich jenseits der sandigen Gestade des Landes nicht das endlose Polarmeer, sondern man hat nach 73 m wieder festen Grund unter den Füßen. Nämlich niedersächsischen. Im Unterschied zur flachen Hessenseite steigt das Land am Nordufer der *Weser* steil bergan. *Solling* heißt das Mittelgebirge und ist ein Teil des Weserberglandes. Der **Lug ins Land** ist ein beliebtes Ziel; die große Hütte bietet vom Wetter überraschten Wanderern Unterschlupf. Genau unterhalb, dort, wo die Weser am weitesten ausschwingt, fast genau in der Flussmitte ist die hessische Landesgrenze.

Die Blickrichtung ansonsten ist Süd-Südost. Gegenüber steigen die tiefgrünen Hänge des Reinhardswaldes an. Als höchste Punkte sind *Hahnberg* und *Langenberg* zu nennen, hinter denen sich die ➚ *Sababurg* verbirgt. Auf niedersächsischer Seite zieht die Weser eine weite Schlaufe um den Waldrücken des Wahmbecker Strang. Im gleichnamigen Ort gibt es wie in *Lippoldsberg* an der nächsten Flussschlaufe übrigens eine Fähre. Mit Lippoldsberg beginnt noch einmal Hessen, die durch das eher sanfte Hügelland schwingende Weser bildet durchaus keine durchgehende Grenze. Hinter Lippoldsberg steigt der Höhenzug des *Kiffing* bis 344 m an. Er zählt zum Bramwald, der die Weser bis ➚ *Hann. Münden* begleitet. Markant

Landkreis Kassel
34385 Bad Karlshafen
Lage:
Lug ins Land: 281 m,
N 51 39,650,
O 9 29.075
Bad Karlshafen: 131 m,
N 51 38.868,
O 9 27.241
Ausgangspunkt: Wanderparkplatz Naturpark Solling-Vogler
Öffnungszeiten: Frei zugänglich

Von ihm kann man nie genug kriegen: Der Rhein bietet immer schöne Ansichten und darf in diesem Kapitel natürlich nicht fehlen

wegen des Sendemastes darauf ist der zweithöchste Gipfel, der *Heidelberg* (401 m).
Wer vom Lug ins Land den schmalen Wanderpfad nimmt, passiert bei Karlshafen einen zweiten **Aussichtspunkt.** Zwar 150 m tiefer, aber dafür auf hessischem Boden steht eine Bank und bietet eine nette Sicht über die Weser auf den Kurort. Von den Sünden der modernen Kurbauten abgesehen, ist der Blick auf Saline und die alte Hugenottenstadt (rechts) durchaus reizvoll. Zum Schluss sei deshalb ein kleiner **Spaziergang** durch jenes Quartier der 1699 von Landgraf Karl von Hessen-Kassel gegründeten Stadt empfohlen. Der Landesherr siedelte dort nicht nur Waldenser und Hugenotten an, er hatte Gewaltiges vor: Um die teuren Zölle des welfischen Hann. Münden zu umgehen, wollte er einen 40 km langen Kanal bis Kassel bauen. Das riesige rechteckige Hafenbecken inmitten der präzise ausgerichteten barocken Häuserzeilen der »weißen Stadt« ist ein Überbleibsel jener hochfliegenden Pläne. Denn viel weiter als bis zum 12 km südlich gelegenen Hümme im Diemeltal kamen die Kanalbauer nicht ...

Hand aufs Herz: Wer war je schon so weit im Norden von Hessen gewesen?

Anreise & Tourvorschläge

RB Göttingen – Altenbeken bis Bad Karlshafen oder Hofgeismar, ab da Bus.

B80 Bad Karlshafen oder B83 bis Karlshafen, dann rechts auf Weserstraße (B80) in den Ort einbiegen; über Weserbrücke nach Norden (K77), rechts in Winnefelder Straße nach Fürstenberg abbiegen; nach gut 600 m Wanderparkplatz Naturpark Solling-Vogler auf der rechten Seite, ↗ Fußweg.

Die Hessischen Radfernwege R1 und R4 sowie der Diemel- und der Weserradweg führen bis Bad Karlshafen. Im Ort nördlich über Weserbrücke und ↗ Auto zum Wanderparkplatz. Für den Rückweg auf Hauptweg bleiben.

Rehbein-Linie Kassel: Mai – Okt, Kassel – Bad Karlshafen, T 0561/18505, info@schifffahrtslinie-rehbein.de; Details im Internet: www.schifffahrtslinie-rehbein.de.

Vom Bhf Richtung Ortsmitte, dann gleich links über Bahnbrücke und Winnefelder Straße hinauf. Am Ende der Bebauung von Straße abweichen und auf Wirtschaftsweg in den Wald; nach 60 m Fußpfad links hinauf, Wanderzeichen X14, X15, X18, und 200 m zum Wanderparkplatz Naturpark Solling-Vogler.

Vom Parkplatz Naturpark Solling – Vogler Schilder zum Lug ins Land (3,6 km): 2,2 km mit X18 bergauf, dann schräg rechts; nach 1,3 km rechts Fußpfad zum Aussichtspunkt. Alternative für den Rückweg: 100 m vom Aussichtspunkt zurück, beginnt links ein schöner Pfad durch den Naturwald Weser-Steilhänge; auf dem sind es 3,3 km bis zum Parkplatz. Außerdem führt er an einer weiteren, direkt über Karlshafen gelegenen Aussicht vorbei.

Für **Radler** hält das hessische Nordkap eine abwechslungsreiche Tour (62 km) mit Zwischenstopp in der Sababurg bereit, ↗ **pmv online.**

MTB Eine beschilderte **MTB-Tour** im Naturpark Solling-Vogler führt auch zum Lug ins Land, ↗ **pmv online.**

In Bad Karlshafen: Linie 2000, April – Okt, Karlshafen – Oedelsheim sowie flussabwärts bis Würgassen; T 05672/999923, 0173/7377221, info@weserschiff-hessen.de, www.weserschiff-linie2000.de

»Wo Werra sich und Fulda küssen/Sie ihren Namen büßen müssen« – der Rest bis zum Meer ist Weser. Dass diese Drei-Flüsse-Konjunktion unbedingt einer Gewässerschau unterzogen werden muss, liegt auf der Hand. Auch wenn von hessischem Boden der Zusammenfluss nicht gut zu sehen ist, spätestens der Hagelturm in Hann. Münden macht den Grenzgang zu einer runden Sache.

VIEL BLEI IN DER LUFT

Tillyschanze und Hagelturm bei Hann. Münden

Sollte jemals jemand mitten in Deutschland nach dem Nirgendwo suchen – auf hessischer Seite der Weser wird er fündig. Dort liegt die flä-

Landkreis Kassel
Waldgaststätte Tillyschanze, Forstgutsbezirk Reinhardswald
Landkreis Göttingen, 34346 Hann. Münden

Lage: Tillyschanze: 216 m, N 51 25.014, O 9 38.603
Hagelturm: 140 m, N 51 24.897, O 9 38.934

Höhe: Tillyschanze 25 m
Hagelturm 43 m

Ausgangspunkt: Hagelturm, Eingang Hagelturm in der Radbrunnenstraße

Öffnungszeiten: Tillyschanze: Mai – Okt Di – So 10 – 20 Uhr, Nov – April Fr – So ab 11 Uhr. Erw 1,10 €, Kinder 0,60 €.
Hagelturm: Mi, Sa, So 10 – 12 Uhr, Sonderöffnungen für Gruppen auf Anfrage. Erw 2 €, Kinder 1 €, Familien 5 €. Kontakt: Arbeitergeschichtsverein, Herbert Benkelberg, T 05541/ 32713.

Einkehr: Direkt am Aussichtsturm

Rehbein-Linie Kassel, T 0561/ 18505. www.schifffahrts-linie-rehbein.de. Mai – Sep Di 10 Uhr, Sa, So unregelmäßig, Termine erfragen; Strecke Kassel – Hann. Münden Erw 9 €, Kinder 5 €.

chenmäßig zweitgrößte Gemeinde Hessens (nur Frankfurt ist größer) mit exakt zwei Einwohnern! Und keiner Postleitzahl. Diese Gemeinde heißt Forstgutsbezirk Reinhardswald und umfasst ausschließlich die waldbestandenen Teile des Reinhardswaldes. Personalausweise für jene zwei beantragt deshalb, flapsig gesagt, der Oberförster. Das Finanzamt ist in Hofgeismar, das Ordnungsamt in Kassel, das Wahllokal in Veckerhagen (Wahlbeteiligung in der Regel 100 Prozent), und das Abwasser kriegt Niedersachsen ab. Ein Kuriosum erster Güte.

Für *Marlies Scheffel* und *Reinhold Heck* jedoch eher ein Glücksfall: Die beiden betreiben die **Waldgaststätte Tillyschanze,** und sie haben den Schlüssel in der Hand für den Aussichtsturm 20 m vor ihrer Haustür. Der aber steht auf niedersächsischer Seite! Der kleine Grenzübertritt sei dennoch gestattet, hat man doch von dem 1885 fertiggestellten Turm einen wunderbaren Blick über das Wasser umspülte Hann. Münden sowie auf den Bramwald (links) und den Kaufunger Wald, der hinter der Stadt ansteigt. Außerdem: Wer sich die Tafel neben dem Grenzstein durchliest, ahnt, dass der Flecken nicht nur vor 700 Jahren mal hessisch war. Ob als »Hesseburg« *Heinrich I. von Hessen* zum Einschüchtern der Mündener, bei denen die Welfen kräftig am Flusszoll mitkassierten, oder später als Spähposten für Tillys Heer (obwohl das historisch nicht gesichert ist): Die Lage auf dem Rabanenkopf ist strategisch gesehen glänzend. Mehr zu Tilly, 30-jährigem Krieg und auch dem Bildhauer, der am Turm mitarbeitete, erfahren Sie im Turmzimmer im ersten Stock. Ein kleiner Führer erläutert zudem, mit welchen Teilen von Bauten aus älteren Kulturen das Bauwerk aufgepeppt wurde.

Derart belehrt, steigt man nach Hann. Münden herab und dürfte da seine helle Freude am

Hagelturm haben. Dort ist nicht nur das Museum der Arbeit untergebracht, das ein Verein betreibt. Der alte Recke der Stadtbefestigung, 1410 als Fährenpfortenturm gebaut, hat sich den neuen Namen verdient, da in seinem Innenraum seit 1848 Schrot hergestellt wurde. Das ging ganz einfach: Flüssiges Blei in Siebe gießen, runterprasseln und im freien Fall abkühlen lassen, und fertig. Die Siebe für verschiedene Körnungen sowie zahlreiche weitere Gerätschaften sind im Turm ausgestellt. Von der Aussichtsplattform genießt man einen prächtigen Blick über die Altstadt, auf die Flüsse mit der Schifffahrt sowie die umliegenden Wälder.

Ein langer, ruhiger Fluss: Die Fulda von oben

Anreise & Tourvorschläge

RE, RB Kassel-Wilhelmshöhe – Halle (Saale) bis Bhf Hann. Münden; über Bahnhofstraße zur Altstadt, weiter in Rosenstraße, dann Lange Straße nach links, an der Radbrunnenstraße rechts und 150 m bis Hagelturm.

A7 Ausfahrt 75 Hann. Münden, auf B80 Schildern zum Zentrum folgen, dann zum Parkplatz Weserstein/Tanzwerder auf der Insel in der Fulda.

Im Fulda-, dann Wesertal verläuft der Hessische Radfernweg R1. Für ausdauernde Radler bietet sich eine größere Runde durch den Reinhardswald bis zur Sababurg und zurück (56 km) an ↗ **pmv online.**

Vom Parkplatz auf der Insel zurück aufs Festland, dann rechts Kasseler Schlag und 200 m bis Kreuzung mit Fuldabrücke. Links der Hagelturm, zur Tillyschanze rechts über Fuldabrücke. Auf der anderen Seite 200 m links, dann ist die Tillyschanze schon ausgezeichnet und bis oben hin mit Weißer Pfeilspitze markiert; Gehzeit 20 – 30 Min.

Waldgaststätte Tillyschanze, Marlies Scheffel und Reinhold Heck, PF 1146, 34331 Hann. Münden, T 05541/1890, Fax 73995, www.tillyschanze.de, tillyschanze@t-online.de. Geöffnet Mai – Okt Di – So ab 10 Uhr, Nov – April Fr – So ab 11 Uhr. | Liebevoll geführtes, uriges Ausflugslokal mit großem Freiluftbereich; Speisekarte reicht von Brotzeit über Hausmannskost bis zu Wild und Kuchenauswahl.

Tourist-Information Hann. Münden, Rathaus, Lotzestraße 2, 34346 Hann. Münden, T 05541/75313, 75343, Fax 75404. www.hann.muenden-tourismus.de, Info@hann.muenden-tourismus.de.

Welfenschloss und Städtisches Museum Hann. Münden, Schlossplatz 5, T 05541 75-202 und -348. Mai – Okt Mi – So 11 – 16 Uhr, Nov – April Mi – So 13 – 16 Uhr. Erw 1,70 €, Kinder ab 7 Jahre, Ermäßigte und Gruppen ab 10 Pers 1 €; Familienkarte (2 Erw, 1 Kind) 4 €.

Aktivitäten vor Ort

Hannoversch Münden, die Fachwerk- und Dreiflüssestadt, hat eine überaus prachtvoll herausgeputzte Altstadt. Durch sie zu schlendern, zu schauen, den Weserstein zu inspizieren, vielleicht einzukehren, ist schon ein Programm für sich.

Abrunden kann man den Tag mit einem Besuch im **Welfenschloss**. Gezeigt werden u.a. Produkte der Mündener Fayence-Manufaktur der Familie Hanstein (1753 – 1854), die berühmt war für ihre prächtigen Netzvasen.

Schön ist eine **Schifffahrt** auf der Fulda bis Kassel oder auf der Weser bis Bad Karlshafen. Die lässt sich auch schön mit einer **Wanderung** verbinden: Mit dem Schiff nach Veckerhagen, dann den Märchenlandweg mit der Markierung Geschwungenes M zurück. Er führt 11 km erst am Fluss, dann oben im Wald zurück zur Tillyschanze.

MTB Eine nicht allzu schwere Tour (40 km, 600 Höhenmeter) führt zur **Sababurg,** ↗ pmv online.

GRÜNES JUWEL

Waldeck-Frankenberg
34519 Diemelsee-Heringhausen
Lage: 517 m, N 51 22.277, O 8 43.787
Ausgangspunkt: Wanderparkplatz Florenbicke in Heringhausen
Öffnungszeiten: Frei zugänglich
Einkehr: Diverse Einkehrmöglichkeiten im Ort

Jadegrün wie sonst nur die Gewässer im Gebirge schiebt der Diemelsee seine Buchten in alle Himmelsrichtungen. Ein wahres Paradies für jede denkbare Form der Freizeitgestaltung ist dort an der nordwestlichen Grenze von Hessen entstanden. Ein grandioses Panorama darüber bietet sich von den Klippen, die hoch im Wald liegen.

Diemelsee

Die Aussicht war 1924 bei Fertigstellung der Sperrmauer gewiss nicht beabsichtigt. Damals wurde das Wasser zur Wasserregulierung von Weser und Mittellandkanal, aber auch als Hochwasserschutz und zur Stromgewinnung aufgestaut. Steil, viel steiler als an allen anderen Seiten steigt im Osten des *Diemelsees* das Ufer empor.

Dicht bewaldet schwingt sich der Bergzug zu den Gipfeln von *St. Muffert* und dem Eisenberg auf. Meist ahnt man den See unten kaum. Doch in der Vegetation öffnen sich zwei Schneisen. Erste Station ist St. Muffert. Eine kleine Schutzhütte lädt zum Halt ein; von dort ist der Blick jedoch schon ziemlich zugewachsen. Folgen Sie dem Pfad ein paar Meter hinab zu den Klippen. Keine Wurzel hat sich auf dem steinigen Hang halten können, entsprechend frei ist die Sicht. Der Blick fällt auf Heringhausen und den Großteil des Sees. Ein Plätzchen zum Versinken, zum Abschalten von Stress und Hektik. Oder vielmehr: In aller Ruhe den anderen unten am See zuschauen, wie sie umherwuseln. Und über den seltsamen Namen nachdenken – St. Muffert. Den führt kein Heiligen-Lexikon. Er taucht als St. Meffert höchstens in einem luxemburgischen Wörterbuch auf und ist auch da unter »Seltsamer Heiliger« abgelegt.

Jadegrün: Der Diemelsee besitzt seinen eigenen Reiz

Bei der Schau bleibt nur der Seearm mit der Staumauer unsichtbar. Den kriegt erst zu Gesicht, wer die Grenze nach Nordrhein-Westfalen überschreitet! In der Tat: Wenige Meter weiter auf dem Pfad endet Hessen. Das wird einen jedoch kaum davon abhalten, den Eisenberg zu erklimmen. Der hat die Höhe, um nicht nur die rund 1,65 qkm große Wasserfläche zu überblicken: Mit dieser Perspektive bilden die 800er des Hochsauerlands einen grandiosen Abschluss für die kleine Gewässerschau.

Anreise & Tourvorschläge

RE Kassel-Wilhelmshöhe – Korbach Süd bis Bhf Bad Arolsen oder Korbach, RB Korbach – Brilon Wald bis Willingen, ab allen Bhf Bus AST580.4, T 0180/ 2340180.

A44 Ausfahrt 64 Diemelstadt, B252 bis Bad Arolsen, rechts auf Marsberger Straße, die führt als L3078 bis Diemelsee-Heringhausen. Im Ort rechts weiter auf L3078 Seestraße Richtung Helminghausen und bis zum Wanderparkplatz Florenbicke.

Die **Seen-Tour,** ein 135 km langer Radrundweg, verbindet die drei nordhessischen Stauseen von Eder, Diemel und Twiste, ↗ **pmv online,** bei Diemelsee.

Heringhausen liegt am Diemelradweg. Der führt von Usseln zur Mündung der Diemel in Bad Karlshafen und verläuft am See unterhalb vom Berg St. Muffert: In Heringhausen abbiegen in die Straße Florenbicke, an deren Ende scharf links und steil den St.-Muffert-Weg durch die Ferienhaus-Siedlung hinauf. Nach weiterer Rechts- und Links-Serpentine ist man auf offenem Land und erreicht bald den Diemelsteig, Querweg mit D: links zum Waldrand, ab da ca. 250 m bis Aussicht schieben.

Ab Parkplatz Florenbicke den gelb ausgeschilderten Rundwanderwegen des Naturparks folgen: Nr. 1, der St.-Muffert-Weg, ist 3,5 km lang, die Nr. 2 über den Eisenberg 4,5 km.

Aktivitäten vor Ort

Schwimmen sowie Segeln, Surfen und Boot fahren auf dem **Diemelsee;** Erlebnisbad Heringhausen.

Wandern auf dem **Diemelsteig,** der an beiden Aussichtspunkten vorbei führt.

MTB Mountainbiker finden mit dem **Diemelsteig** ein veritable Herausforderung (63 km, mehr als 1000 Höhenmeter). Tipps für eine kürzere Runde (17 km) und eine Tour nach Willingen ↗ **pmv online.**

DER SEE, DAS SCHLOSS, DIE SICHT

Der Star ist der See. Wo andere Gewässer durchaus noch Raum für die übrige Landschaft lassen, fordert hier die glitzernde, bis zu 11,8 qkm Wasserfläche fast uneingeschränkt die Aufmerksamkeit. Eine spannende Ausnahmen ist da das Schloss Waldeck.

Edersee

▶ Wie ein chinesischer Drache scheint sich Hessens größter See durch die waldigen Steilhänge

Foto © Dirk Schmidt, Pixelio

des Ederberglands zu winden, jedenfalls wirkt es so beim Blick auf Karten. Fast unendlich viele Aussichtspunkte gibt es deshalb rund um das Gewässer, das flächenmäßig immerhin Deutschlands zweitgrößter Stausee ist. Alle Aussichten umspielen das Thema Wasser und Wald. Immer wieder öffnen sich Sichtachsen auch auf die Orte unten am Ufer oder in die seit dem Bau der Staumauer (1908 – 1914) zum Teil gefluteten Seitentäler. Gern gesuchtes Motiv ist auch die Liebesinsel bei Bringhausen: Der ehemalige Burgberg der *Ruine Bring* ist die einzige permanente Insel des Sees. Man kann zur Insel schwimmen oder paddeln, bei Niedrigwasser auch zu Fuß hinüber laufen. Alle anderen Inseln tauchen erst bei Niedrigwasser auf. Ebenfalls ein beliebtes Fotomotiv ist die *Loreley des Edersees*, eine Klippe bereits jenseits des Sees oberhalb von Kirch- und Schmittlotheim, von der aus sich das obere Edertal überblicken lässt.

Doch das Sahnestück ist und bleibt *Schloss Waldeck* mit dem Blick über die Staumauer. Zum ei-

Hier werden Wasserträume wahr: Edersee zu Füßen von Schloss Waldeck

Waldeck-Frankenberg
34513 Waldeck
Lage: 381 m, N 51 12.207, O 9 03.351
Ausgangspunkt: Schloss Waldeck
Öffnungszeiten: Aussichtspunkte am Urwaldsteig frei zugänglich; Schloss Waldeck wie Hotel
Einkehr: Im Schloss.

Café-Restaurant Altane, im Hotel Schloss Waldeck, T 05623/589-0, Fax 589-289. www.schloss-hotel-waldeck.de, info@schloss-hotel-waldeck.de. Geöffnet täglich 10 – 21 Uhr. | Das Hotel Schloss Waldeck hat ein umfassendes Angebot. Dort können Tagesausflügler auf eine Tasse Kaffee einkehren, edel speisen oder spezielle Arrangements (Wander- oder Segelwoche) buchen.

Personenschifffahrt Edersee GmbH, Ederseerandstraße 8b, Waldeck-West, T 05623/5415, Fax 5149. www.personenschiffahrt-edersee.de, personenschiffahrt-edersee@t-online.de.

nen kriegt der Besucher hier das meiste Wasser zu Gesichte. Zum anderen eröffnet sich über der Mauer (400 m Kronen-, 270 m Sohlenlänge) eine Blickachse nach Süden zum Wüstegarten. Der höchste Gipfel des Kellerwalds ist sonst verdeckt von den waldigen Kuppen des Ederberglands, etwa dem *Traddelkopf* oder dem *Dicken Kopf*, die beide über 600 m aufragen. Mit Glück und scharfem Fernglas soll ↗ *Burg Herzberg* zu erspähen sein: Links neben der Mauer zunächst der Uhrenkopf, dann, in Süd-Südwest, liegt sie 55 km entfernt. Neben solchen Aussichten verblasst der Norden etwas. Von der Schlossterrasse über das Waldecker Land schiebt sich in Nordost der Alte Wald vor die Kasseler Berge, auf der anderen Seite macht es der *Katzenstein* (414 m) schwer, eine unverstellte Sicht auf Upland und Hochsauerland zu kriegen.

Anreise & Tourvorschläge

RB Wadern – Bad Wildungen oder RE Kassel-Wilhelmshöhe – Korbach Süd bis Bhf Korbach, von dort Bus 510 bis Waldeck Mitte, dann 3 Min Fußweg bis zum Schloss

Von B485 westlich nach Waldeck und Beschilderung zum Schloss folgen; um den Edersee gibt es reichlich Parkplätze, die Besucher mit einem Verbundticket nutzen können (1 Std kostet 1 €). Wer unten am See in Waldeck-West parkt, kann die 100 Höhenmeter zum Schloss auch mit der Kabinen-Seilbahn überwinden.

Durch Waldeck verläuft der Hessische Fernradweg R6; im Ort Schildern zum Schloss folgen.

Ab Waldeck Mitte über Schlossstraße zum Schloss.

Aktivitäten vor Ort

Der **Edersee** ist nach Kassel und mit Willingen die touristische Hauptattraktion Nordhessens. Auf dem größten See des Bundeslandes kriegen **Was-**

sersportler alles, was das Herz begehrt; wer es passiver mag, schippert mit dem Dampfer über die Fluten (Saison April – Okt).

Radler finden auf den **Fernradwegen R5** und **R6** sowie der Zuleitung **Kassel-Edersee-Radweg** und dem eigentlichen **Ederradweg** reichlich Gelegenheit strampelnd den See zu umrunden. Lediglich zwischen Asel und Scheid weicht die Route ins Hinterland (über Basdorf) aus. Wobei: Diese Wege verlaufen meist am Ufer, so grandiose Aussichten wie den Wanderern bieten sich selten. Der Königsweg um den See ist der 68 km lange Urwaldsteig (teils parallel mit Kellerwaldsteig). Der ist so beliebt, dass es für ihn Pauschalangebote mit Übernachtung und Gepäcktransport gibt.

Wer einen Tagesausflug plant, dem sei eine Runde von 15 km (aber 500 Höhenmeter) ans Herz gelegt. Von Schloss Waldeck auf dem **Urwaldsteig** Richtung Staumauer, dabei kommen Sie auch an der Kanzel, einem der schönsten Aussichtspunkte, vorbei. Weiter bis zur Querung bei Hemfurth; oberhalb vom Elektrizitätswerk aber den Urwaldsteig verlassen und mit Weiße Raute und X13 nördlich über Hemfurth zur Staumauer zurück. Über die hinweg und wieder hinauf zum Steig und dem Schloss.

M Das **Staumauer-Museum** hat Staumauer-Bombardement und -bruch zum Thema: Die am 17. Mai 1943 entfesselten Wassergewalten waren ein so unvorstellbares Ereignis, dass es jene, die damals lebten, auch Jahrzehnte später noch Schaudern macht.

M **Burgmuseum,** Ausstellung *Hinter Schloss und Riegel.* Pranger, Drillhaus und Schandpfahl, Prügelbank, Prügelbock, Richtschwert, -beil und ein Rad – das ganze grausige Sortiment der Strafverfolgung bis 1849 ist zu sehen. Informiert wird auch über den heutigen Strafvollzug.

Außerdem: **Wildpark** bei Edersee-Hemfurth.

MTB Viele schöne Pfade führen um den Edersee – Tipps dazu ↗ **pmv online.**

M **Sperrmauer-Museum Edersee,** 34549 Edertal-Hemfurth, Forsthausstraße 2, Ostern – Okt 11 – 17 Uhr; Verein Sperrmauer Museum Edersee e.V., T 0172/2787829, sperrmauer.museum@yahoo.de.

M **Burgmuseum,** T 05623/5890. April – Sep Di – So 10 – 18 Uhr, Okt – März Di – Fr 12 – 16, Sa, So. Fei ab 10 Uhr. Eintritt Erw 4 €, Kinder bis 16 Jahre 2 €, Gruppen ab 20 Pers 3,50 €, Dauer ca. 1 Std inkl. 15-minütigem Dokumentationsfilm. Pro Führung max. 20 Teilnehmer.

Mehrtagestouren in Hessen, die 10 schönsten Streckenwanderungen mit leichtem Gepäck, Michael Schnelle. 978-3-89859-306-9, pmv.

JUGEND-LICHER CHARME

Das Lahn-Dill-Bergland ist ein Hügelland im westlichen Mittelhessen, spektakuläre Aussichten sind vergleichsweise selten. Eine besonders hübsche aber ist jene über den jüngsten See Hessens, den erst 1991 aufgestauten Aartalsee.

Lahn-Dill-Kreis
35649 Bischoffen-Niederweidbach
Lage: 291 m, N 50 42.284, O 8 27.920
Ausgangspunkt: Wanderparkplatz Bischoffen
Öffnungszeiten: Frei zugänglich
Einkehr: Am Wanderparkplatz

Aartalsee

▶ Es ist im wahrsten Sinne des Wortes eine beschauliche Gegend, jener Landstrich zwischen Hohenahr, Mittenaar und Bad Endbach. Die Verkehrs- und meist auch Besucherströme machen einen Bogen um das Lahn-Dill-Bergland. Marburg, Wetzlar, Herborn und Dillenburg sind geläufig. Aber Bad Endbach? Klingt schwer nach »in the middle of nowhere«. Jedoch: Ein solches Maß an Verschwiegenheit fordert geradezu die Entdecker-Lust heraus. Zum Glück hat eine Laune des Schicksals ein landschaftliches Kleinod zwischen die sanft gewellten Hügel mit ihren Feldern, Wiesen und Wäldern gesetzt: den Aartalsee. 1991 war die 14 m hohe und 235 m lange Staumauer fertig. Der Grund, weshalb das seichte Gewässer angelegt wurde, war nicht in erster Linie Energiegewinnung, sondern Hochwasserschutz für Aar und Dill. Hübscher Nebeneffekt: Der See eignet sich prächtig als Freizeitgelände. Und mit dem Vorbecken samt seinen 21 Inseln entstand eine Schutzzone für selten gewordene Vogelarten.
Die **Aussicht** über den 83 ha großen See gehört gewiss nicht zu den spektakulären in dieser Sammlung. Doch der Blick entspricht ganz der elegischen Stimmung in dieser Landschaft. Am Gewässer fällt sofort auf, dass es klar in zwei Teile gegliedert ist. Der untere mit 57 ha ist zur Nutzung für Wassersportler und sonstige Freizeitaktivitäten freigegeben. Der obere Teil hinter dem Damm, über den die L3053 verläuft, gehört der Natur. Das Freizeitgelände liegt vom Betrachter aus auf der anderen Seite des Gewässers, un-

mittelbar unterhalb des Wanderparkplatzes bei Niederweidbach. Richtet man die Augen ein wenig über die zweitgrößte Seenfläche Hessens hinaus, entdeckt man in gerader Verlängerung der Blickachse ohne Schwierigkeit ein hoch stehendes, markantes Gebäude: ↗ *Schloss Hohensolms.* Etwas links davon der wuchtige Kegel mit dem Sendemast darauf ist ebenfalls einer der Anziehungspunkte der Region: der ↗ *Dünsberg.*

Wer die etwas längere Wanderung bis zum Spähposten über dem Örtchen Niederweidbach unternimmt, schaut von einem deutlich höheren Punkt aus über den See. Der Blickwinkel verschiebt sich merklich, sodass man über das ganze Aartal hinweg auf den Westerwald schaut.

Seehof am Aartalsee, Ingrid Neukirchner, Am See 1 – 10, T 06444/926-0, Fax -101. www.seehof-aartalsee.de, info@seehof-aartalsee.de. Hotelbetrieb, durchgehend geöffnet. | Stilvoll dinieren, oder auf der Sommerterrasse einen schönen Tag gemütlich ausklingen lassen: Der Seehof bietet ein breites Spektrum und ist auch auf Wanderer eingerichtet.

Anreise & Tourvorschläge

RE Frankfurt bzw. Gießen – Siegen bzw. Köln, RB Gießen – Dillenburg bis Herborn, ab ZOB nahe Bhf Bus 407 bis Bischoffen-Niederweidbach Aartalsee.

A45 Ausfahrt 26 Herborn-Süd, auf B277 Richtung Dillenburg, nach 2,3 km links ab, auf B255 bleiben und 12 km das Aartal hinauf; in Niederweidbach rechts auf L3053 und gleich wieder rechts in Am See, wo beim Hotel vom Seehof der Wanderparkplatz für den Hochzeitsweg ist (ca. 0,50 €/Std).

Der Aartalsee liegt etwas abseits der großen Hessischen Radfernwege. Eine sehr hübsche Route lässt sich als Abstecher vom R8 konzipieren: Im Dilltal biegen Sie zwischen Herborn und Dillenburg, genauer auf Höhe des Herborner Stadtteils Burg, auf den Aartalsee-Radweg. Der verläuft von da an bis Hohensolms auf schönen Wegen und sehr gemächlich das Tal hinauf. Wer mag, kann die Strecke auch mit öffentlichen Verkehrsmitteln kombinieren: Die Busse der Blauen Linie (RMV-Linie 407) führen April – Okt am Wochenende Fahrradanhänger mit.

Vom Parkplatz am See Hochzeitsweg 900 m bis zu Durchschlupf unter der B255; dann Schildern um mehrere Ecken rund 700 m bis zum Aussichtspunkt am Waldrand folgen.

Aktivitäten vor Ort

- Rundwanderung auf **Hochzeitsweg;** die 11,6 km lange Route (300 Höhenmeter, 4 Std) ist eine der Extratouren im neu konzipierten Wanderwegenetz des Lahn-Dill-Bergland-Naturparks. Ab dem Parkplatz bestens beschildert, führt sie im Bogen nach Roßbach. 300 m nach dem Ort heißt es aufpassen: Unmittelbar neben der L3287 sehen Sie auf der anderen Seite eine bewaldete Kuppe. Für den Abstecher dorthin noch mal 250 m Hochzeitsweg hinab, dann links über die Straße gehen und unterhalb der Kuppe Aussicht genießen. Dann zurück zum markierten Weg und durch Niederweidbach zum Parkplatz.
- Wer es flacher mag, kann den See auf 7,5 km umrunden.
- Im **Freizeitpark** vor allem Beachvolleyball; für Wasserfans Surfen, Segeln und Angeln.
- **MTB** Tour 65 – GPS-Daten und Zusatzinfos ↗ **pmv online,** Region Mittelhessen.

(K)EIN SCHLAG INS WASSER

Die Ruine Nollig liegt an exponierter Stelle über dem Rhein an der Wispermündung. Noch spannender wird der Besuch dieses alten Wehrgemäuers der traditionsreichen Weinbaugemeinde Lorch, wenn Sie ihn mit einer Wanderung zum Kauber Blick und zur Wirbeley über dem westlichsten Punkt Hessens verbinden.

Ruine Nollig, Wirbeley und Kauber Blick

▶ Ob es sich bei der **Nollig** um eine Burg oder nur einen Teil der Stadtbefestigung handelt, darüber streiten die Gelehrten noch. Klar ist: Das Gemäuer ist eine Ruine, und man kann es nicht betreten. Allerdings nicht wegen des vermeintlich ruinösen Zustands, sondern weil es in Privatbesitz ist. Das macht nichts. Denn die strategisch günstig platzierte Sitzgruppe am Fuß der Mauern bietet jedem Aussichtssüchtigen alles, was er braucht. Sogar einige Kilometer hinein ins Wispertal reicht der Blick. Doch das ist nichts gegen das grandiose Rhein-Panorama. In südlicher Richtung, dort wo der Strom breiter wird, ruht das Auge auf dem Großen und dem *Kleinen Lorcher Werth.* Heute Naturschutzgebiet und ein Prachtbeispiel für eine Auenwaldlandschaft, gab es nach dem Ersten Weltkrieg für die seit alters »Toteninsel« genannte Sandaufwerfung mitten im Rhein einen geradezu monströsen Plan. Dort, nahe dem ↗ *Niederwalddenkmal* gelegen, war 1926 ein »Reichsehrenmal« für die Gefallenen des Krieges geplant: Ein Stadion für 100.000 Besucher hätte entstehen sollen, verbunden über eine »Heilige Straße« mit einem steinernen Sarkophag. Die Weltwirtschaftskrise verhinderte das Projekt glücklicherweise.

Weit weniger kolossal kommen jene Bauten daher, die das Rheintal im 19. Jahrhundert zum Wallfahrtsort der Romantiker machten und ihren Teil dazu beitrugen, dass die UNESCO 2002 die ganze Landschaft zum Weltkulturerbe erhob: die steinernen Festen der Rittersleut'. Jenseits vom Werth etwa *Burg Sooneck.* Oder schräg gegenüber am Ende des Heimbachtals *Burg Hohneck.* Genau auf der anderen Seite, bei Rheindiebach, trotzt die *Ruine Fürstenberg* den Zeitläufen. Und etwas nördlich an der Kehre bei Bacharach liegt *Burg Stahleck.* Und um es nicht zu vergessen: Auch die Ruine Nollig zählt dazu. Erbaut vermutlich im 12. oder 13. Jahrhundert, gehörte sie den Edlen von Lorch, war aber kaum mehr als ein be-

Rheingau-Taunus-Kreis
65391 Lorch

Lage:
Ruine Nollig: 200 m, N 50 02.821, O 7 47.998
Wirbeley: 199 m, N 50 03.528, O 7 46.672
Kauber Blick: 161 m, N 50 03.938, O 7 46.761

Ausgangspunkt: Wisperbrücke in Lorch

Öffnungszeiten: Frei zugänglich

Im Frühlingskleid: Ruine Nollig

Foto © TI Lorch am Rhein

GEWÄSSERSCHAU

wohnter Wachturm. Details der Anlage lassen darauf schließen, dass der Bau mit den seitlichen Rundtürmen Teil der Lorcher Stadtbefestigung war. Ebenfalls spekuliert wird über die Namensfindung für den extrem steilen Weg hinauf zum Gemäuer: Um seine Geliebte zu freien, musste ein junger Ritter diese »Teufelsleiter« hinauf – zu Pferde!

Burg Sooneck auf der linksrheinischen Seite

Nicht ganz so halsbrecherisch, aber schon ein wenig exponiert ist der Wegvorschlag gestaltet, der ans westlichste Ende Hessens führt. Wer vom Wirbeley über den Rhein und auf das gegenüber liegende Bacharach blickt, erspäht den westlichsten Punkt Hessens, nämlich knapp jenseits der Mitte des Stroms! Den Fluss hinab kommt Kaub in Sicht, das aber präsentiert sich noch viel prächtiger, wenn Sie sich einen weiteren Kilometer nördlich bis zum **Kauber Blick** begeben. Prächtiger, weil sich erst dort der Postkartenblick auf eines der berühmtesten Bauwerke am, oder genauer im Rhein eröffnet: die **Pfalz bei Kaub.**

Von *Ludwig dem Bayern* erbaut, wachte ursprünglich nur ein Turm ab 1326 mitten im Strom. Diese Lage hatte einen simplen Zweck: Schiffe anhalten und kassieren. Wenig später kam Kaub zur Pfalz, wurde aber 1504 im Bayerisch-Pfälzischen Erbfolgekrieg noch einmal zum Streitthema. Dabei schlugen sich die Kauber so wacker gegen Landgraf Wilhelm von Hessen, dass erstens die Burg oberhalb den Ehrennamen Gutenfels bekam und zweitens die Historie fröhlich in ein rührendes Stücklein Literatur verwandelt wurde, das Elslein von Kaub. Noch heute wählen die Bewohner deshalb beim Weinfest ihr Elslein. Ihr heutiges Aussehen erhielt *Burg Pfalzgrafenstein* 1714. Bei der 2007 beendeten Restaurierung wurde die originale Farbgebung wiederhergestellt.

Liegt wie ein Schiff im Rhein: Die Pfalz von Kaub

Anreise & Tourvorschläge

🚆🚌 RE Frankfurt – Koblenz, RB Wiesbaden – Koblenz bis Bhf Lorch.

🚗 B42 bis Lorch; Parkmöglichkeiten an der Rheinpromenade, von da sind es wenige Meter bis zur Wisperbrücke jenseits der Bahnlinie.

🚲 Radwege verlaufen sowohl rechts als auch links des Rheins; auf hessischer Seite fehlen ab Rüdesheim allerdings Richtung Lorch einige Kilometer Radweg und man ist gezwungen, auf die stark befahrene Bundesstraße auszuweichen. Um zur Ruine zu kommen, müssen Sie entweder schieben (↗ Fußweg) oder wählen den Umweg über Lorchhausen, wo Sie in die Rheinallee abbiegen und knapp 1 km hinauffahren. Dann rechts in den Riesling-Pfad, Markierung Gelber Römerkelch bzw. H7, und nach 1,2 km schräg links mit Schildern Lorch ü. d. Nollig.

🚶 **Rundweg zu allen drei Zielen:** 9,1 km, knapp 200 Höhenmeter. Vom Bhf die Rheinstraße Richtung Ortsmitte und über die Wisperbrücke; dann rechts in Wisperstraße, nach 150 m schräg links in Weiselberg mit zwei Möglichkeiten: entweder steile Variante Rheinsteig (Markierung R), oder grob gepflasterten Hohlweg gut 500 m bis oben zum Querweg, scharf links und entspannt vor zur Ruine.

🚶 **Zu Wirbeley und Kauber Blick:** Von der Nollig nördlich, an erster Weggabel nach knapp 300 m schräg links hinab. Am ersten Hauptweg unterhalb mit Römerkelch bzw. H7 in gleicher Richtung zunächst bis Einschnitt Retzbachtal oberhalb Lorchhausen, dann weiter auf Höhenweg mit H7. Nach 1,5 km

⚓ Lorch wird von verschiedenen Rhein-Schifffahrtslinien angefahren, z.B.:

Bingen-Rüdesheimer, Rheinkai 10, 55411 Bingen am Rhein, T 06721/14140, Rüdesheim T 06722/2972, Fax 06721/17398, www.bingen-ruedesheimer.com.

⚓ **Köln-Düsseldorfer,** Frankenwerft 35, 50667 Köln, T 0221/20883-18, Fax 20883-45, www.k-d.com.

Ist einen zweiten Blick wert: Die Rheininseln wie jene vor Lorch werden Werth genannt

Foto © TI Lorch am Rhein

am Wirbeley: Links der wilde Pfad mit Schild Lorchhausen. Für den Abstecher zum Kauber Blick noch 1 km weiter mit H7. Dann zurück zum Wirbeley und runter nach Lorchhausen. Dort vor zur Rheinallee, wenige Meter links rauf, dann rechts in Am Rebenhang und nach Lorch zurück.

Aktivitäten vor Ort

Für **Burgenfans** gibt es eine 12,5 km-Route ins romantische Tiefenbachtal zur Ruine Waldeck ↗ **pmv online.**

MTB Tour 44 – GPS-Daten und Zusatzinfos ↗ **pmv online,** Region Rheingau.

STROM-VOLLENDET

Rheingau-Taunus-Kreis
65385 Rüdesheim am Rhein
Lage: Naheblick: 333 m, N 49 58.787, O 7 52.788
Rössel: 326 m, N 49 58.764, O 7 52.674
Rittersaal: 289 m, N 49 58.818, O 7 52.526
Zauberhöhle: 315 m, N 49 58.857, O 7 52.735
Ausgangspunkt: Jagdschloss Niederwald
Öffnungszeiten: Frei zugänglich
Einkehr: Am Ausgangspunkt.

Mathematisch betrachtet, besteht eine Linie aus einer unendlichen Zahl von Punkten. Der Rheingau hat aussichtstypologisch gesehen eine unendliche Zahl grandioser Aussichts-Punkte. Im Unterschied zur mathematischen Linie fallen die aber durchaus unterschiedlich aus. Einige der schönsten sind bei diesem Ausflug am Niederwald versammelt.

Naheblick, Rössel, Rittersaal und Zauberhöhle

▶ Wenn eine der Beschreibungen das Etikett »Gewässerschau« verdient, dann diese. Nirgends ist der Rhein so schön zu schauen wie hier. Nicht einmal bei der Loreley; dort ist ja eher der Felsen das Spannende und nicht der Fluss. Am Binger Loch dagegen zieht nicht nur der berühmte Mäuseturm die Blicke auf sich. Auch das lange, schräg im Strom liegende Wehr, die Felsbrocken, die bei niedrigem Wasserstand auftauchen, und der Übergang vom gewaltig breiten Wasserband zu dem zwischen die steilen Schieferklippen genötigten »Vater Rhein« fesseln das Auge. Nicht zu

Unrecht hat die UNESCO das Mittelrheintal ab hier zum Weltkulturerbe erklärt.

Der Spaziergang zu den vier Aussichtspunkten ist so angelegt, dass sich die Perspektive fast dramaturgisch verschiebt. Das ist kein Zufall: Die Ziele sind Teil eines Landschaftsparks, den Graf *Karl Maximilian von Ostein* ab 1764 auf dem Niederwaldplateau einrichtete. Eine kleinere, etwa 2,2 km lange Runde sowie der längere Weg zum Aussichtstempel am Niederwalddenkmal und zur Eremitage sind unter ↗ Aktivitäten vor Ort erläutert.

Der **Naheblick** hält genau das, was er verspricht: Direkt gegenüber der Nahemündung gelegen, öffnet der Einschnitt eine prächtige Sicht auf Rheinland-Pfalz. Auch ohne dies könnte man das Land über der Nahe problemlos betrachten; alle drei Aussichtspunkte liegen auf höherem Niveau als das rheinhessische Hochplateau gegenüber. Richtig machtvoll wird die Aussicht jedoch erst durch den Fokus des Nahetals. Genau in der Verlängerung taucht darüber – bei guter Sicht – der Donnersberg am Horizont auf: Der sagenhafte Berg ist der höchste Gipfel der Pfalz.

Hält was er verspricht: Der Naheblick

Am **Rössel,** einem kleinen Turm mit vorgesetztem Aussichtsbalkon, ist fast immer Betrieb. Was wie eine Ruine aussieht, ist reine Kulisse und genau so im Osteinschen Landschaftspark geplant gewesen. Damals wie heute lagern die Wanderer dort gern, prosten sich mit dem mitgebrachten Riesling zu und genießen das Panorama 250 m tiefer. Von Bingen mit dem sich darüber türmenden Rochusberg samt Kapelle gleitet der Blick über die Nahemündung, verweilt am berühmten Mäuseturm mitten im Strom und schwingt sich danach hinauf zu den baumbestandenen Höhen des Soonwaldes. Der weiß-rot leuchtende Turm auf der Mäuseinsel soll der Legende nach vom hartherzigen Mainzer Erzbischof Hatto II. im 10. Jahrhundert als Zuflucht erbaut worden sein. Nachdem er seine Landeskinder hat hungern, sie sogar umbringen lassen und sie als Kornmäuslein verspottete, sollen abertausende Nager in seine Residenz eingefallen sein. Er floh auf den vermeintlich sicheren Turm, doch da fielen sie erst recht über ihn her und fraßen ihn bei lebendigem Leibe. Moralgeschichte war schon immer etwas blutrünstig.

Picknickplatz mit Rheinnordblick für Möchtegernritter: Rittersaal

Der **Rittersaal** ist lediglich ein aufgemauertes Geviert. Im Unterschied zum Rössel richtet sich der Blick in nördliche Richtung: Jenes Stück Rhein also, das Weltkulturerbe ist. Über Assmannshausen und den Strom hinweg schaut man auf das Schweizerhaus, beliebtes Ausflugsziel (und Aussichtspunkt) im Binger Wald. Etwas weiter flussabwärts klebt *Burg Rheinstein* auf einem Felsen. Und noch ein Stück weiter wacht *Burg Reichenstein* über der viel befahrenen Wasserstraße, bevor die sich mit einem Linksknick Richtung Lorch verabschiedet.

Komplett zur Inszenierung geriete die Rheinschau in der **Zauberhöhle.** Mitten im dichten Wald gelegen, durchschreitet der Besucher einen 60 m langen Gang mit glitzernden Glassteinen. Dann öffnet sich schlagartig in einer Rotunde ein Fenster über eine – einst! – frei geschlagene Schneise hinab ins Tal.

Anreise & Tourvorschläge

RB Frankfurt – Koblenz bis Bhf Assmannshausen, dann Niederwaldstraße 200 m zu Fuß bergauf zur

Sesselbahn und mit dieser oder auf Rheinsteig, Markierung Blau-weißes R, zum Jagdschloss.

Von Wiesbaden B42 bis Rüdesheim, im Ort rechts Schildern hinauf zum Niederwald-Denkmal folgen; oben links in Wald, am Denkmal vorbei zum Jagdschloss. Von Koblenz auf B42 bis Assmannshausen, im Ort links hinauf auf L3034 bis Aulhausen, dort scharf rechts weiter L3034 bis zum Jagdschloss.

Der Hessische Radfernweg R3 endet in Rüdesheim. Aus Richtung Wiesbaden kommend, im Ort auf der Straße Zum Niederwalddenkmal rechts hinauf und Schildern bis Denkmal folgen, dann aber auf Straße L3034 weiter bis Jagdschloss.

Fußweg: ↗ Aktivitäten vor Ort.

Aktivitäten vor Ort

Kutschfahrten, Besuch der **Falknerei** am Niederwalddenkmal.

Start ist am **Jagdschloss Niederwald;** dort finden sich auch Übersichtstafeln zu den **Wanderwegen.** Sie folgen dem Braunen Hasen in südlicher Richtung in den Wald hinein und bleiben auf dem breiten Weg auch da, wo der Hase links abbiegt. Nach 600 m eine Kreuzung mit weiterem Hauptweg: Rechts Schildern zu Rössel und Zauberhöhle folgen. Bald darauf passieren Sie den *Naheblick,* kommen weiter zum *Rössel* und, erneut in westliche Richtung, kurz darauf zum *Rittersaal.* Danach den leicht abgetreppten Weg wieder hinauf und zum Ausgangspunkt zurück. Dabei stoßen Sie nicht nur auf das Wanderzeichen Gelber Balken, sondern auch auf die *Zauberhöhle.*

Eine längere Tour führt vom Rhein herauf und bezieht auch das ↗ **Niederwalddenkmal** ein. Ausgangspunkt ist die Talstation der **Sesselbahn** in Assmannshausen. Von dort führt der gut markierte Rheinsteig-Pfad hinauf auf das Plateau. Oben geradeaus, die Straße überqueren und Parkplatz rechts liegen lassen. Bald geht es wieder in den Wald hinein. Nach rund 500 m rechts mit Gelbem

Jagdschloss Niederwald, Ursula und Richard Müller, Niederwald 1, T 06722/ 7106-0, Fax -666. www.niederwald.de, jagdschloss@niederwald.de. Geöffnet täglich 7 – 24 Uhr. | Der noble Name und das Ambiente verpflichten: Das Jagdschloss Niederwald bietet eine ausgesuchte Karte, auf der zuvorderst Wildgerichte stehen. Aber auch sonst merkt man der kreativen Küche an, dass mit Liebe zum Detail gearbeitet wird. Das alles gibt es zu gehobenen, aber bezahlbaren Preisen.

Seilbahn Assmannshausen, Niederwaldstraße 30, Betrieb April – Okt., Erw 4,50 bzw. 6,50 € (Einzel-/Hin- und Rückfahrt), Kinder 5 – 14 Jahre 2 bzw. 3 €.

Römerkelch und Grünem Eichenblatt bis zum Niederwalddenkmal. Nach dem Besuch hält man sich rechts, kommt an der *Falknerei* vorbei und folgt dem Hauptweg mit Gelbem Balken zum *Rössel*. Unterwegs geht man an der *Eremitage* vorbei, nach weiteren 700 m ist man am *Naheblick*. Von da an Beschreibung bei ↗ Fußweg bis Jagdschloss, wo Sie wieder den Rheinsteig (oder den Sessellift) nach Assmannshausen nehmen.

MTB Tour 68 – GPS-Daten und Zusatzinfos ↗ **pmv online**, Region Rheingau.

WEITES LAND, ENGE SCHLUCHT

Der Breite Berg ist ein breiter Bergrücken, der sich oberhalb von Schlüchtern vom Kelterberg hinunter ins Kinzigtal dehnt. Das weitflächig freie Gelände erlaubt einen Blick über große Teile des oberen Kinzigtals bis hinunter zum Kinzig-Stausee.

Main-Kinzig-Kreis
36381 Schlüchtern-Ahlersbach
Lage: 401 m, N 50 19.413, E 9 32.965
Ausgangspunkt: Parkplatz Bernhardswald des Naturparks Spessart
Öffnungszeiten: Frei zugänglich

Breiter Berg (Kinzig-Stausee)

▶ Den Breiten Berg werden viele schon gesehen haben, die durch das Kinzigtal gereist sind, allerdings ohne ihn zu erkennen. Markant sind vor allem die drei mächtigen Windräder, die über dem offenen Gelände vor sich hin wirbeln. Und genauso, wie man ihn von vielen Seiten sehen kann, eröffnen sich auch die Aussichten. Genau genommen ist der Bergrücken Teil des *Kelterbergs*. Er markiert zusammen mit dem etwas östlich gelegenen Langen Berg die Stelle, wo die junge Kinzig nach Südwesten wegknickt. Zwischen den beiden etwa 430 m hohen Formationen hat sich der Ahlersbach jene bemerkenswerte Schlucht herausgefräst, die Ziel der vorgeschlagenen Wanderung ist.

Beim Blick übers Land werden Sie die Kinzig im Tal selbst kaum sehen, nur im Westen glitzert aus

9 km Entfernung der **Kinzig-Stausee** herüber. Die zwischen 1976 und 1982 erbaute Talsperre dient dem Hochwasserschutz; maximal dehnt sich der See auf 125 ha aus und ist 12 m tief. Bei sehr guter Sicht ist jenseits davon der Taunus auszumachen. Dem Kinziglauf aufwärts folgend, liegt gegenüber der Vogelsberg. Auch da gilt: Je nach Witterung können Sie den charakteristischen Gipfel mit dem Sendeturm auf dem ↗ *Hoherodskopf* erkennen. Genau unterhalb des Breiten Bergs liegt Schlüchtern. Weiter dreht der Blick und gleitet über den Landrücken. Das ist die hügelige, aber wenig gegliederte Landschaft im Nordosten, aus der lediglich der von Menschenhand geschaffene Kallberg bei Neuhof hervorsticht. Der Landrücken als Übergang von Vogelsberg und Spessart zur Rhön bezeichnet indes die Wasserscheide zwischen Kinzig- und Fuldatal. Oder großräumig in europäischen hydrologischen Dimensionen gedacht: Diese fließt mit dem Rhein westlich, jene mit der Weser nördlich ins Meer. Im Osten schließen die mächtigen, über 900 m hohen Kuppen der Hohen Rhön zum Horizont hin ab.

Anreise & Tourvorschläge

RE, RB bis Bhf Schlüchtern, dann Bus MKK91 oder MKK93 bis Untertor/Feuerwehr, umsteigen in Bus MKK91 bis Schlüchtern-Ahlersbach Herolzer Straße.

A66 Ausfahrt 48 Schlüchtern-Süd, auf L3329 bis Niederzell, scharf rechts auf Jossaer Straße, nach 1,5 km links nach Hohenzell (K946), dort rechts in Spessartstraße. Zum Wanderparkplatz Bernhardswald schräg rechts zum Wald hinaus, nach 600 m über eine Kreuzung, nach 500 m an Schutzhütte links und noch 500 m bis Parkplatz.

Der Breite Berg liegt etwas abseits der üblichen Radrouten, in dem Fall dem Hessischen Radfernweg R3. Die ausführliche Routenbeschreibung ↗ **pmv online**.

Vom Parkplatz Bernhardswald im Naturpark Spessart sind es rund 500 m bis zum Kelterberg mit den drei Windrädern darauf. Unterhalb davon breitet sich die weite, aussichtsreiche Fläche des Breiten Bergs aus.

Aktivitäten vor Ort

Gewässer aus der Ferne und aus der Nähe! Um dem Besuch des kahlen Bergrückens eine spannende Note hinzuzufügen, empfiehlt sich eine Rundtour mit der **Ahlersbacher Schlucht** als Zwischenziel. Der gleichnamige Bach hat dort in das sonst eher sanft gewellte Hügelland um den Oberlauf der Kinzig eine vergleichsweise enge Klamm in den Wald geschnitten.

Der **Rundweg** mit knapp 10 km führt durch Ahlersbach (Bushalt) sowie an den Wanderparkplätzen Bernhardswald und Am Huhn vorbei; Start in Ahlersbach. Sie folgen dem Wanderzeichen Roter Querbalken das Bachtal hinauf. Der Weg verläuft zunächst am Waldrand, dann in einem Seitental. Dort scharf rechts und weiter mit dem Roten Balken bergauf. Der Weg kreuzt auf Höhe eines idyllischen Waldteichs den Bachlauf. Danach knapp 1 km weiter aufwärts, bis oben, wieder im Freien, ein Hauptweg quert: Links der Sportplatz von Weiperz, Route aber rechts 500 m bis zum Wald, dann dem Schwarzen Geweih leicht nach rechts bis zum Parkplatz Bernhardswald folgen. Von da geradeaus weiter Richtung Windräder über den Kelterberg und den Hauptweg auf dem Breiten Berg hinab. Unten eine Kreuzung: den Teerweg mit Blauer Schmetterling weiter geradeaus, dann schräg rechts zum Wanderparkplatz Am Huhn. Dort rechts, an der Ziegelhütte vorbei, kurz darauf ist die Kreisstraße K945 erreicht, auf der rechts bis Ahlersbach.

Spessart mit Kindern, 700 Ausflüge und Aktivitäten rund ums Jahr, Maria Bonifer. 978-3-89859-407-3, pmv, 12,95 €.

HESSENS GLITZERNDER SÜDEN

Die Quadratur der Burgenromantik: Das mit kaum 4000 Einwohnern winzige Städtchen Neckarsteinach rühmt sich gleich vierer Burgen. Die romantischste, hart an den steilen Fels gebaute Burg Schadeck ist das Wahrzeichen des Ortes, außerdem hat der Besucher vom »Schwalbennest« genannten Bau einen Blick auf Hessens südlichsten Zipfel.

Burg Schadeck in Neckarsteinach

▶ Burgenromantik, ein echt deutsches Sehnsuchtsthema, und das Neckartal ist eine der Geburtsstätten dafür. So dicht wie in Neckarsteinach stehen sonst nirgends vier Wehrbauten auf engstem Raum, so viel burgiges Gedränge bringt den Betrachter ins Grübeln; zumal gegenüber, oben in Dilsberg, eine noch mächtigere Anlage steht. Entweder hatten sie hier ständig Streit, oder sich alle ganz furchtbar lieb. Was ja zu einer erklecklichen Vermehrung der Sippschaft führen kann. Genauso in Neckarsteinach: 1142 taucht ein Bligger von Steinach als Lehnsmann des Wormser Hochstifts in den Urkunden auf. Richtig berühmt wurde *Bligger II.* (1152 – 1210), der als Dichter und Minnesänger auch Kaiser Barbarossa zu seinen Zuhörern zählte. Etwa um die Zeit begann die sagenhafte Burgvermehrung. Die Schadeck ist die jüngste der vier Festungen, errichtet wohl von *Bligger V.* um 1260. Malerisch klebt sie rund 80 m über dem Fluss am roten Fels. Für den Halsgraben musste der regelrecht herausgebrochen werden. Wer sich die luftige Treppe hinauf traut,

Odenwaldkreis
69239 Neckarsteinach
Lage: 200 m, N 49 24.418, O 8 49.458
Höhe: 17 m
Ausgangspunkt: Parkplatz Unter den vier Burgen
Öffnungszeiten: Frei zugänglich
Einkehr: Zahlreiche Restaurants, Cafés etc. in Neckarsteinach

Burg Schadeck bietet die große Show für einen kleinen Fluss

Nichts für Hasenfüße: Steile Treppe im Palas

der hat ein schönes Panorama über die Stadt mit den drei anderen Burgen und die Bergfeste Dilsberg auf baden-württembergischer Seite. Und natürlich den Neckar. Beim Blick flussabwärts fällt am Fuß des Dilsbergs ein Weiler auf: Rainbach. Exakt auf der Höhe, wo der den Ort durcheilende Herrbach in den Neckar plätschert, glitzern in der Flussmitte die Wellen letztmals hessisch.

Rhein-Neckar-Fahrgastschifffahrt, Anlegestelle in Neckarsteinach: Neckarlauer, T 06229/526, Fax 708836. www.rnf-schifffahrt.de. info@rnf-schifffahrt.de.

Anreise & Tourvorschläge

RE Mannheim – Heilbronn, S1 Homburg (Saar) – Osterburken, S2 Kaiserslautern – Mosbach bis Neckarsteinach Bhf.

Autobahnkreuz A5/A656 Richtung Heidelberg, dann stets auf B37 bleiben, durch die Stadt und im Neckartal bis Neckarsteinach (15 km). Neckarsteinach liegt an der Burgenstraße (Mannheim – Prag).

Der Hessische Radfernweg R4 führt ins Neckartal nach Hirschhorn 7 km nordöstlich von Neckarsteinach, im Tal verläuft der Neckartal-Weg von der Quelle bis zur Mündung.

Am Parkplatz Unter den vier Burgen ist eine Übersichtstafel; mit Gelber 1 und 3 rund 700 m bis Burg Schadeck.

Kraichgau mit Kindern, 500 Aktivitäten und Ausflüge zwischen Heidelberg, Karlsruhe und Heilbronn, mit dem Kleinen Odenwald südlich des Neckars. Marion Landwehr. 978-3-89859-426-4, pmv, 14,95 €

Aktivitäten vor Ort

Zu empfehlen sind die beiden **Rundwanderwege** mit der Gelben 1 und 3 (siehe auch Info-Tafeln vor Ort). Weg 1 ist eine 1,8 km lange Tour, mit der man die vier Burgen der Stadt kennen lernt. Rundtour 3 mit 6,8 km (2 Std) führt über den Ochsenberg oberhalb von Burg Schadeck mit einem weiteren veritablen Aussichtspunkt.

Eine 7 km lange Tour führt hinauf nach **Dilsberg** ↗ **pmv online.**

Auf dem Neckar gibt es eine rege **Fahrgastschifffahrt** (Mannheim – Heidelberg – Neckarsteinach), auch mit Extras wie »Feuerwerksfahrten« und »Vierburgen-Beleuchtung«.

KULINARISCHE GIPFEL

SPITZENSPEKTAKEL
RIESEN AUS HOLZ & STAHL
BURGEN & RUINEN
GEHEIME LUFTHOHEITEN
KULTURGIPFEL
GEMAUERT & GEMEISSELT
GEWÄSSERSCHAU
KULINARISCHE GIPFEL
KARTEN
REGISTER

Die Kugelsburg sicherte ab Ende des 12. Jahrhunderts den Übergang über die Twiste an einer wichtigen Altstraße zwischen den im Mittelalter bedeutenden Städten Fritzlar und Paderborn. Klar, dass sich Bauherr Graf Albrecht III. von Everstein dafür mit reichlich Umsicht einen Platz suchte.

AHNUNG VOM FLACHLAND

Die Kugelsburg an der Twiste

▶ Volkmarsen liegt in jenem Teil Nordhessens, wo die hohen, waldreichen Mittelgebirge langsam auslaufen und dem aus Süden kommenden Reisenden eine erste Idee vom flachen norddeutschen Raum vermitteln. Noch liegen Eggegebirge, Teutoburger Wald oder Solling vor einem. Bei Volkmarsen aber schwingen die Hügel und Täler erstmals sanft, vor allem mit Blick auf die steilen Höhen des Habichtswaldes im Osten, im Westen auf das langsam zum Rothaargebirge ansteigende Land. Nicht umsonst heißt jene Gegend hinter Korbach *Upland.*

1196 erteilt *Abt Widukind von Corvey* den Auftrag zum Burgbau. Zunächst als Versuch gedacht, den Expansionsdrang der Mainzer Bischöfe einzudämmen, erlitt die im Kern romanische Anlage eine wechselvolle Geschichte. Den Grafen von Everstein folgte das Geschlecht von Papenstein. 1474 wurde sie vom Kölner Erzbischof an den hessischen Landgraf Heinrich verpfändet. Da ihm Stadt und Burgherren die Gefolgschaft verweigerten, eroberte er sie im Jahr darauf und ließ beide noch zwei Jahre später niederbrennen. Weitere Schäden stammen aus dem Dreißig- und dem Siebenjährigen Krieg. Im 19. Jahrhundert nutzte die Landbevölkerung die Burg als Steinbruch. Dem machte die Stadt Volkmarsen 1885 ein Ende, sie kaufte und sicherte die Anlage. Heute ist sie mit dem runden Burgfried und dem quadratischen Wohnturm Wahrzeichen und ein beliebtes Ausflugsziel.

Landkreis Waldeck-Frankenberg
34471 Volkmarsen
Lage: 252 m, N 51 24.824, O 9 07.814
Höhe: 23 m
Öffnungszeiten: Frei zugänglich
Einkehr: Direkt zu Füßen der Burg

Speisen mit Ausblick: So reizvoll wie beim Kaisertempel liegt einem die Welt selten zu Füßen

Wer sich die Mühe macht und die teils sehr steile und enge Treppe im Burgfried erklimmt, wird mit einem luftigen 360-Grad-Rundum-Blick belohnt. Ausgesprochen markant im Osten steht der kombinierte Aussichts- und Sendeturm auf dem ↗ *Großen Bärenberg* auf mehr als 600 m Höhe. Fast schon im Süden fällt vor allem der kegelförmige Isthaberg bei Wolfhagen ins Auge, gut auch an der leicht eingekerbten Spitze zu erkennen. Gen Südwesten schließen sich der Kegel des *Weidelsbergs* mit der *Ruine Weidelsburg* darauf und Langer Wald an, flankiert vom Twistesee (nicht zu sehen), bevor jenseits des Windparks bei Helmscheid das Hochauserland mit *Kahler Asten,* ↗ *Ettelsberg* oder *Langenberg* deutlich über 800 m gipfelt.

Weites Land: Der Blick nach Norden von der Kugelsburg

Eine Winzigkeit nördlicher als West ahnt man Marsberg, daran anschließend Eggegebirge und die waldreichen Buckel des Naturparks Teutoburger Wald. Im Norden verliert sich das Twistetal im Ungefähren der tief liegenden Warburger Börde, um jenseits der Weser im Bergland, vor allem mit dem Solling, noch einmal auf über 500 m anzuziehen.

Schwimmbad, Kasseler Straße, Mai – Ende Aug 9 – 20 Uhr, T 05693/990834, Erw 2,40 €, Kinder unter 18 Jahre frei.

Anreise & Tourvorschläge

RE, RB Kassel – Korbach bis Bhf Volkmarsen, dann Fußweg.

A44 Ausfahrt 66 bis Breuna, im Ort links auf L3080 Richtung Volkmarsen; kurz vor der Stadt weisen nach knapp 4 km Schilder Zur Kugelsburg rechts in einen Teerweg, der bis zum Parkplatz just unterhalb der Burg führt.

- Der Hessische Radfernweg R6 verläuft halbwegs in der Nähe. Von Bad Arolsen, der höchst sehenswerten Barockstadt, sind es 14 km bis zur Burg ↗ **pmv online.**
- Vom Bhf laufen Sie ein kurzes Stück die Arolser Straße in Richtung Zentrum, dann links auf Steinweg abbiegen und in den alten Ortskern und zum Rathaus; ab da den Rundwanderwegen V2 und V3 rechts zur »Kugelsburg« folgen.

Aktivitäten vor Ort

- Das wellige Land um Volkmarsen lädt zu vielen **Wandertouren** ein. Auf der Schautafel unterhalb der Burg kann man sich ein Bild machen. Die Wege sind zwischen 5 und 18 km lang, diese längste Runde führt bis zum Twistesee. Die Burg liegt an den Rundwegen V2 (7,5 km) und V3 (7 km).
- **MTB** Vom Kurs des Zierenberger Bike-Marathons lässt sich ein schöner Abstecher nach Volkmarsen machen ↗ **pmv online.**

Zur Kugelsburg, Gerda Salokat, Zur Kugelsburg, 34471 Volkmarsen, T 05693/1770. www.cafe-restaurant-volkmarsen.de, info@zur-kugelsburg.de. Geöffnet Di – Sa ab 17 Uhr, So ab 11.30 Uhr; während der Ferien durchgehend.
Eine für ein Ausflugsziel etwas untypische Einkehr. Fällt sonst die Verköstigung meist schnell, einfach und preiswert aus, kann man im Restaurant Kugelsburg oder im weitläufigen Außenbereich ritterlich-stilvoll dinieren. Dazu Veranstaltungen auf der Burg, z.B. Konzerte. Leicht gehobenes Preisniveau.

DIE STADT, DIE EINE AUSSICHT IST

Ein Berg, eine Stadt, ein Aussichtspunkt ohnegleichen: Amöneburg. Schon die Kelten haben solche Plätze geliebt und gewusst: so baut man: Hoch auf einen Felskegel, dann müssen alle, die etwas von einem wollen, heraufklettern. Und sei es nur die Aussicht.

Amöneburg und Wenigenburg

▸ So extravagant herausgehoben wie Amöneburg liegt wohl kaum eine Ortschaft in Hessen. Deshalb sei hier etwas ausführlicher auf die »Stadt auf dem Berge«, wie sie auch genannt wird, eingegangen. Sie ist nur ein kleines Gemeinwesen mit 5300 Einwohnern. Aber über den Flecken gibt

Marburg-Biedenkopf
35287 Amöneburg
Lage: 343 m, N 50 47.754, O 8 55.245
Wenigenburg: 304 m, N 50 47.517, O 8 55.249
Öffnungszeiten: Frei zugänglich
Einkehr: In der Stadt

es mehr zu erzählen, als über viele größere Gemeinden. Um mal ganz früh anzufangen: Vor 8 Mio Jahren dürfte jener Berg entstanden sein, der das weitläufige Becken mit dem Flüsschen Ohm beherrscht. Vermutlich hat ein kleiner vulkanischer Schlot, ein Ausläufer des Vogelsbergs, die Basaltkuppe empor gestemmt. Nachdem der genügend abgekühlt war, dürften schon Menschen in frühesten Zeiten diesen Aussichtspunkt spannend gefunden haben. Er geht wahrscheinlich auf die erste (nord-)europäische Hochkultur zurück: die Kelten. Sie befestigten den Berg und nannten ihn wohl »Amanaburg« nach dem Fluss, der in der Nähe seine Schleifen zog, der Amana, heute Ohm. Erstmals urkundlich erwähnt wird »Amanaburch« 721, und zwar von keinem geringeren als Bonifatius. Er begann hier sein Missionswerk, und es gibt Historiker, die sagen, hier habe er sein erstes Kloster gegründet. Die Kirche St. Johannes der Täufer gilt jedenfalls als Nachfolgebau des Klosters.

Wer Zeit für einen ausgedehnteren Spaziergang hat, sollte nicht nur den **Stadtkern** mit dem hübschen, rechteckigen Marktplatz inspizieren. Den höchsten Punkt erreicht man mit *Schloss Amöneburg*, heute nur noch Ruine. Die älteste gesicherte Anlage geht bis in merowingische Zeiten zurück. Wegen der herausragenden Lage wurde sie mehrfach erobert, zerstört und wieder aufgebaut. Ein alter Gerichtsplatz befand sich dort, wo heute das Burgcafé am Bilstein auf Gäste wartet. Sehenswert auch der Mainzer Hof, das wuchtige Gebäude mit Scheune und Herrenhaus im Norden am Lindauer Tor.

Wer etwas weiter geht und das steingewordene Aussichts-Kunstwerk verlässt, macht einen Abstecher zur **Wenigenburg** (Bilstein hinunter, dann Weg am Sportplatz zum südlichen Sporn mit Beschilderung Wenigenburg folgen). Die gilt als Vor-

Auf Basalt gewachsen: Am Wegrand kann man die Basaltstruktur studieren

Foto © Amöneburg FVA

burg der Amöneburg – sie liegt ja auch ziemlich genau unterhalb in südlicher Richtung. Im Südosten am Fuße des Felsens finden sich eine alte steinerne Brücke über die Ohm und die Brücker Mühle (Brücker Tor hinunter). Der Übergang war so wichtig, dass sich da im Siebenjährigen Krieg französische und preußische Hilfstruppen 14 Stunden lang ein schweres Gefecht lieferten.

Foto © Amöneburg FVA

Zusammengedrängt auf dem Basaltkegel: Amöneburg von Norden aus der Luft gesehen

Zur neueren Geschichte gehört, dass sich rund um die Stadt Amöneburg das zweitälteste **Naturschutzgebiet** Hessens zieht. Der 150 m über die Ebene aufragende Basaltskegel sorgt für ein eigenes Klima. Es ist das an Niederschlägen ärmste Gebiet in Hessen. Auf nur 31 ha vereint es gewissermaßen Mittelmeer und Alpen: Auf der kalten Nordseite bleibt der Schnee lange liegen, dort fühlen sich Flechten und Farne wohl, die sonst in den Alpen heimisch sind. Auf der Südseite heizt sich der dunkle Basalt so stark auf, dass Pflanzen gedeihen, die erst wieder in Südbaden am Kaiserstuhl blühen. Wenn in Frühjahr und Herbst das Becken im Nebel versinkt, ragt Amöneburg heraus und es ist im Schnitt 6 Grad wärmer als im übrigen Hessen. Wen wundert es noch, dass auch eher seltene Vögel wie Waldohreule, Steinkauz, Nachtigall, Wendehals, Uhu und Pirol diesen Spähposten zu ihrem Revier erkoren haben.

Die **Aussicht** ist unvergleichlich, jedenfalls für jene, die aus dem Amöneburger Becken heraufkommen. Beim Gang um die Stadt an der Mauer entlang breitet sich das Land an der Ohm wie ein Flickenteppich aus. Die Ränder des Talkessels

Dombäcker, Petra Krohn, Markt 18, T 06422/94090, Fax 94097. www.dombaecker.de, dombaecker@web.de. Geöffnet Di – Do 17.30 – 23 Uhr, Fr – So 12 – 14 und 17.30 – 23 Uhr. | Das Restaurant ist geradezu ein Spiegelbild von Amöneburg, nämlich klein, fein und höchst überraschend an einem solchen Ort. Das Lokal im alten Fachwerkhaus präsentiert sich ausgesprochen gemütlich, aber mit Sinn fürs Besondere. Die Küche kommt ebenso daher, ideenreich und ambitioniert wissen Petra Krohn und Küchenmeister Ulrich Schulist zu kochen und zu servieren. Preis für ein Mehrgang-Menü 60 €.

sind schnell abgesteckt: Im Westen die Lahnberge, die um ein Weniges Amöneburg überragen. Dahinter verschwimmen Lahn-Dill-Bergland mit der *Angelburg* und *Westerwald* und gehen, im Uhrzeigersinn schauend, ins *Rothaargebirge* über. Das beherrscht mit dem hessischen Ausläufer, dem Upland, bis zum Kellerwald die Szene. Der setzt mit *Hohem Lohr* (657 m, Sender) und *Wüstegarten* (675 m) die Ausrufezeichen im Norden. Bevor der Knüll langsam ansteigt, deutet sich sanft hinter dem Neustädter Sattel die Westhessische Senke, das gen Kassel auslaufende Waberner Becken, an. Im Übergang zum ➚ *Vogelsberg,* der den Südosten machtvoll dominiert, könnte man ➚ *Burg Herzberg* sehen, wäre nicht so viel Wald davor. Im Süden verwehrt das Lumda-Plateau weitere Sichten, erst etwas rechts davon kann der Taunus wieder Höhepunkte setzen. Schließlich der ➚ *Dünsberg,* der kegelig jene Stelle markiert, wo die Lahn bei Gießen nach Westen zum Rhein abknickt.

Anreise & Tourvorschläge

RE Frankfurt – Treysa bis Kirchhain Bhf, Bus MR84 Richtung Ebsdorfergrund.

A5 Ausfahrt 6 Homberg (Ohm), L3072 Richtung Homberg (Ohm), dort Schildern nach Kirchhain auf L3073 und bis Amöneburg folgen; im und um den Ort gibt es zahlreiche ausgewiesene Parkplätze.

Die Hessischen Radfernwege R2 und R6 laufen unterhalb von Amöneburg durch das Ohmtal; der R6 sogar durch die Unterstadt und an der Brücker Mühle vorbei; von da Steinweg hinauf in die Oberstadt.

Von der Haltestelle die Straße Am Bahnhof und Steinweg zur Oberstadt hinauf.

Rundgang durch Amöneburg, ➚ Text oben.

MTB Tour 57 – GPS-Daten und mehr Infos ➚ **pmv online**, www.gps-tourenplaner.de, Region Mittelhessen.

VORWITZIGE VORPOSTEN

Ebersburg und Wachtküppel liegen deutlich unterhalb der Gipfel der Hohen Rhön. Dadurch bietet sich jedoch ein spannendes Panorama: Die tieferen Lande im Westen und Norden kontrastieren mit Milseburg, Wasserkuppe und den Hochmoor-Regionen im Osten.

Ebersburg und Wachtküppel

▶ Lustige Namen haben sie in Osthessen für ihre Landmarken. Wenn der Wanderer etwa am Abend erzählt, er habe »Eberszwackel« und den »Lausbub der Rhön« besucht, herrscht beim nicht eingeweihten Gegenüber Klärungsbedarf. Dabei ist es eigentlich ganz einfach: Die Bezeichnungen spielen auf das Erscheinungsbild an. Der Ruine der Ebersburg haben die zwei stehengebliebenen auffälligen Türme den Spitznamen besorgt. Und der Wachtküppel reckt höchst vorwitzig seine basaltene Kuppe in die Höhe, was bei genauerer Betrachtung für das Überbleibsel eines vulkanischen Schlotes nicht allzu überraschend ist.

Die **Ruine der Ebersburg** ist jederzeit frei zugänglich. Wer den restaurierten Aussichtsturm besteigen will, muss jedoch zuerst zum Berggasthof und dort gegen Kaution den Schlüssel holen. Das wohl im 11./12. Jahrhundert errichtete Gemäuer lag mehrfach danieder, wurde aber ebenso oft wieder aufgebaut.

Besonders blutrünstig ist eine Episode aus dem Jahre 1271. Der Fuldaer *Abt Bertho II. von Leibolz* setzte den Adligen in seinem Gebiet mächtig zu, angeblich weil sie der Raubritterei huldigten. Er ließ *Hermann von Ebersberg*, immerhin eines der bedeutendsten Geschlechter der Region, verhaften und hinrichten. Das nahm die Familie dem wegen seiner geringen Größe auch »Abt Fingerhut« genannten Geistlichen übel, so übel, dass sie ihn während einer Messe in der Fuldaer Jakobskapelle noch einen Kopf kleiner machten. Die Bluttat

Landkreis Fulda
36163
Poppenhausen/Wasserkuppe-Rabennest
Lage: Ebersburg: 689 m, N 50 28.466, O 9 51.100
Wachtküppel: 705 m, N 50 28.206, O 9 53.527
Höhe: Burgturm 12 m
Ausgangspunkt: Berggasthof Zur Ebersburg
Öffnungszeiten: Burggelände steht offen, Schlüssel zum Turm im Berggasthof Zur Ebersburg
Einkehr: Am Ausgangspunkt bzw. auf dem Weg zum Wachtküppel

Berggasthof Zur Ebersburg, Familie Günther, Neuwart 60, T 06658/988-0, Fax 988-88. www.berggasthof-ebersburg.de, info@berggasthofebersburg.de. Sommer täglich ab 10 Uhr, Nov – März Fr – So ab 10 Uhr. | Stilvolles Landrestaurant mit regionalen und saisonalen Spezialitäten, aber auch mit Außengastronomie. Auf den Wanderer eingerichtet.

Keine Burg ohne Bergfried: Der Turm der Ebersburg

schlug mächtig Wellen, selbst *Rudolf von Habsburg* ruhte nicht, bis die letzten zwei Brüder aus dem Clan 1274 in Frankfurt gerädert wurden. Erst 100 Jahre später gelang es einem Nebenzweig der Ebersberger, die Burg in Frieden mit Fulda wieder aufzubauen. Der Verfall der Burg begann im 17. Jahrhundert. Erst Mitte des 19. Jahrhunderts kümmerte sich der königlich-bayerische Landrichter Geigel zu Weyhers um Staatsmittel. Er ließ die Reste schick mit Aussichtsturm samt Dach, Treppe und Zinnen befestigen.

Vom **Turm** hat man ein 360-Grad-Panorama. Der Blick schweift über das Fuldatal und das Vorland der Rhön hinüber zum ➚ *Vogelsberg.* Besonders auffällig natürlich der *Kaliberg* bei Neuhof. Aber fast ebenso markant sind die auffällig gleichmäßig geformten Buckel in nördlicher Richtung, das Hessische Kegelspiel. Dann kommen ➚ *Milseburg* und die umliegenden Gipfel wie *Maulkuppe* und *Stellberg* ins Blickfeld. Da sie zum Teil deutlich höher als 800 m sind, grenzen sie die Sicht zum Horizont ab. Fast nahtlos schließt sich die ➚ *Wasserkuppe* mit dem vorgelagerten ➚ *Pferdskopf* und dem *Eubeberg* an. Über *Wachtküppel* und den *Gersfelder Talkessel* hinweg gleitet der Blick am Höhenzug entlang, hinter dem sich das Rote Moor verbirgt. Darüber ragt der *Heidelstein* auf, oder vielmehr die 218 m hohe Stahlrohrnadel des Telekom-Sendemastes. Weiter im Rund fällt über Gersfeld der ➚ *Simmelsberg* (843 m) auf. Dahinter stehen dunkel die Wälder der noch höheren Grenzberge zu Bayern: ➚ *Himmeldunk* (888 m) und ➚ *Hohe Hölle* (894 m).

Der Einschnitt rechts davon markiert den Passübergang nach Bischofsheim, dort findet sich ein eindrucksvolles sternförmiges Verteidigungsbollwerk aus dem 30-jährigen Krieg, die Schwedenschanze. Den südlichen Quadranten dominieren *Großer* und *Kleiner Nallenberg,* dahinter die

800er-Kette mit *Reesberg, Rommerser Berg, Eierhauck* (910 m), *Beilstein, Bremerkopf, Dreifelds-* und *Dalherdakuppe,* die aber allesamt in militärischem Sperrgebiet, dem Truppenübungsplatz Wildflecken, liegen.

Die Umschau vom **Wachtküppel** ist ganz ähnlich, lediglich der Blick hinunter nach Gersfeld ist ausgeprägter, dafür verdeckt der Ebersberg einen Ausschnitt des Rhön-Vorlands.

Schicksalsschläge: Am Wachtküppel dokumentiert, die Wasserkuppe im Hintergrund ist davon unbeeindruckt

Anreise & Tourvorschläge

ICE, IC, RE, RB bis Bhf Fulda, dann Bus 26 bis Endhaltestelle Ebersburg-Oberrod.

A7 Ausfahrt 93 Fulda-Süd, auf L3307 Schildern nach Poppenhausen folgen, im Ort auf Georgstraße bleiben Richtung Gackenhof, L3330 weiter folgen bis zum höchsten Punkt. Rechts geht es nach Rabennest zur Ebersburg mit dem Berggasthof Zur Ebersburg; ab da noch 5 Min zu Fuß. Links am Pass ist Wachtküppel ausgeschildert; 1,5 km bis Wanderparkplatz, von dort knapp 10 Min bis zum Gipfel.

Im Fuldatal verläuft unterhalb der beiden Ziele der Hessische Radfernweg R1. Diesem von Fulda kommend bis 2 km vor Gersfeld folgen: hinter Fischzucht und Kläranlage links über Fuldabrücke und B279, dann durch Dörrenhof auf K43 nach Maiersbach; Straße endet dort; einfach weiter auf geteertem Feldweg zum Wachtküppel hinauf. Fortsetzung der Tour zur Ebersburg: Der Beschilderung auf dem Teerweg folgen, am Wanderparkplatz und Waldgasthof Wachtküppel vorbei, dann über L3330 hinweg bis Rabennest mit dem Berggasthof Zur Ebersburg.

Waldgasthof Wachtküppel, Margret Niebling, Steinbruch 1, 36129 Gersfeld, T 06654/323, Fax 7935. www.wachtkueppel.de. Geöffnet Mi – Fr 18 – 1 Uhr, Sa und So 11 – 1 Uhr. | Ungewöhnliches Ausflugslokal mit regionaltypischen, größtenteils vegetarischen Gerichten; Gemüse vom Biohof aus der Nähe bestimmt jahreszeitlich die Speisekarte. Vollkornprodukte als Beilage und Kuchen aus frisch gemahlenem Mehl.

🚶 Wer mit öffentlichen Verkehrsmitteln anreist, hält sich in Ebersburg-Oberrod mit Wanderzeichen Gelbes Dreieck 2 km östlich zur Ebersburg. Dabei kommen Sie im Weiler Rabennest unmittelbar am Berggasthof Zur Ebersburg vorbei: Schlüssel holen, dann mit Gelbem Dreieck zur Burg.

🚶 Der weitere Weg **zum Wachtküppel** (3,3 km): Wieder nach Rabennest hinab, Landstraße K45 weiter bergab folgen, nach 800 m Kreuzung mit L3330, ab da Wachtküppel ausgeschildert; auf dem Weg passiert man auch den Waldgasthof Wachtküppel. Der Anstieg ist eine kleine Kletterpartie, die letzten Meter gehen über nackten Fels!

Aktivitäten vor Ort

🚶 Für Wanderer gibt es eine nette Alternative über Poppenhausen für den Rückweg ↗ **pmv online.**

🚲 **MTB** Tour 12 – GPS-Daten und mehr Infos ↗ **pmv online**, Region Rhön.

RIESIGE RUNDSICHT

Landkreis Fulda
36145 Hofbieber-Danzwiesen
Lage: 835 m, N 50 32.677, 0 9 53.882
Öffnungszeiten: Frei zugänglich
Ausgangspunkt: Parkplatz Milseburg
Einkehr: Am Parkplatz und am Gipfel

Die Milseburg wird der »Charakterberg« der Rhön genannt. Der sagenumwobene Gipfel bietet eine der schönsten Aussichten über die Rhön und Hessens Osten. Um die steinige Basaltspitze zu erklimmen, müssen Sie einen kräftigen Fußmarsch einplanen, aber oben gibt's leckere Kalorienzufuhr.

Milseburg

▶ Das verstehe wer will: Die großen Berge in der Rhön sehen aus wie Kuppen und heißen, siehe ↗ *Wasserkuppe,* auch so. Die liegt in der Hohen Rhön. Nur der höchste Berg der geografisch unterschiedenen Kuppenrhön heißt *Milseburg.* Aber Logik war ja noch nie ein Kriterium für Landschaftsbezeichnungen. Davon jedoch, nämlich an Landschaft, erhält der tapfere Bergwanderer da-

gegen auf der **Milseburg** überreichlich. Gewiss, die Kuppen in der Hohen Rhön sind 100 m höher. Doch der von Geröll umgebene und nach Süden steil abfallende Basaltkegel ermöglicht einen atemberaubenden 360-Grad-Blick. Eine Metallplatte hält präzise fest, was wo zu sehen ist. Von der ↗ *Wasserkuppe* mit dem Radom als Fixpunkt wandert der Blick gen Norden und streift in nordöstlicher Richtung den Thüringer Wald. Bei sehr guter Sicht kommt geradewegs gen Norden der ↗ *Meißner* in Sicht. Davor breiten sich die charakteristischen Buckel der Kuppenrhön aus, weshalb die Landschaft auch Hessisches Kegelspiel heißt. Über ↗ *Knüll* und ↗ *Vogelsberg* fliegt das Auge hinweg. Mit der dazwischen liegenden ↗ *Amöneburg,* ebenfalls auf einem Basaltkegel, hat es eine besondere Bewandtnis: Wer beim Aufstieg nicht zu eilig war, dem sind die Hinweistafeln auf die Reste einer keltischen Siedlung aufgefallen. Ganz typisch für sie der Wohnsitz auf einem hohen, schwer zugänglichen Berg. Sie sollen sich, diese Vermutungen gibt es, mit ihren entfernten Verwandten – etwa auf der Amöneburg – per Leuchtfeuer Nachrichten signalisiert haben. Doch weiter im Rund: Im Südosten markiert der prägnante weiße Tafelberg des Kalibergwerks bei Neuhof das Kinzigtal, das in den Landrücken und schließlich die immer höher ansteigende Kette der Rhöngipfel an der Grenze zu Bayern übergeht.
So weit, so klar. Die Milseburg hat aber auch eine mystische, unheimliche Seite. Denn die »Perle der Rhön« wird auch **Totenlade** genannt. Ihr Name geht zurück auf den Riesen *Mils.* Der soll sich dem Teufel verschrieben und die Bevölkerung rundherum tyrannisiert haben. Bis der heilige Gangolf kam. Mit seinen Glaubensbrüdern hat er dem bösen Riesen so lange zugepredigt, bis er tot umfiel. Der Teufel hat dann als Grab einen Steinhaufen über seinem Kumpel errichtet: die Milseburg.

Berghütte zur Milseburg, Familie Kümpel, T 06684/ 919455, Handy 0151/ 17841877. www.milseburghuette.com, info@milseburghuette.com. So – Mi 11 – 20, Fr, Sa 11 – 22 Uhr, Nov – Juli Mo Ruhetag. | Urige Berghütte mit allem, was der Wanderermagen begehrt; an schönen Tagen herrscht Partystimmung unterm Gipfelkreuz.

Eine hübsche Geschichte, die aber zwischen den Zeilen einiges über die Christianisierung jener Landstriche im 8. Jahrhundert aussagt. Zu Ehren des Heiligen wurde eine Wallfahrtskapelle unterhalb der 1756 geweihten Kreuzigungsgruppe errichtet.

Anreise & Tourvorschläge

ICE, RE oder RB bis Fulda Bhf, dann Bus 23 Richtung Hilders bis Poppenhausen (Wasserkuppe) Steinwand Grabenhöfchen, dann zu Fuß (3,5 km, 200 Höhenmeter): Mit Gelbem, Blauem und Rotem Dreieck nach Norden, über Bubenbader Stein, bald darauf links hinauf (Weißes Dreieck) und den steilen Direktweg zum Gipfel.

A66 Ausfahrt 53, rechts auf B27 Richtung Fulda Süd, auf B27 9 km bis Ausfahrt Petersberger Straße, dann auf B458 bis Dipperz, links in Langenbieberstraße, dann auf L3258 und L3379 nach Kleinsassen, im Ort Schildern zur Milseburg folgen, kurz vor Oberbernhards rechts in K20 zum Parkplatz Milseburg.

Der 27 km lange Milseburg-Radweg verläuft von Petersberg bei Fulda nach Hilders und direkt unter (!) dem Berg durch: mit 1172 m der längste Radwegtunnel Deutschlands. Er ist Nov – Ende März gesperrt, während der Zeit gibt es eine Umfahrung. Der Weg auf den Gipfel ist bis Parkplatz Milseburg recht gut fahrbar, danach nur noch für konditionsstarke und fahrtechnisch versierte Mountainbiker empfehlenswert.

Vom Parkplatz Milseburg 100 m Richtung Danzwiesen, dann rechts auf dem Gangolfsweg den Wanderzeichen und dem Hinweis Berghütte zur Milseburg etwa 1,1 km weit folgen.

Aktivitäten vor Ort

Für Radfahrer bieten sich je nach Kondition mehr oder weniger lange Touren auf dem **Milseburg-Rad-**

weg (Petersberg – Hilders) an. Wanderer finden vom Parkplatz ausgehend mehrere beschilderte Rundwege. Sie sind unterschiedlich schwierig, zum Teil bis zu vier Stunden Gehzeit. Besonders lehrreich ist der Prähistorische Wanderpfad (3,5 km), der zunächst auf die Bergspitze und dann auf ausgesuchten Pfaden an insgesamt elf Tafeln vorbeiführt. Wer etwas weiter will, kann auch einen Abstecher hinab ins Malerdorf Kleinsassen mit Wanderzeichen Schwarzes Dreieck, einfache Wegstrecke circa 2 km, oder zu Maulkuppe, Fuldaer Haus und Steinwand einplanen mit Wanderzeichen Rotes Dreieck, einfache Wegstrecke circa 5 km.

MTB Tour 60 – GPS-Daten und Zusatzinfos: www.gps-tourenplaner.de (»Download«, Region Mittelhessen) Region Rhon.

MULTI-KULTI AM STEILHANG

Deutsche Hochgefühle nach einem Sieg über Frankreich in griechisch-dorischer Bauweise, garniert mit italienischem Lebensgefühl in der Nassauischen Schweiz: Im Kaisertempel am Steilhang über Eppstein kriegt der Besucher ganz Europa serviert – fehlt nur, dass ein Holländer am Nebentisch »Coup Danemark« ordert. Noch aberwitziger ist nur der Ausguck von Burg Eppstein und Neufville-Turm: Haarscharf durchs enge Fischbachtal zielt er auf die Burgen Königstein und Falkenstein.

Kaisertempel, Neufville-Turm und Burg Eppstein

▶ Kaiserlich heißt er, kaiserlich auch die Aussicht: Wie ein Krönchen blitzt der helle Bau des Kaisertempels hoch über Eppstein aus dem dunkel bewaldeten Steilhang des Staufen heraus. Nur der Bau selbst hat wenig Kaiserliches, außer man ist der Meinung, eine blendende Fassade mit nichts dahinter sei kaiserlich. Einen echten Tem-

Main-Taunus-Kreis
65817 Eppstein
Lage:
Kaisertempel: 320 m,
N 50 08.411,
O 8 24.219
Neufville-Turm: 249 m,
N 50 08.258,
O 8 23.365
Burg Eppstein: 221 m,
50 08.423, O 8 23.581
Höhe:
Neufville-Turm: 16 m
Burg Eppstein: 25 m
Ausgangspunkt: Bhf Eppstein (200 m)
Öffnungszeiten: Kaisertempel: frei zugänglich
Neufville-Turm: Wie Gaststätte
Burg Eppstein: Di – So
April – Okt 10 – 17 Uhr,
Nov – März 11 – 15 Uhr
Einkehr: Jeweils am Aussichtspunkt

pel, das zur Wahrheit, wollte der Verschönerungsverein des Ortes unter Initiative von Stanniolfabrikant *Heinrich Josef Flach* aber auch gar nicht errichten. Was da zwischen 1892 und 94 gebaut wurde, sollte ein Denkmal im klassizistischen Stil zur Erinnerung an den Sieg über Frankreich 1870/71 sein. Vier dorische Säulen (allerdings aus Backsteinen aufgemauert) tragen ein schmuckes Giebeldach, das im hinteren Teil auf einer Mauer ruht. Die hat eine Pforte, durch die der Besucher auf die Treppe und die kleine Aussichtsplattform gelangt. Zum 100-jährigen Bestehen wurde das kaum 20 qm in der Grundfläche messende Tempelchen generalüberholt; heute wird es in der Denkmaltopografie des Main-Taunus-Kreises geführt.

Der Blick streicht über Eppstein mit Burg, Bahnhof und Stanniolfabrik hinweg. Das Städtchen mit 13.000 Einwohnern liegt am Zusammenfluss mehrerer kleiner Bäche: Daisbach, Dattenbach, Fischbach, Wellbach, Heilbach und Schwarzbach haben sich tief in den Schiefer eingegraben; das Gestein heißt sogar Eppsteiner Schiefer. Die steilen bewaldeten Täler haben ihr Teil zum Namen des Gebiets beigetragen: *Nassauische Schweiz.* Eine Tafel am Eingang sowie ein Panorama unten auf der Plattform geben detailliert Auskunft über Tempel und Umgebung. Ganz links der Bahia-Tempel in Langenhain, gerade voraus der ↗ *Kellerskopf* mit Aussichtsturm, dahinter Hohe Wurzel und *Hohe Kanzel* im Rheingau-Taunus und ganz rechts der *Rossert.*

Eine ganz andere, völlig überraschende Sicht ergibt sich von Neufville-Turm und Burg Eppstein: In einer geraden Linie öffnet sich eine Blickachse auf die Burgen oberhalb von Königstein und Falkenstein. Zufall? Wohl kaum, zumindest beim Neufville-Turm, zu dem auch der ↗ *Feldberg* durch eine Scharte hindurch zu sehen ist. *Alfred von*

Neufville war ein Frankfurter Privatbankier. Er ließ Ende des 19. Jahrhunderts den Turm und Haus Anna bauen sowie einen Bergpark anlegen. Beim Verkauf des Anwesens 1933 sicherte sich die Stadt den Turm und ein Drittel des Bergparks. Ob Eppsteiner und Königsteiner Burg Falkenstein gleich von Anbeginn an (für beide gibt es Datierungsversuche ins 10. Jahrhundert) mit Blickkontakt eingerichtet waren, lässt sich nicht mehr klären. Im Mittelalter maß der Turm der Eppsteiner Burg über dem Daisbach auch noch 33 m, heute ist er nur noch 25 m hoch. Für Falkenstein weiß die Historie von einer im 11. Jahrhundert nachweisbaren Vorgänger-Burg der heutigen. Eppstein jedenfalls war als Reichsburg zur Grenzsicherung erbaut worden. Bemerkenswert an der erst jüngst wieder restaurierten Anlage ist, dass die Herren von Eppstein sie 1492 aus finanziellen Gründen teilen mussten. Jene Hälfte, die sie an die Landgrafschaft Hessen abgaben, steht nicht mehr: Dieser Teil der »Zweifamilien-Burg« begann im 18. Jahrhundert zu verfallen und wurde später als Steinbruch für die Sanierung des bestehenden Teils verwendet.

Kaiserlich die Aussicht beim Kaisertempel von Eppstein

Anreise & Tourvorschläge

🚆🚌 S2 Dietzenbach – Niedernhausen bis Bhf Eppstein, dann zu Fuß weiter.

🚗 A66 Ausfahrt 12, rechts bis Hofheim, im Ort Beschilderung bis Eppstein folgen. Dort auf B455 rechts, sofort wieder rechts in Staufenstraße und

Ristorante Kaisertempel, Aldo Grasso, Gimbacher Straße 13, T & Fax 06198/34285. www.kaisertempel.de, ristorante@kaisertempel.de. Geöffnet Sa, So 12 – 23, Di – Fr April – Okt 12 – 23, Nov – März 17 – 23 Uhr. | Elegantes und stilvolles italienisches Restaurant mit Außenrestauration.

Neufville-Turm, Andrea Schubert und Ralph Dihlmann, Theodor-Fliedner-Weg 7, T 06198/594364. Geöffnet April – Sep Sa 13 – 18, So, Fei 11 – 18 Uhr; sonst auch bei schönem Wetter. | Hübsches Ausflugslokal mit Imbiss-Karte.

mit Schild Kaisertempel die Gimbacher Straße hinauf; Parkplätze am Restaurant (für Gäste reserviert) vorhanden.

Durch Eppstein verläuft der Hessische Fernradweg R8; von diesem an der Staufenstraße abweichen und Schildern bergauf zum Kaisertempel folgen. Die Burg liegt direkt oberhalb des Wernerplatzes mitten im Ort. Um zum Neufville-Turm zu kommen, biegen Sie von der Durchgangsstraße B455 zum Bahnhof ab: über Bach und Gleise hinweg den Theodor-Fliedner-Weg hinter der Bahnanlage links bergauf; nach 350 m schräg rechts im Wald aufwärts, ein Stück weiter scharf rechts zum Neufville-Turm.

Vom Bhf führt ein 2,2 km langer Weg (40 Min) zum Kaisertempel. Dazu über Fußgängerbrücke und auf Burgstraße in die Altstadt von Eppstein zum Wernerplatz. Dort geht es schräg links zur Burg, schräg rechts geht der Weg weiter. Auf der Burgstraße bis Kreuzung mit B455 und schräg links gegenüber in Staufenstraße, dann in Gimbacher Straße und Markierungen zum Ristorante Kaisertempel steile, kleine Teerstraße bergauf folgen.

Aktivitäten vor Ort

Kleine Eppsteiner Runde (mit Weg vom Bhf herauf 6 km): Vom Kaisertempel Teerstraße 40 m zurück und schräg links den Serpentinenpfad hinab gehen. Nach 300 m breiteren Weg mit Gelber Balken und Schwarz-blauem XT links abwärts und im Ort den Zeichen zur Kreuzung mit B455 folgen. Dort nach links und mit XT in Rödelbergweg 150 m hinauf gehen. Dann links über Bahnbrücke, dahinter rechts Zum Turm. Nach wenigen Metern parallel zu den Gleisen links Serpentinenpfad bergauf, zuerst am Männerchor-Tempel vorbei, dann ausgebauten Weg zum Neufville-Turm. Nach Besuch Weg oberhalb mit Blauem Punkt fortsetzen (erneut Serpentinenweg), oben rechts, 250 m weit, dann Fußpfad schräg rechts und noch mal 250 m bis zum Weg mit

Schwarz-blauem XT; dem Zeichen rechts und hinab bis Bhf Eppstein folgen.

Fans des **Klettersports** finden auf dem Weg in Richtung Lorsbach eine exzellente Möglichkeit: Die **Klippen im Lorsbacher Tal** sind in der Region eine bekannte Adresse (aber unter Strafe während der Vogelbrutzeit gesperrt!). Der Weg dorthin ist einfach: den Kaisertempel im Rücken geradeaus über Parkplatz in den Wald, dann rechts mit Schwarzem Balken 2,5 km weit. Wer überhaupt keine Lust zum Laufen hat, kann das Burgmuseum besuchen.

M **Museum** zur 1000-jährigen Geschichte der Burg, mit Modellen, Funden, alten Waffen und thematischen Sammlungen etwa zur Ernährung der Bürger.

MTB Touren 23, 47 und 61 – GPS-Daten und Zusatzinfos ↗ pmv online, Region Taunus.

M **Burgmuseum:** April – Okt Sa 14 – 17 Uhr, So, Fei 11 – 17 Uhr, Mi 16 – 18 Uhr; Nov – März So, Fei 12 – 15 Uhr, Eintritt 2 €, Kinder 0,50 €.

AUF DEM PRÄSENTIERTELLER

Schloss Johannisberg ist vielleicht der schönste Ort, um das Gesamtkunstwerk Rheingau zu genießen – in jedem Fall aber der Ort, an dem sich Augenschmaus und Gaumenkitzel perfekt verbinden.

Schloss Johannisberg

▶ Wer in den Weinbergen zwischen Eltville und Assmannshausen unterwegs ist, weiß vor lauter Aussicht gar nicht, wohin zuerst blicken. Insofern scheint es vermessen, im Rheingau einen Aussichtspunkt heraus zu deuten. Doch bei aller Weite: Von Kulminationspunkten, von Orten, wo sich das Wesen einer Landschaft verdichtet, darf man gewiss reden. Dazu gehört ohne Zweifel **Schloss Johannisberg**. Der große, dreiflügelige Bau ist die perfekte Inszenierung von Historie, Architektur und stilvollendetem Genuss, gepaart mit jener atmosphärischen Leichtigkeit, die stets über dieser uralten Kulturlandschaft schwebt. Das passt auch

Rheingau-Taunus-Kreis
65366 Geisenheim-Johannisberg
Lage: 180 m, N 49 59.590, O 7 59.012
Öffnungszeiten: Frei zugänglich
Einkehr: Aussichtspunkt ist die Einkehrmöglichkeit

Foto © Peter Meyer

Es ist noch kalt? Egal, im Hof von Schloss Johannisberg wird der Frühling mit einem guten Schoppen begrüßt

zur Ursprungslegende des Johannisbergs. Demnach soll *Karl der Große* von seiner Pfalz in Ingelheim beobachtet haben, dass auf jenem Buckel gegenüber der Schnee als erstes schmolz – und ließ ihn als Weinlage ausbauen.

Wer sich dem Prunkbau nähert, mag gar nicht an den Schweiß denken, der von fleißigen Winzern und ihren Helfern in den sanften Rebhängen drum herum vergossen wird. Es ist einfach ein Ort zum Zurücklehnen, in die Sonne blinzeln und den Launen des Tages nachhängen. Das wussten auch die großen Geister in der Nachfolge Karls. Wechselnd im Besitz der Fuldaer und Mainzer Geistlichkeit, dauerte es bis Mitte des 12. Jahrhunderts, bis die Bezeichnung »Johannisberg« aufkam. Und weitere bald 600 Jahre vergingen bis zum Bau des barocken **Prachtschlosses** durch den Fuldaer Fürstabt *Konstantin von Buttlar* um 1720.

Nach der napoleonischen Zeit etablierte sich Fürst Metternich als Hausherr, wobei seine Launen eher die fortschrittlichen demokratischen Kräfte Deutschlands zu spüren bekamen. *Klemenz Graf von Metternich* (1773 – 1859) hatte das Anwesen 1816 von Kaiser Franz I. erhalten. Er musste dafür ein Zehntel des Ertrags aus den Weinbergen zahlen. Das muss die Familie heute noch an Otto von Habsburg! Als einer der führenden Politiker seiner Zeit trat Metternich für die Monarchie ein und bekämpfte nationale und liberale Bewegungen. Zu seinen Gunsten sei aber gesagt, dass er sich intensiv um den Weinbau, Johannisberg gilt als älteste Riesling-Domäne weltweit, kümmerte als auch das Haupthaus klassizistisch umgestalten ließ. In jene Zeit fällt zudem der Beginn des Rheintourismus. Schon damals wussten die Besucher auf der Schlossterrasse Wein und Aussicht zu genießen.

Einiges hat sich seither verändert beim **Blick** umher. Doch ausufernde Städte, Verkehr und Industrie haben der Grundkonstellation nicht allzu viel anhaben können: Diesseits des Rheins die sanften Hänge, überragt von den waldigen Kuppen des Rheingau-Taunus; jenseits die markante Abbruchkante, hinter der Rheinhessen mit seinen ebenfalls namhaften Weinlagen bis zum *Donnersberg* dahinhügelt. Ein markanter Fixpunkt fehlte jedoch seinerzeit auf der Landkarte: Der mächtige weiße Turm direkt gegenüber. Als Bismarckturm entstand der Aussichtsturm erst viel später. Links von dem beliebten Ausflugsziel senkt sich das Land zum Ingelheimer Grund, dort windet sich die *Selz* auf ihrem langen Weg vom Donnersberg die letzten Meter zum Rhein hinab. Die berühmte Kaiserpfalz von Ingelheim dagegen ist nicht einmal zu erahnen, und auch das Ufer stromaufwärts verliert sich in den Ausläufern Mainzer Geschäftstüchtigkeit. Rechts vom Bismarckturm eine absolute Rarität in Rheinhessen: ein Stückchen Wald! Etwas weiter noch macht man mit scharfen Augen *Kloster Jakobsberg* aus, bevor der *Rochusberg* mit der spitztürmigen Rochuskapelle nicht nur Bingen und die Nahemündung ankündigt. Er markiert auch jenen Punkt, an dem der Strom gen Norden schwenkt und sich zwischen den steilen Ufern des Mittelrheintals zum Weltkulturerbe mausert. Ist der Blick so weit in Richtung der untergehen-

Gutsschänke Schloss Johannisberg, Schloss Johannisberg, T 06722/9609-0, Fax 7392. www.schloss-johannisberg.de, restaurant@schloss-johannisberg. Ganzjährig 12 – 24 Uhr. | Angesichts der Lage und der namhaften Gastronomie kommt die Lokalität überraschend moderat in den Preisen und unprätentiös daher. Der Gast kann zwischen der Freiluft-Wirtschaft und der ländlich-edlen Gutsschänke wählen. Findet man in der Jausenstation rustikale Häppchen für den kleinen Wandererhunger, wird im gediegenen Ambiente kreative regionale Küche serviert.

Frühlingsboten am Schloss

Foto © Peter Meyer

Foto © Peter Meyer

Adel verpflichtet: Wappen an der Hauswand von Schloss Johannisberg

den Sonne gewandert, schieben sich – wieder auf hessischer Seite – auch ↗ *Kloster St. Hildegard* und ↗ *Niederwalddenkmal* ins Sichtfeld.

Anreise & Tourvorschläge

RE, RB bis Bhf Geisenheim, dann Bus 181 bis Johannisberg Schlossallee, 3 Min Fußweg.

Auf der A66 Richtung Rüdesheim fahren, sie geht in die B42 über, Ausfahrt Geisenheim, dann Hinweisschildern zum Schloss Johannisberg folgen.

Der Hessische Fernradweg R3 verläuft 200 m unterhalb von Schloss Johannisberg durch die Weinberge, um hinauf zu gelangen entweder auf L3272 (westlich) oder K631 (östlich).

Falls das Schlosstor zu ist, gelangen Sie rechts von der Einfriedung zur Terrasse der Gutsschänke und damit zur Aussicht.

www.rheingaufestival.de, Ticket-Hotline 01805/743464 (14 Ct/Min).

Aktivitäten vor Ort

Schlossführung und **Weinprobe.**

Schloss Johannisberg ist einer der Spielorte des **Rheingau Musik Festivals** – den Besuch eines der Freiluftkonzerte sollte man lange im Voraus planen, die Karten sind begehrt.

Für eine gut 5 km lange und mäßig anstrengende **Wanderung** starten Sie vom Bhf Mittelheim und folgen dem Wanderzeichen Querliegendes U zunächst nach Westen in den Ort. An der Rheingaustraße biegt es rechts bergauf ab. Nach knapp 2 km stoßen Sie in den Weinbergen auf den Rheingauer Riesling-Pfad (Gelber Römerkelch und H7«). Dem links folgen und nach 750 m an Schloss Vollrads vorbei (wo man sieht, dass nicht jedes Schloss per se ein großartiger Aussichtspunkt ist). Weiter mit dem Riesling-Pfad durch die Weinberge bis zum Örtchen Johannisberg über das Schloss Johannisberg.

MTB Tour 8 – GPS-Daten und Zusatzinfos ↗ **pmv online**, Region Rheingau.

Ausflüge mit Genuss: Rheingau, Rheinhessen. ISBN 978-3-89859-302-1, pmv, 14,95 €.

BLICK AUF DIE WEINSELIGE BERGSTRASSE

Ein besonders bezaubernder Aussichtspunkt an der Odenwälder Bergstraße ist der Kirchberg mit seinem Ausflugslokal – ein Flecken, an dem die weinselige Bergstraße zu sich selbst kommt wie an keinem anderen. An schönen Sommerabenden herrscht hier eine wunderbare Stimmung.

Kirchberg und Fürstenlager

▶ Es sind nur 1,5 km Fußweg und 120 m Höhendifferenz von **Bensheim** herauf, aber das reicht, um die hektische Welt, den Verkehr des Rheintals zu vergessen. Ein kleiner Hupfer nur auf den Kirchberg, und schon schwebt man über den Dingen. Gewiss, der Weg herauf ist etwas mühsam. Doch der Lohn stellt sich unmittelbar ein. Platz nehmen und genießen. Wenn dazu noch Wein, dessen Trauben hier reiften, serviert wird – was will man mehr? Ein wenig Auskunft über das, was alles ins Gesichtsfeld drängt? Es sei:

Der **Kirchberg** ist ein Felssporn, der sich zwischen Mühlbach und Lauter über Bensheim schiebt. Die vorwitzige Lage prädestiniert ihn trotz der eher geringen Höhe (221 m), für weit schweifende Blicke über das Rheintal. Südlicher Nachbar ist die Starkenburg über Heppenheim, im Tal rauchen in der Ferne die BASF-Schlote bei Ludwigshafen, dahinter liegt der Pfälzer Wald. Im Südwesten fixieren Sie Lorsch mit einem Stück Weltkulturerbe, dem berühmten Kloster. Geradeaus in Richtung Rhein liegt Biblis, das Wasser des AKW wird mit Rheinwasser gekühlt. Über all das hinweg sieht auf Pfälzer Seite der *Donnersberg* (686 m), jener wuchtige Buckel, der mit dem Königsstuhl den höchsten Punkt der Pfalz ausweist. Nach Norden wellt das Land bis Mainz aus und stellt als Rheinhessisches Hügelland eines der bekanntesten deutschen Weinbaugebiete dar. Am Horizont flimmert, je nach Witterung, das Rheingau-Gebirge und geht nahtlos in den Taunus über.

Kreis Bergstraße
64625 Bensheim an der Bergstraße
Lage: 221 m, N 49 41.254, O 8 37.617
Öffnungszeiten: Frei zugänglich
Ausgangspunkt: Bhf Bensheim
Einkehr: Aussichtspunkt ist die Einkehrmöglichkeit

Zum Kirchberghäuschen, Außerhalb 2, T & Fax 06251/3267. www.kirchberg-haeuschen.de. Di – So ab 11 Uhr – abends, je nach Witterung. Nov, Dez Sa, So 11 – 17 Uhr. | Das Kirchberghäuschen ist ein kleines Ausflugslokal ohne Schnörkel, ohne Getue. Regionale Küche, und vor allem Riesling vom städtischen Weingut direkt aus dem Fass. Rund ums Lokal Spielmöglichkeiten für Kinder abseits von Autoverkehr.

Ländliche Anmut im Fürstenlager Auerbach: Obstgarten zum Lustwandeln

Foto © Verwaltung Staatl. Schlösser und Gärten Hessen

Anreise & Tourvorschläge

ICE, IC, RE, RB Darmstadt – Heidelberg bis Bhf Bensheim, dann zu Fuß

A5 Ausfahrt 30 Bensheim, B47 bis Innenstadt, in Bahnhofsnähe parken, dann zu Fuß weiter.

Durch Bensheim verlaufen der Hessische Radfernweg R8 und die Radroute Die Bergstraße, allerdings gerade da auf getrennten Wegen, deshalb auf R8 Richtung Zentrum; an der B46 zum Berg hin abbiegen und wie Fußweg bergauf.

Knapp 1,5 km, vom Bhf an B46 nach links, 100 m über große Kreuzung mit B3 hinweg, dann links hinauf in Kalkgasse und Schildern Kirchberg mit Wanderzeichen B1 oder Blaues B folgen. Es geht z.T. steil bergauf durch die Weinberge, und im März/April an blühenden Mandelbäumchen vorbei.

FÜRSTENLAGER AUERBACH

▶ Fürstenlager. Das klingt schon edel – und genau so war es gedacht: Diesen neckischen Namen bekam der 42 ha große Park, weil das staunende Volk aus vom Adel nicht wie sonst üblich ferngehalten wurde, sondern dem Fürst huldigen durfte. Und zwar während er, staatstragend tätig, beispielsweise mit seinen Gästen auf den Wiesen lagerte. Davon abgesehen legten die Landgrafen und Großherzöge von Hessen-Darmstadt diese Sommerresidenz als einen, für Deutschland, sehr frühen englischen Garten bereits um 1790 an. Das kleine Roßbachtal mit den schon Jahrzehnte vorher entdeckten Quellen war ideal für einen Badebetrieb. Erbprinz Ludwig und seine Braut Luise ließen das heitere Idyll romantisch ausbauen, inklusive der auf dörflich getrimmten Häuschen. Innen sahen die freilich ganz anders aus als die Hütten des gemeinen Volkes. Außerdem ließ das Paar eine Vielzahl fremdländischer Bäume anpflanzen. Unter all dem interessanten Grün auch der vielleicht älteste Mammutbaum des Kontinents: Diese Sequoia, eine Zypressenart, wurde vor rund 150 Jahren vom englischen Königshaus gestiftet und misst heute stattliche 53 m. ◀

Aktivitäten vor Ort

Eine schöne Abrundung des Besuchs auf dem Kirchberg ist eine kleine Rundtour von 5,5 km Länge mit Zwischenstopp im Fürstenlager. Die ist sowohl zu Fuß wie auch dem Rad machbar – allerdings ist das Befahren der Parklandschaft im Fürstenlager verboten!

Dazu Hauptweg mit Blauem B weiter bergauf. Nach knapp 2 km scharf links mit dem B, dann breitet sich rechts das ↗ *Kulturdenkmal Fürstenlager* aus. Wichtig für den Rückweg: Man kehrt zu diesem Punkt zurück, verfolgt den Weg geradeaus auf das Rheintal zu und trifft wenig später auf ein Gelbes B. Bevor man das tut, darf natürlich das idyllische Fürstenlager nach Lust und Laune erkundet werden. Vor allem sei auf die am südlichen Rand verlaufenden Wege mit Gelber 2 und 8 hingewiesen, die am Waldrand nette Aussichten parat halten. Beim Rückweg auf Gelbes B (Blütenweg) achten, der Weg biegt unten in den Weinbergen links ab und führt unterhalb des Kirchbergs zurück zur Kalkgasse. Ein Gang durch den Fachwerkort bis zum Marktplatz bietet weitere Einkehrmöglichkeiten.

MTB Tour 2 und 56 – GPS-Daten und Zusatzinfos ↗ pmv online, Region Odenwald.

Staatspark Fürstenlager, Bachgasse, 64625 Bensheim-Auerbach. T 06251/9346-0, Fax 9346-46. www.schloesser-hessen.de. info@schloesser.hessen.de. Vom Bhf Bensheim-Auerbach 30 Min Fußweg. Frei zugänglich. Mit Café.

ALLES ANDERE ALS EIN BERGSTRÄSSER MAUERBLÜMCHEN

Es ist schon eine Menge los, hoch über Bensheim auf Schloss Auerbach. Dabei wird jeder, der einmal da war, sich an das Gemäuer erinnern und stets von »der Burg mit dem Baum auf der Mauer« sprechen; darüber kann sogar fast die prächtige Aussicht übers Rheintal in Vergessenheit geraten.

Schloss Auerbach und Melibocus

▶ Wer sich dem Melibocus vom Rheintal her nähert, wird unwillkürlich an eine große Löwenpranke mit ausgefahrenen Krallen denken. Unter dem

Landkreis Bergstraße
64625 Bensheim-Auerbach
Lage: Schloss Auerbach: 346 m, N 49 42.520, O 8 37.909
Melibocus: 517 m, N 49 43.487, O 8 38.160
Höhe: Schloss Auerbach: 24 m. Melibocus: 22 m
Ausgangspunkt: Auerbach
Einkehr: Im Schloss, auf dem Gipfel
Öffnungszeiten:
Schloss: 10 – 17 Uhr. Toiletten im Schlosshof. Turm Melibocus (und Jausenstation): Sa, So, Fei 11 – 17 Uhr, Eintritt 0,50 €, Schlüssel in Gaststätte

Tipp: Auf dem Schloss finden regelmäßig **Veranstaltungen** statt wie Ritterturniere, Schloss in Flammen, Schlossfestspiele und Nacht der Hexen sowie Programme für Familien.

Berg mit dem charakteristisch abgeplatteten Haupt greifen die waldigen Ausläufer wie eine Tatze ins Tal. Auf dem südlichsten liegt, höchst fotogen schon von unten, **Schloss Auerbach.** Und oben … nicht umsonst schaffte es 2009 die fast 800 Jahre alte Burg bei einer Umfrage des HR zum beliebtesten Bauwerk Hessens! Angelegt von den *Grafen zu Katzenelnbogen,* diente die mächtige Anlage zur Sicherung der Wegezölle. Die Bergstraße, hoch genug über dem sumpfigen Rhein-Schwemmland gelegen, war als flache Nord-Süd-Verbindung unschlagbar. Später fiel die »Feste Urberg« an die hessischen Landgrafen, im 16. Jahrhundert verlor sie ihre strategische Bedeutung: So wie sie heute Fotografen ins Visier nehmen, konnten das seit dem 30-jährigen Krieg auch die Kanoniere.

Nach einem Massaker an der dort Schutz suchenden Bevölkerung durch ein französisches Heer 1674 verfiel das mächtige Bauwerk mit den zwei Türmen. Etwa in der Zeit muss eine kleine Waldkiefer der Meinung gewesen sein, der Übergang von Bollwerk zu Schildmauer sei ein guter Ort, um Wurzeln zu schlagen. Heute ist sie 300 Jahre alt, 7 m groß und genießt als »Sagenkiefer« einen sagenhaften Ruf. Dabei machen ihr offenkundig die über die weit ausgreifenden Wurzeln trampelnden Besucher ebenso wenig aus wie der karge Standort; einen Teil ihres Wassers besorgt sie sich über die an den Nadeln kondensierende Luftfeuchte.

Um das zu bestaunen, muss man in der mittlerweile umfassend restaurierten Anlage einige Treppen hinaufkraxeln. Die weitesten Blicke genießt der Besucher von den beiden Türmen, der südliche ist erst seit 2007 wieder begehbar. Wie gut sich von hier oben der Verkehr im Tal überwachen lässt! Ob der Höhe kann es einem schwindelig werden. An der Hangkante entlang fällt die Starkenburg über Heppenheim ins Auge, im Tal rauchen aus der Ferne die BASF-Schlote bei Ludwigshafen herüber; dahinter liegt der Pfälzer Wald. Über die Kernstadt von Bensheim hinweg peilt man Lorsch an, fast genau in West-Richtung liegt Biblis, das AKW steht etwas nördlich davon direkt am Rhein. Davon ungerührt dominiert tief auf Pfälzer Seite der Donnersberg das Land. Über das Hessische Ried mit Rhein-Altarm und *Naturschutzgebiet Kühkopf* hinweg schließt der Taunus die Rhein-Main-Ebene ab.

Foto © Peter Meyer

Sagenhaft trotzig: Standhaft behauptet sich auf der Ruine von Schloss Auerbach seit Jahrhunderten eine Kiefer

Vom **Melibocus** ist das Panorama noch viel gewaltiger. Die Weite ist auch ohne den Gang auf den Aussichtsturm beeindruckend; die Gleitschirmflieger wissen schon, warum sie hier starten. Die eigentliche Offenbarung ist der weiter unten noch versperrte Blick über den Odenwald. Felsberg, ↗ *Neunkircher Höhe, Tromm, Krehberg:* alle Höhen des hessischen Odenwalds geben sich ein Stelldichein. Sogar noch weiter reicht der Blick: Das Kraftwerk Staudinger dampft am Main bei Großkrotzenburg vor sich hin. Im Süden endet mit dem *Königstuhl* bei Heidelberg der Geleitzug des Odenwalds fürs Rheintal, aber bei extrem guter Sicht flirren jenseits des Kraichgaus die ersten Ausläufer des südlichen Rheinbegleiters, des Schwarzwalds.

Schloss Auerbach, Außerhalb 2, 64625 Bensheim, T 06251/72923, Fax 78410. www.rittermahle.eu. April – Sep Mi – So 11 – 22, Okt – Nov Sa, So 12 – 18 Uhr, März Fr – So 12 – 18 Uhr, Dez – Feb auf Anfrage. | Ländlich-edel eingerichtete Räume, pfiffig aufgemachte Speisekarte mit ebensolchen Gerichten, die das gehobene Preisniveau rechtfertigen. Spezialität: Bier von Burggraf-Bräu aus Auerbach. Außerdem Aussichtsterrasse und Extras wie Rittermahle.

Anreise & Tourvorschläge

ICE, IC, RE, RB Darmstadt – Heidelberg bis Bhf Bensheim, Bus 669 Richtung Alsbach-Hähnlein bis Auerbach Otto-Beck-Straße, weiter ↗ Fußweg.

Foto © Peter Meyer

Hier kann man sich an Gemäuer und Panorama kaum satt sehen: Macht nichts, für den Magen bietet Schloss Auerbach ebenfalls Schmackhaftes

***Melibocus:** Ein seltsamer Name. Zumal der Berg offiziell Malchen heißt: Dieser Name ist verbürgt und taucht 1012 erstmals auf, was für eine Bergbezeichnung ein recht frühes Datum ist. Viele Berge wurden erst im 19. Jahrhundert benannt, als man begann, sich für Natur und Naturwissenschaften zu interessieren. Jedenfalls unterstreicht es die herausragende Position als höchster Punkt an der Bergstraße. Melibocus wurde als Verballhornung von »mons Malscus« gedeutet, was stolzer Berg heißen würde.*

A5 bis Ausfahrt 29 Zwingenberg, Richtung Bensheim, nach 800 m links und bis zur B3, rechts nach Bensheim-Auerbach, nach 500 m Schloss Auerbach beschildert; P kurz vorm Schloss. Der Weg auf den Melibocus ist für Autos gesperrt.

Unten im Rheintal verläuft der Hessische Radfernweg R8 und der Radweg Die Bergstraße (in dem Abschnitt streckengleich); zum Schloss ↗ Auto. Zum Melibocus: ↗ Fußweg bis P Not-Gottes-Kapelle; ab da Teerstraße 2,6 km zum Gipfel.

Von der Durchgangsstraße (B3) in Karlsbader Straße, an der Schlossstraße links bis zur Martinsstraße laufen, da rechts und alsbald mit Wanderzeichen Blaues B (Burgenweg) schräg rechts den Burgweg hinauf; nun immer Blauem B bis zum Schloss folgen. Tipp für Bergziegen: unterwegs zweigen als Abkürzung immer mal wieder steile Fußpfade ab.

Aktivitäten vor Ort

Unterhalb des Melibocus-Gipfels ist ein Startplatz für **Gleitschirmflieger.**

Wer die stilvoll erarbeiteten Kalorien ebenso stilvoll wieder abtrainieren will, kann eine mittlere **Rundtour** (8 km) zum Melibocus unternehmen; bis dort hinauf sind es teils recht steile 2,8 km. Dazu mit Blauem B kleine Zufahrtsstraße hinab; nach 400 m auf Schotterweg weiter bis Parkplatz Not-Gottes-Kapelle. Dort mit Gelber 6 links (!) zum Gipfel. Als Variante für den Rückweg sei der Abstieg mit dem Weißen Balken empfohlen. Nach vielen scharfen Kehren ist nach 2,1 km ein sehr breiter, eben verlaufender Querweg erreicht, der Commode-Weg: auf dem links mit vielen Kurven, aber wie der Name sagt höchst kommod zurück zum Schloss bzw. erst 2 km zum Parkplatz Not-Gottes-Kapelle.

Ebenfalls lohnend: ein Abstecher zum ↗ **Fürstenlager**, der Weg dahin ↗ **pmv online.**

MTB Tour 56 – GPS-Daten und Zusatzinfos ↗ **pmv online**, Region Odenwald.

HESSEN A LA KART

Übersicht über die Kartenschnitte

- Besondere Aussicht
- Aussicht
- 848 Gipfel mit Höhenmetern
- Natursehenswürdigkeit
- Schloss, Burg
- Turm, Sender
- Kirche, Kloster
- Sternwarte
- Schwimmbad
- Badestelle
- Wassersport
- Wintersport
- Naturpark

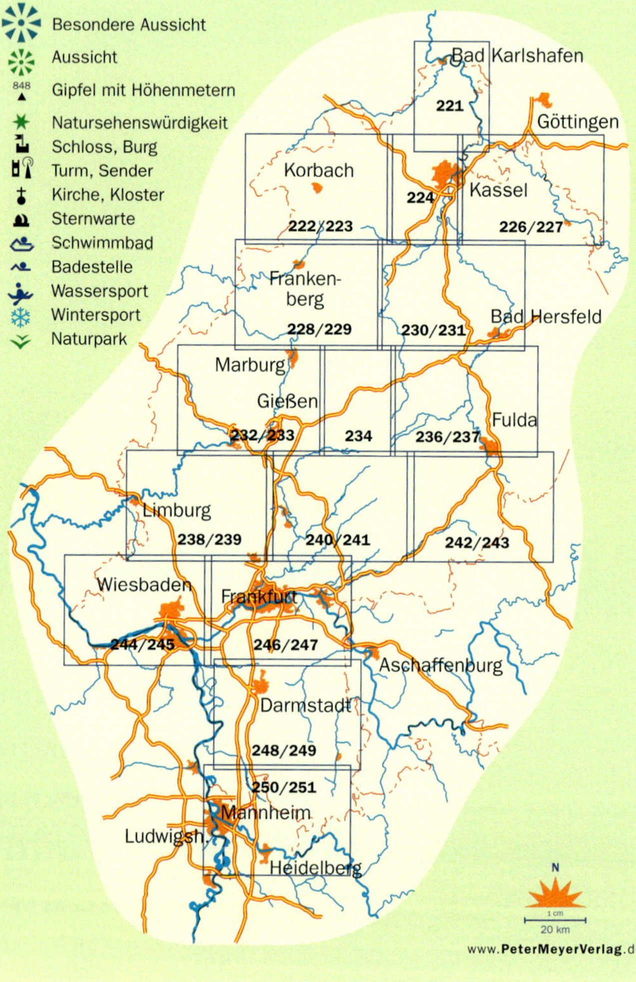

www.PeterMeyerVerlag.de

EVERUNGEN
Weser
Schönhagen
Lug ins Land
Brügge-
feld
USLAR
Lauenförde
Wiensen
Bad
Karlshafen
Bodenfelde
Wahnbeck
Schoningen
Haarbrück
Diemel
Vernawahls-
hausen
Wahlsburg
Lippoldsberg
Weserblick
Wülmersen
Langenthal
Oberweser
301
Kiffing
TRENDEL-
BURG
Gieselwerder
Wolken-
brüche
Gottsbüren
Oedelsheim
Langenberg
Hensebeck
461
Hahneberg
Reinhardswald
Sielen
Hümme
Sababurg
83
408
Totenberg
Bramwald
Schöneberg
472
Staufenberg
80
Veckerhagen
Hombressen
Reinhardshagen
N
Esse
Udenhausen
1 cm
2 km
© pmv PETER MEYER VERLAG
Kaspars Baum
Ahlberg
Mariendorf
Volkmars-
hausen
472
Gahrenberg
Schachten
Gimte
3
Burguffeln
HANN.
MÜNDEN
Holzhausen
IMMEN-
HAUSEN
Tillyschanze
Calden
Wilhelmshausen
Espenau
Fulda-
tal
Knick-
hagen
Schloss
Wilhelmsthal
7
Fürstenwald
Gut Winter-
büren

BRILON
Bering-
hausen
Rösenbeck
Padberg
Giershagen
Leitmar
Messing-
hausen
Diemel
594
Helminghausen
Eisenberg
598
St. Muffert
Heringhausen
Diemelsee
Rhenegge
Adorf
565
Sonnenborn
Diemelsee
738
Dommel
Naturpark
Diemelsee
Flechtdorf
Rattlar
Diemel
Willingen
Usseln
Rhena
Stryck
Bömighausen
Lelbach
843
Langenberg
838
Ettelberg
Lenge-
feld
Niedersfeld
Allering-
hausen
562
Referinghausen
Gold-
hausen
Ober-
schledorn
Deifeld
Norden-
beck
Ober-
ense
Grönebach
Eppe
Küstel-
berg
689
Hardt
Goddelsheim
WINTER-
BERG
MEDEBACH
Brühne
N
1 cm
2 km
490
Höhnscheid
Medelon
Rhadern
© pmv PETER MEYER VERLAG
Züschen
Aar
Münden
Hesborn
Nieder-
orke
Dalwigksthal
Liesen
Orke
Neukirchen
Sachsen-
berg
HALLENBERG
7
251
236

Udorf
VOLKMARSEN
Breuna
Kugelsburg
Canstein
Külte
Twiste
66
Massenhausen
44
Wetterburg
Ehringen
Nieder-
elsungen
Dase
BAD AROLSEN
Barockschloss
Twiste-
stausee
Watter
Erpe
ecker
Landau
450
Twiste
WOLFHAGEN
Wilde
Twiste
252
Nieder-
waroldern
Ober-
waroldern
Berndorf
Langer Wald
251
Bründersen
Ippling-
hausen
KORBACH
Freienhagen
Ruine
Weidelsburg
Altenstädt
252
251
NAUMBURG
Meiner-
hausen
Sachsen-
hausen
Obernburg
485
Netze
Werbe
450
Sandkopf
WALDECK
Alter Wald
420
Vöhl
415
Nieder-
werbe
Katzenstein
Altendorf
Bassdorf
Asel
Böhme
405
Edersee
Scheid
Uhrenkopf
Böhmer Bach
Zuschen
252
413
Kirchlotheim
Bringhausen
Hemfurth
Bergheim
Rambachs-
köpfchen
Affolderner
See
Schmittlotheim
Giflitz
604
Dicker Kopf
Wellen
332
Johannes-
kirchenkopf
Eder
Naturpark
626
Wesebach
Traddelkopf
223
Altenlot-
heim
Gellerhausen
518

N
1 cm
2 km
© pmv PETER MEYER VERLAG
IMMEN-
HAUSEN
Calden
Espenau
Fulda
tal
Schloss
Wilhelmsthal
Ehrsten
Escheberg
449
Fürstenwald
Gut Winter-
büren
Ober-
elsungen
ZIERENBERG
Frommers
Weimar
VELLMAR
Großer Gudenberg
579
Vellmar-
West
Noth-
felden
Großer
Bärenberg
599
Dörnberg
Alten-
hasungen
Rohrberg
Dörnberg
Habichtswald
Wenigen-
hasungen
597
Großer
Steinhaufen
Herkules &
Elfbuchen
KASSEL
593
Isthaberg
Ehlen
505
Essigberg
555
Schloss
Wilhelms-
höhe
Istha
Oels-
hausen
Hohes Gras
615
526
Wilhelms-
höhe
Karlsberg
Naturpark
Martinhagen
Brasselsberg
Hoof
Breitenbach
Schauenburg
Elgershausen
Ballhorn
Ems
Langenberg
BAUNATAL
Kirch-
bauna
Ditters-
hausen
Niedensteiner
Kopf
475
Sand
Gunters-
hausen
Merxhausen
NIEDEN-
STEIN
Besse
Dörnhagen
Habichtswald
Holzhsn.
Metze
Eder-
münde
Guxhagen
Riede
Elbe
381
Odenberg
Haldorf
Kirchberg
306
Wart-
berg
Dissen
GUDENS-
BERG
Lohne
Deute
Lamsberg
Körle
Dorla
Wehren
Ober-
vorschütz
Neuen-
brunslar
Fulda
Werkel
Nieder-
vorschütz
Melgers-
hausen
Geismar
Ober-
möllrich
FELSBERG
Heiligenberg
Dom
FRITZLAR
Lohre
Gensungen
Hesslar
E45
E331
44
251
83
7
67
68
69
70
79
80
81
82
520
450
254
253
14

Holzhausen
HANN. MÜNDEN
Tillyschanze
Wiershausen
Lippoldshausen
Wilhelmshausen
Fuldatal
Knickhagen
Rothwesten
80
75
7
76
3
Gertenbach
542
Großer Steinberg
KASSEL
Staufenberg
Uschlag
WITZENHAUSEN
Kleinalmerode
Niestetal
Nieste
77
Heiligenrode
Kaufungen
78
641
Bielstein
Oberkaufungen
451
Lohfelden
GROSS-ALMERODE
Vollmarshausen
Losse
Weissenbach
528
Bielstein
Helsa
Wickenrode
Wellerode
Fahrenbach
Rommerode
Laudenbach
Söhrewald
Eschenstruth
754
Kasseler Kuppe
Söhre
Wattenbach
Fürstenhagen
Walburg
Velmeden
Hausen
Meißnerhaus
695
HESSISCH LICHTENAU
Eiterhagen
Meiß
7
Ruine Reichenbach
439
Heiligenberg
Ohebach
Kehrenbach
Schnellrode
583
Eisberg
WALD-KAPPEL
83
MELSUNGEN
487
Bischofferode
Hetzerode
Mäckelsdorf

Friedland
Ludolfs-
hausen
Freienhagen
Günterode
Steinbach
Reckers-
hausen
Schachte-
bich
Rusten-
felde
337
ackelberg
HEILIGEN-
STADT
Leine
Thüringen
Geisleden
Gerbershausen
Lutter
Heuthen
516
Warteberg
Hanstein
Wüstheuterode
Kalteneber
Werra
Dieterode
Krombach
Schwobfelde
482
Roßkopf
Martinfeld
BAD
SOODEN
ALLENDORF
Rothestein
Kammer-
bach
Volkerode
Sickerode
Ershausen
530
Hörne
589
Hohestein
Pfaffschwende
Hitzelrode
Hessische Schweiz
Frankershausen
Albungen
Geismar
Gobert
Kella
Kloster Hülfensberg
Vocke-
rode
Abterode
Jestädt
Neuerode
Döringsdorf
Meinhard
Wolfsbrunn
Weiden-
hausen
Grebendorf
Germerode
Leuchtberge
319
Plesse
Wehre
Aue
ESCHWEGE
WANFRIED
Nieder-
dünzebach
Schlierbachswald
309
Blaue
Kuppe
460
Lotzenkopf
477
Hundsrück
Muhlienberg
Alten
burschla
Langenhain
Grossburschla
Weißenborn
227

Ziegenhelle
236
HALLENBERG
Neukirchen
Sachsenberg
Wunderthausen
698
Gebrannter Rücken
Bromskirchen
496
Opfermannskopf
Schreufa
Nuhne
Nitzelbach
Riedgraben
253
Dodenau
Allendorf
Eder
Burgwald
Bottendorf
Elsoff
Reddighausen
Birkenbringhausen
Nemphe
HATZFELD
BATTENBERG
252
Eder
Wollmar
236
Wetschaft
Ernsthausen
Roda
Frohnhausen
Sackpfeife
674
Eifa
Münchhausen
253
Oberasphe
Weifenbach
Obersimtshausen
Niederasphe
Burg
Dexbach
Mittelsimtshausen
Mellnau
Ludwigshütte
557
Johanniskoppe
Engelbach
Asphe
Treisbach
Biedenkopf
Treisbach
Amönau
Wetschaft
Oberrosphe
Niederwetter
Wetter
Unterrosphe
Eckelshausen
Warzenbach
252
Kombach
Lahntal
Buchenau
Brungershausen
Dautphe
Sterzhausen
Sarnau
Lahn
Großfelden
62
Cölbe
Friedensdorf
Rimberg
522
Damshäuser Kuppen
Dautphetal
Caldern
Wehrda
Damshausen
453
Dagobertshausen
3
Kirchspitze
324

252
heim
Gellerhausen
518
Homberg
BAD
WILDUNGEN
Lengelsbach
Lorfebach
FRANKENAU
Wesebach
Geismar
Allendorf
Dainrode
253
Oders-
hausen
Hundsdorf
Braunau
Wenzige-
rode
NKENBERG
Kellerwald
Bergfreiheit
Bad
Zwesten
485
Arms-
feld
Urff
Löwenstein
Edersee
Oberurff-
Schiffelborn
Haina
(Kloster)
657
Hohes Lohr
676
Wüstegarten
Doden-
hausen
Jesberg
Gilsa
Schönstein
Ruine
Schönstein
Hundshausen
Rosenthal
Gemünden
Moischeid
3
Sebbeterode
Elnrode-
Strang
Bentreff
Wohratal
N
1 cm
2 km
Gilserberg
397
Teufelsberg
ald
© pmv PETER MEYER VERLAG
Sachsenhausen
Rommers-
hausen
Bracht
Lischeid
Albs-
hausen
Halsdorf
Josbach
Treysa
Schwalmstadt
Josbach
Mengsberg
326
Sosenberg
3
Wolferode
Rauschenberg
Momberg
Hatzbach
Speckswinkel
Emsdorf
Wohra
Erksdorf
Anzefahr
Neustadt
454
Langen-
stein
Gossebach-
Siedlung
Ruine
Nellenburg
Kirchhain
Stadt-Allendorf

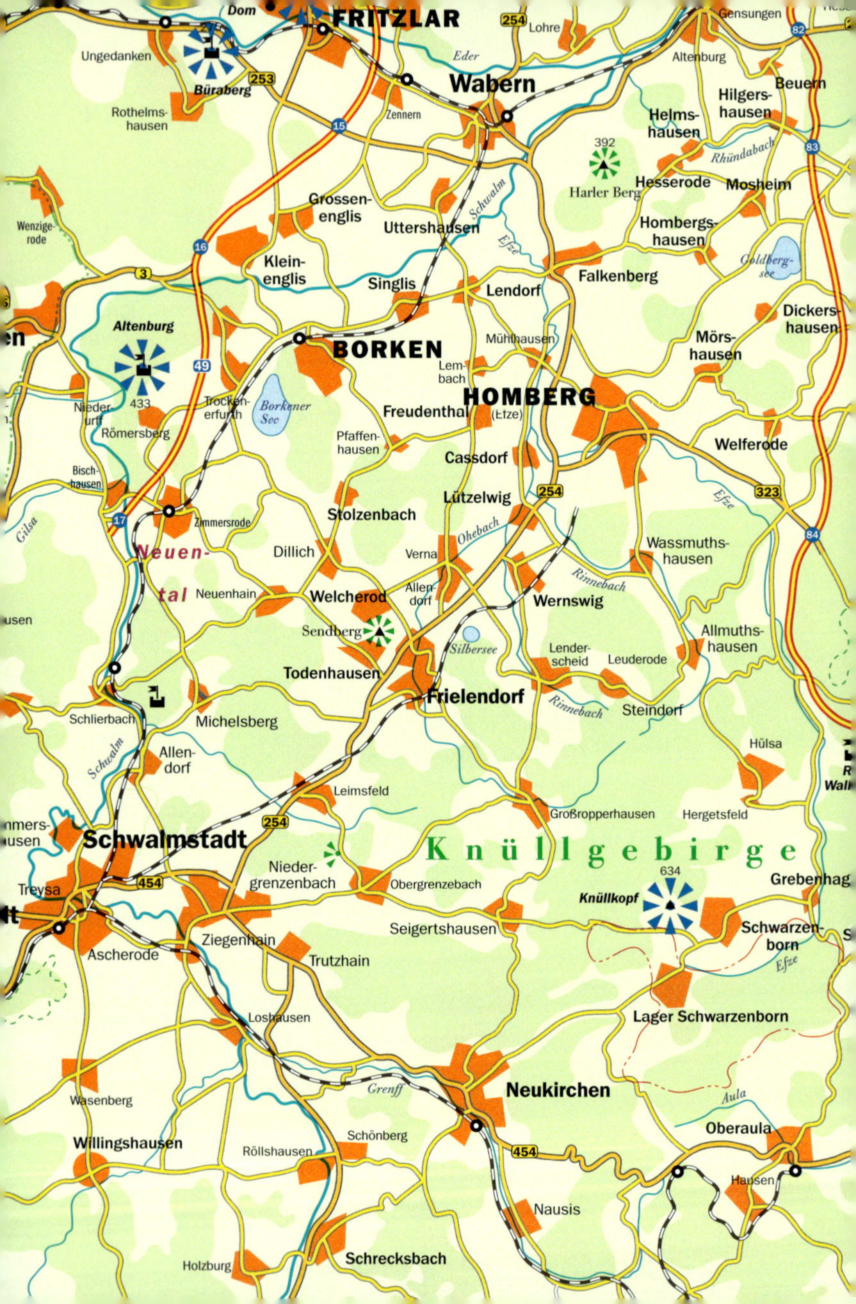

Dom
FRITZLAR
Lohre
Gensungen
Ungedanken
Büraberg
Eder
Wabern
Altenburg
Beuern
Hilgers-
hausen
Rothelms-
hausen
Zennern
Helms-
hausen
392
Rhündabach
Harler Berg
Hesserode
Mosheim
Grossen-
englis
Uttershausen
Schwalm
Hombergs-
hausen
Wenzige-
rode
Efze
Klein-
englis
Goldberg-
see
Singlis
Lendorf
Falkenberg
Altenburg
Dickers-
hausen
Mühlhausen
BORKEN
Mörs-
hausen
Lem-
bach
HOMBERG
(Efze)
Nieder-
urff
433
Trocken-
erfurth
Borkener
See
Freudenthal
Römersberg
Pfaffen-
hausen
Welferode
Cassdorf
Bisch-
hausen
Lützelwig
Efze
Zimmersrode
Stolzenbach
Gilsa
Oheebach
Neuen-
tal
Dillich
Verna
Wassmuths-
hausen
Rinnebach
Neuenhain
Welcherod
Allen-
dorf
Wernswig
Sendberg
Silbersee
Allmuths-
hausen
Lender-
scheid
Leuderode
Todenhausen
Frielendorf
Rinnebach
Steindorf
Schlierbach
Michelsberg
Hülsa
Schwalm
Allen-
dorf
Leimsfeld
Großropperhausen
Hergetsfeld
Schwalmstadt
Knüllgebirge
Nieder-
grenzenbach
634
Grebenhag
Treysa
Obergrenzebach
Knüllkopf
Seigertshausen
Schwarzen-
born
Ascherode
Ziegenhain
Trutzhain
Efze
Loshausen
Lager Schwarzenborn
Grenff
Neukirchen
Wasenberg
Aula
Oberaula
Willingshausen
Schönberg
Röllshausen
Hausen
Nausis
Holzburg
Schrecksbach

SPANGEN-
BERG
Morschen
Stölzinger
Gebirge
Rotenburg
Bebra
Seulings-
wald
BAD
HERSFELD
Alheim
Neuen-
stein
Ludwigsau
Hauneck
Bischoffe-
rode
Hetze-
rode
Mäckels-
dorf
Burghofen
Schemmern
Pfieffe
Landefeld
Gehau
Herlefeld
Diemerode
Sontra
Adels-
hausen
Mörshausen
sfeld
Beiseförth
Metze-
bach
Obergude
Beise
Wichte
Heinebach
Niederbeisheim
Wichte
Nieder-
ellenbach
Erdpen-
hausen
570
Alheimer
Erks-
hausen
Cornberg
Hergershausen
Schwarzen-
hasel
Lichterode
Braach
Lispenhausen
Schloss
Ludwigseck
Fulda
Eisrode
Beenhausen
N
1 cm
2 km
© pmv PETER MEYER VERLAG
Lüdersdorf
Breitenbach
Rohrbach
Gerterode
Mühl-
bach
E45
7
Tann
aboldshausen
Rohrbach
Reilos
Obergeis
Friedlos
324
Allmers-
hausen
Milseburg:
Ausfahrt 38 Herleshausen
Eisenberg &
Borgmannturm
Kalkobes
Kathus
Willingshain
Gersdorf
Petersberg
454
Kirchheim
4
62
Johannes-
berg
Unterhaun
Kirchheimer
Dreieck
Asbach
Roßbach
487
83
27
85
86
31
87
32

Eschenburg
Angelburg
Gönnern
Steinperl
453
Weidelbach
Eibelshausen
253
Wissenbach
Frohnhausen
Dietzhölze
Manderbach
Nanzenbach
DILLENBURG
Eibach
Handstein
Scheldе
Oberscheld
Eisemroth
Siegbach
Schönscheid
Hartenrod
Bad Endbach
Hütte
Weidenhausen
Ruine Blankenstein
Runzhausen
Rachelshausen
Römershausen
Daubhaus
498
Bottenhorn
609
Angelburg
Wallenfels
591
Schmittgrund
540
Hohe Koppe
Würgeloh
490
Günterod
466
Platte
438
Kisselberg
Oberweidbach
459
Wasenberg
Bischoffen
Aartalsee
Roßbach
Niederweidbach
Donsbach
Burg
Dill
Uckersdorf
Seelbach
Offenbach
Aar
255
Mittenaar
Ahrdt
Rossberg 392
Hohenahr
Herborn
25
45
26
27
Herborn-West
Altenkirchen
Erda
Bellersdorf
Großaltenstädten
Hohensolms
Dünsberg
Sinn
Fleisbach
Niederlemp
Oberlemp
Königsberg
355
Koppe
Kölschhausen
Altenberg
442
Edingen
Greifenstein
Katzenfurt
28
Lemp
Greifenthal
Blasbach
Solmser Strasse
348
Werdorf
Asslar
27
29
480
Besucherbergwerk Fortuna
Naunheim
412
Kesselberg
358
Bieler Burg
Niedergirmes
WETZLAR
30
411
Kreuzberg
Lahn-Ferienstr.
Ulmbach
Niederbiel
Oberbiel
Garbenheim
Stockhausen
Leun
49
Lahn
31
R. Kalsmunt
Biskirchen
Burgsolms
Steindorf
Büblingshausen
Solms
Albshausen
Tiefenbach
Lahn-Ferienstr.
401
Stoppelberg
Selters

Dagoberts-
hausen
Kirchspitze
324
Marbach
Spiegelslust
408
Bauer-
bach
Groß-
seelheim
Weiters-
hausen
Wehrs-
hausen
Ockershausen
Sinkershausen
MARBURG
370
Donnerberg
Hermers-
hausen
Schröck
326
Schneiße
Cappel
Moischt
Frohnhausen
Allna
Weimar
Nieder-
weimar
Oberweimar
255
Beltershausen
Rauisch-
holzhausen
Wornshausen
Nanz-Willershausen
379
Frauenberg
Wittelsberg
Lahnberge
Wenkbach
Ebsdorfer-
grund
Niederwalgern
Wolfshausen
Heskem
Lohra
Zwester Ohm
Ebsdorf
Dreihausen
Roth
Hachborn
Altenvers
424
Leidenhöfer
Kopf
Hassenhausen
Fronhausen
LAHN-FERIEN STR.
Lahn
Winnen
Nordeck
Salzböden
Allendorf
N
1 cm
2 km
Staufen-
berg
Treis
Odenhausen
Rabenau
(243 m)
Lumda
© pmv PETER MEYER VERLAG
Lollar
Daubringen
Fellingshausen
Geilshausen
Wettenberg
310
Krofdorf-
Gleiberg
Launsbach
Alten-
Buseck
Vetzberg
308
Rodheim-
Gleiberg
480
Reinhardshain
Bieber
Wieseck
485
Buseck
Reiskirchen
Heuchel-
heim
42
49
Prolit (247 m)
255
Annerod
Burkhards-
felden
Harbach
Lahn
GIESSEN
(159 m)
Hohe
Wartberg
E 451
Hattenrod
Fernwald
Duten-
hofen
Klein-
Linden
Albach
Steinbach
Hausen
Linden
217
Großen-
Linden
Garben-
teich
Lützellinden
Luckenbach
Ettinghäuser
Kopf
Pohlheim
Wetter
233

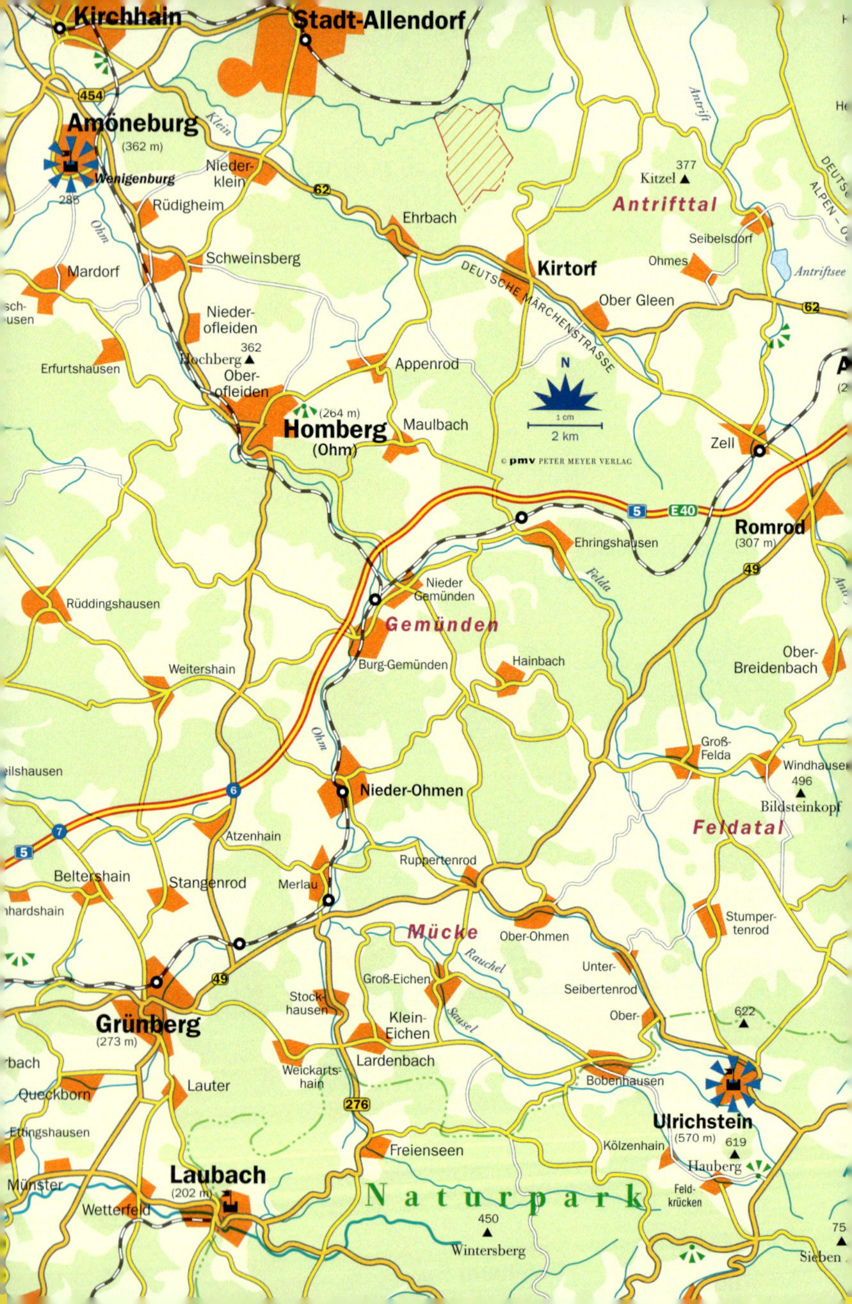

Kirchhain
Stadt-Allendorf
454
Amöneburg
(362 m)
Wenigenburg
285
Klein
Nieder-
klein
62
Rüdigheim
Ehrbach
Antrift
377
Kitzel
Antrifttal
Seibelsdorf
Ohmes
Antriftsee
Ohm
Mardorf
Schweinsberg
Kirtorf
DEUTSCHE MÄRCHENSTRASSE
Ober Gleen
Nieder-
ofleiden
362
Hochberg
Erfurtshausen
Ober-
ofleiden
Appenrod
N
1 cm
2 km
(264 m)
Homberg
(Ohm)
Maulbach
© pmv PETER MEYER VERLAG
Zell
5
E 40
Romrod
(307 m)
Ehringshausen
49
Felda
Nieder
Gemünden
Gemünden
Rüddingshausen
Ober-
Breidenbach
Burg-Gemünden
Hainbach
Weitershain
Ohm
Groß-
Felda
Windhausen
496
Bildsteinkopf
6
Nieder-Ohmen
Feldatal
7
5
Atzenhain
Ruppertenrod
Beltershain
Stangenrod
Merlau
Stumper-
tenrod
Mücke
Ober-Ohmen
Rauschel
Unter-
Seibertenrod
Groß-Eichen
49
Stock-
hausen
Ober-
622
Seibertenrod
Klein-
Eichen
Grünberg
(273 m)
Lardenbach
Weickarts-
hain
Bobenhausen
Lauter
Queckborn
276
Ulrichstein
(570 m)
619
Ettingshausen
Freienseen
Kölzenhain
Hauberg
Laubach
(202 m)
Münster
Feld-
krücken
Naturpark
Wetterfeld
450
Wintersberg
Sieben

UNTERWEGS IN DEUTSCHLAND & EUROPA

Ausflüge mit Genuss: München & Umgebung mit der S-Bahn, 978-3-89859-315-1, 14,95 €

Ausflüge mit Genuss: Weinfranken, 978-3-89859-316-8, 14,95 €

Eifel: Mehrtagestouren, 978-3-89859-309-0, 14,95 €

Harz mit Kindern, 978-3-89859-417-2, 14,95 €

Berlin City, 978-3-89859-313-7, 16,95 €

Köln, Bonn und das südliche Rheinland, 978-3-89859-312-0, 16,95

- *Vielseitig, interessant geschrieben, schön illustriert.*
- *Kompetent vor Ort recherchiert.*
- *Hochwertig ausgestattet.*
- *Sehenswertes, Wanderungen, Radtouren, Ausflugslokale.*

Italien – Autofreie Urlaubsorte, 978-3-89859-152-2, 18,95 €

»Dolce vita – ohne Autos.
Diese Bücher passen in die Zeit.«
Der Tagesspiegel

Holzburg
Schrecksbach
Heidelbach
Immichenhain
Ottrau
Machtlos
Rimberg
592
Hattenb
Dreie
254
Berf
Schwalm
DEUTSCHE FERIENROUTE
ALPEN – OSTSEE
472
Bechtelsberg
Berfa
5
Gehau
Breitenbach
505
riftsee
Lingelbach
Hof Huhnstadt
Schloss Herzberg
Jossa
62
Wallersdorf
Bieben
Alsfeld
(264 m)
2
Grebenau
3
Altenburg
450
Liederbach
Schwarz
501
Auerberg
Udenhausen
Renzendorf
Brauerschwend
485
431
Eisenberg
Antrift
Mühlberg
Schwalmtal
Schlit
(24
403
Bilskuppe
Schwalm
Maar
486
Wallenrod
254
Steinberg
Schlitz
Storndorf
ausen
kopf
494
477
Sängersberg
Thorkuppe
Lauterbach
(296 m)
Lauter
Bad Salzschlirf
(250 m)
417
Angersbach
560
Frischborn
Heinig
Wartenberg
Totenköppel
534
Eisenbach
Landenhausen
Ziegenberg
Schloss Eisenbach
Lauter
Lautertal
Hörgenau
Müs
Gro
Eichenrod
275
Altefeld
424
Atzmannsstein
Uffhausen
Bi
Herbstein
(434 m)
625
Stockhausen
Schlechten-
Wegen
Kleinlüder
753
556
Altenschlirf
ben Ahorn
486
Hainzell
Heerhain

Kirchheimer Dreieck
Asbach
Roßbach
Hauneck
Eitra
Schenklengsfeld
Niederaula
473
Mengshäuser Kuppe
Mengshausen
Holzheim
Sölms
Neukirchen
630
Soisberg
Stoppelsberg
Haunetal
Eiterfeld
Ober-Stoppel Unter-
Hauneck
Haune
Wehrda
E45
Hessisches Kegelspiel
Lichtberg
525
Rückersberg
522
Kleinberg
532
Appelsberg
456
Gehilfersberg
466
Morsberg
518
Wisselsberg
553
Stallberg
480
Hubelsberg
Rasdorf
Fulda
Rothenkirchen
Langenschwarz
27
Burghaun
(245 m)
Hünhan
84
Roter Rain
Hünfeld
(279 m)
Nüst
Sargenzell
Fraurombach
Michelsrombach
Pfordt
90
Pfordter See
Rückers
422
Haune
Marbach
N
1 cm
2 km
© pmv PETER MEYER VERLAG
7
Kämmerzell
Steinau
Hofbieber
91
FULDA
Rauschenberg
27
Petersberg
Rodges
Haimbach
(257 m)
Oberbernhards
Kleinsassen
Dipperz
835
Milseburg
Künzell
727
Stellberg
62
89

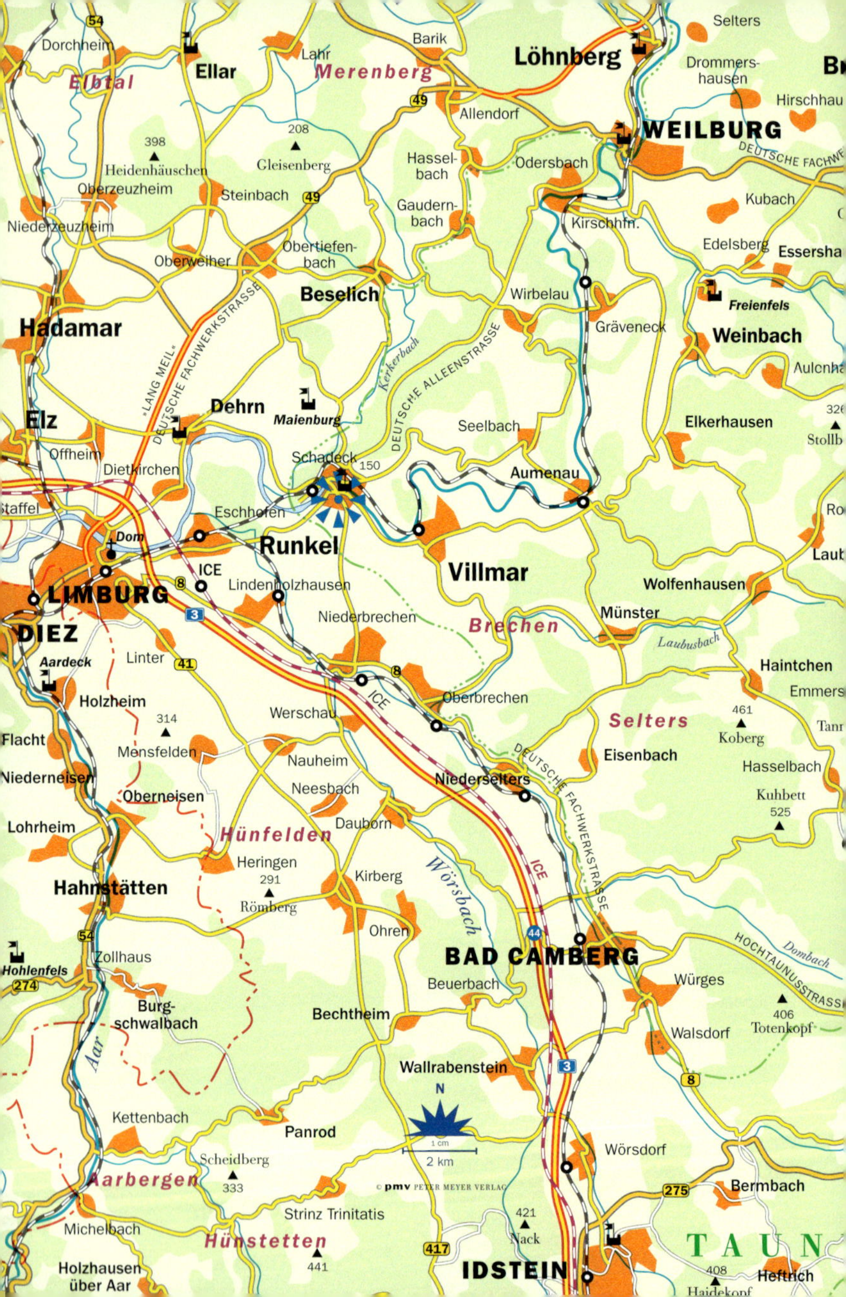

Dorchheim
Elbtal
Ellar
Lahr
Merenberg
Barik
Löhnberg
Selters
Drommershausen
Hirschhau
Allendorf
WEILBURG
398
Heidenhäuschen
208
Gleisenberg
Hasselbach
Odersbach
Oberzeuzheim
Steinbach
Gaudernbach
Kubach
Niederzeuzheim
Kirschhfn.
Edelsberg
Oberweiher
Obertiefenbach
Beselich
Wirbelau
Freienfels
Hadamar
Gräveneck
Weinbach
„LANG MEIL"
DEUTSCHE FACHWERKSTRASSE
Kerkerbach
DEUTSCHE ALLEENSTRASSE
Dehrn
Maienburg
Elz
Seelbach
Elkerhausen
Offheim
Schadeck
150
Dietkirchen
Aumenau
Eschhofen
Dom
Runkel
Villmar
ICE
LIMBURG
Lindenholzhausen
Wolfenhausen
DIEZ
Niederbrechen
Brechen
Münster
Laubusbach
Aardeck
Linter
Haintchen
Holzheim
Oberbrechen
Werschau
314
Selters
461
Koberg
Flacht
Mensfelden
Eisenbach
Nauheim
Niederneisen
Niederselters
Hasselbach
Neesbach
Oberneisen
Kuhbett
525
Lohrheim
Dauborn
Hünfelden
Heringen
291
Römberg
Kirberg
Wörsbach
Hahnstätten
Ohren
Hohlenfels
Zollhaus
BAD CAMBERG
HOCHTAUNUSSTRASSE
Dombach
Würges
Beuerbach
Burgschwalbach
406
Totenkopf
Bechtheim
Walsdorf
Aar
Wallrabenstein
N
Kettenbach
Panrod
1 cm
2 km
Wörsdorf
Scheidberg
333
Aarbergen
© pmv PETER MEYER VERLAG
Bermbach
421
Nack
Strinz Trinitatis
Michelbach
Hünstetten
Holzhausen über Aar
441
IDSTEIN
408
Heftrich
54
49
8
3
41
44
274
275
417

Stoppelberg
Leinges
nfels
Brühlberg
316
Bonbaden
Reiskirchen
Volperts-
hausen
Philippstein
Philippstein
Schöffen-
grund
Niederwetz
Langgöns
Cleebach
SOLMSER STRASSE
Kanzel
326
Neukirchen
Oberwetz
Mottbach
425
Köhlerberg
Niederkleer
Kirch-Göns
Altenkirchen
Pohl-Göns
Limes
Möttau
Kraftsolms
Kröffelbach
Griedelbach
Ebersgöns
385
Heidelbeerberg
Weilmünster
Waldsolms
Brandoberndorf
428
Schorn
BUTZBACH
Solmsbach
474
Gaulskopf
Weiperfelden
Nieder-
weisel
Naturpark
491
Hinterster
Kopf
486
Hausberg
Spießberg
383
Ostheim
Grävenwiesbach
Galgenberg
235
Fauerbach
Heinzenberg
Wiesenthal
Ober-
Mörlen
Hochtaunus
DEUTSCHE ALLEENSTRASSE
Langenhain
Eschbach
Wernborn
Ziegenberg
Weilrod
Wiesbachtal
Wilhelmsdorf
Usingen
248
Kransberg
Rod an der Weil
325
Friedrichsthal
Winterstein
397
Gaulskopf
Hessenkopf
482
Neuweilnau
Altweilnau
Pfaffenwiesbach
Merzhausen
Usbach
500
Kuhkopf
Hausen
Arnsbach
Neu-
Anspach
391
Galgenberg
Kapersburg
Hunoldstal
Ober-
Rosbach
Treisberg
Limes
Finsternthal
Brom-
bach
663
Anspach
Wehrheim
Saalburgsiedlung
Erlenbach
Lochmühle
Köppern
Mauloff
Pferdskopf
Dorfweil
Weil
Fröhliche-
mannskopf
Hesselb.
Schmitten
Hessenpark
Oberhain
Pelagius-
platz
Seelenberg
Saalburg
471
Wüstems
Arnoldshain
592
Gickelsburg
Dillingen
R. Hattstein
Friedrichsdorf
Sandplacken
Herzberg
Nieder-
Ober-
Reifenberg
Dorn-
holzhs.
Seul-
berg
Kirdorf
684
Kolbenberg
HOCHTAUNUSSTRASSE
880
Weilquelle
Großer
Feldberg
BAD HOMBURG
vor der Höhe
Glaskopf
826
Oberstedten
Urselbach
Ober-
Erlenbach
Burgh
239

Pohlheim
Leihgestern
Limes
Dorf-Güll
Solmser Strasse
Lich
Wetter
Nonnenroth
457
Ruppertsburg
Kloster Arnsburg
488
5
Villingen
Langsdorf
Holzheim
Eberstadt
Muschenheim
Römerkastell
Bettenhausen
Horloff
Hungen
Gambacher Kreuz
35
11
36
217
Hörgern
Gambach
Limes
Münzenberg
Trais-Horloffer See
(130 m)
198
Galgenberg
Bellersheim
251
Buchberg
12
Obbornhofen
Sachsensee
Griedel
Rockenberg
489
Borsdorf
(199 m)
Oppershofen
Berstadt
Unter-
Ober-
Widdersheim
Römerstr.
37
45
Bad Salzhausen
13
3
Ostheim
Steinfurth
Wölfersheim
254
Wannkopf
Galgenberg
235
Wetter
Södel
(130 m)
Echzell
14
Ober-Mörlen
Melbach
Usa
Teufelsee
Pfaffensee
Bingenheim
Dauernheim
455
Weckesheim
Beinheim
BAD NAUHEIM
(144 m)
Schwalheim
Ranstadt
451
Reichelsheim
Dorheim
5
FRIEDBERG
WETTERAU
Ob.-Mockstadt
Staden
Nieder-Mockstadt
482
Ober-Florstadt
S6
38
Ockstadt
275
Florstadt
E41
Stammheim
3
Ober-Rosbach
Rosbach
Bruchenbrücken
Niddatal
Nieder-Rosbach
Ober-
Assenheim
Wöllstadt
Bönstadt
Lindenheim
16
Altenstadt
39
Kloster
Nieder-
Ilbenstadt
(123 m)
Höchst
Limes
S6
Nidda
Rodheim
45
Erbstadt
Rommelhausen
Burgholzhausen
Burg-Gräfenrode
Okarben
Petterweil
Karben
Heldenbergen
Limes
Kloppenheim
Großkarben
Windecken
(117 m)
Nidderau
Hammersbach
Kleinkarben
Ober-Erlenbach
Büdesheim
Ostheim

Hoher Vogelsberg
Schotten
(282 m)
Götzen
Rudingshain
Hoherodskopf
Taufstein
Einartshausen
Gierbach
Breungeshain
Michelbach
Ilbeshausen-
Hochwaldhausen
(428 m)
559
Klöshorst
Grebenhain
(500 m)
666
Bilstein
Waldsiedlg.
Herchenhainer
Höhe
733
Herchenhain
Stornfels
366
Nidda-
Stausee
Eschenrod
Rainrod
Ulfa
Nidda
Eichelsachsen
Bermuths-
hain
Hartmannshain
Eichelsdorf
Ober-
Schmitten
Unter-
Michelnau
Nidder
Gederner
See
Gedern
(315 m)
Volkhartshain
Lichtenroth
DEUTSCHE ALLEENSTRASSE
Ober-Lais
Laisbach
475
Hermanns-
loh
Horstbach
Kirchbracht
Nidda
Faucrbach
Schwickarts
hausen
328
Eschberg
Merkenfritz
409
Wartkopf
(240 m)
Hirzenhain
Wenings
Illnhausen
Nieder-
seemen
Fischborn
Ober-
-Reichenbach
Unter-
Boben-
hausen
Lißberg
Usenborn
Ortenberg
(135 m)
Gelnhaar
N
1 cm
2 km
© pmv PETER MEYER VERLAG
Bösgesäß
420
Birstein
Wernerstein
Ober-
Sotzbach
Unter-
Bindsachsen
Kefenrod
Bleiche
Selters
Stockheim
Bleichenbach
Wolferborn
Dudenrod
Aulendiebach
Glauberg
Rohrbach
276
Glauberg
Streit-
berg
Brachttal
Udenhain
Spielberg
Schlier-
bach
Bracht
BÜDINGEN
DEUTSCHE FERIENROUTE
ALPEN – OSTSEE
Großer
Weiher
Büdinger Wald
DEUTSCHE FACHWERKSTRASSE
Calbach
Breitenborn
Neudorf
Eckarts-
hausen
Diebach
Hain-
Gründau
386
Eichelkopf
Wächtersbach
(164 m)
411
Vier
Fichten
Fallbach
Ronneburg
Gründau
Altwiedermus
Mittel-
Gründau
Neu-
wirtheim
Ronneburg
276
455
275
270
457
521
45
66
241

Heerhain
(428 m)
Ilbeshausen-
chwaldhausen
559
Klöshorst
Grebenhain
(500 m)
275
Lüder
Hosenfeld
(374 m)
490
Himmelsberg
433
Mühlberg
Giesel
420
Nippelsk
Crainfeld
Nieder-
Moos
Nieder-Mooser
Teich
Ober-Mooser
Teich
552
Horst
Ober-
Moos
553
Naxburg
Reichlos
Ziegelteich
502
Hellberg
Hauswurz
Kemmete
Neuhof
Tromberg
382
Freien-
steinau
(447 m)
Lichtenroth
Magdlos
Flieden
(295 m)
Nieder-
kalbach
Mitt
kalb
Wettges
Hinter-
steinau
Federwisch
Holzmühl
Radmühl
Neustall
Steinaubach
Wallroth
464
Rückers
276
Fischborn
Ober-
-Reichenbach
Landrücken
49
Klosterhöfe
(360 m)
Hutten
Breitenbach
Unter-
419
Apfelberg
Salz
Ulmbach
Ulmbach
Elm
Brandenstein
383
Abtstein
Sarrod
411
Hoher Stein
SCHLÜCHTERN
(208 m)
Herolz
Kinzig
Ober-
Sotzbach
Vollmerz
Ruine
Steck
Unter-
DEUTSCHE MÄRCHENSTRASSE
Ahlers-
bach
Kelterberg
430
Eckardroth
382
Katzenstein
48
47
Niederzell
Langer Berg
Sannerz
Sterbfritz
Romsthal
66
STEINAU
an der Straße
Hohenzell
Ahlersbacher
Schlucht
Weiperz
Udenhain
158 m
Kinzigstausee
Bracht
Bad Soden-
Ahl
-Salmünster
(152 m)
76
499
Leimberg
Breunings
46
Neudorf
Alsberg
490
Schnepfenkopf
417
Kahler Berg
Eulerskopf
428
Neuengronau
414
Frauenberg
Hausen
SPESSART-HÖHENSTRASSE
458
Hainberg
Jossa
364
Kleine Kuppe
503
Totenkopf
Marjoß
N
Mernes
465
Stackenberg
1 cm
2 km
Jossa
(221 m)
410
Große Kuppe
Merneser
Heiligen
516
Mark-Berg
BAD ORB
© pmv PETER MEYER VERLAG

Stellberg
706
Maulkuppe
Grabenhöfchen
Edelzell
Pilgerzell
Bronnzell
Abtsroda
950
Wasserkuppe
875
Pferdskopf
Eichen-
zell
Weyhers
Rönshausen
Poppenhausen
Guckaisee
689
Ebersburg
Gackenhof
Oberhausen
Ebersberg
Oberrod
Rabennest
Rotes Moor
Fulda
705
Wachtküppel
Hattenhof
Hetten-
hausen
Maiersbach
Gersfeld
Schmalnau
(361 m)
Mosbach
Simmelsberg
Schweden-
wall
Nallenberge
843
Dollbach
Rodenbach
albach
Büchenberg
894
Hohe
Hölle
844
888
Schwedenschanze
Börnberg
Uttrichs-
hausen
Dalherda
Reesberg
Teufels-
berg
Himmel-
dunkb.
Ober-
kalbach
Dalherdakuppe
Bremer-
kopf
Beilstein
910
838
Eierhauck
Zornberg
Oberweißenbrunn
920
Motten
Dreifelds-
kuppe
Dammersfeld-
kuppe
Neuwild-
flecken
843
Arnsberg
Kalbach
Heubach
596
Frauenstein
SPERR-
GEBIET
Wildflecken
809
Kothen
Großer
Auersberg
Kellersbach
Speicherz
558
Gr. Nickus
Oberbach
ICE
Schmale Sinn
Oberzell
538
Langen-
leiter
571
Stoppelsberg
585
Haag
Sinn
Ober-
839
Totnans-
berg
Riedenberg
Zünters-
bach
786
Farnsberg
637
Pilster-
köpfe
Unter-
Hopfenberg
Schwarzenfels
516
Escheberg
NSG
BAD BRÜCKENAU
737
Platzer
Kuppe
Schwarzenfels
585
Mettermich
Dreistelzberg
660
Geroda
Sinntal
Ober-
Zeitlofs
Leichtersbach
Thulba
Modlos
Schondra
Unter-
Waldfenster
Katzenbach
Schönderling
502
Burkharts-
berg
Roßbach
Weißenbach
Detter
BAYRISCHE RHÖN

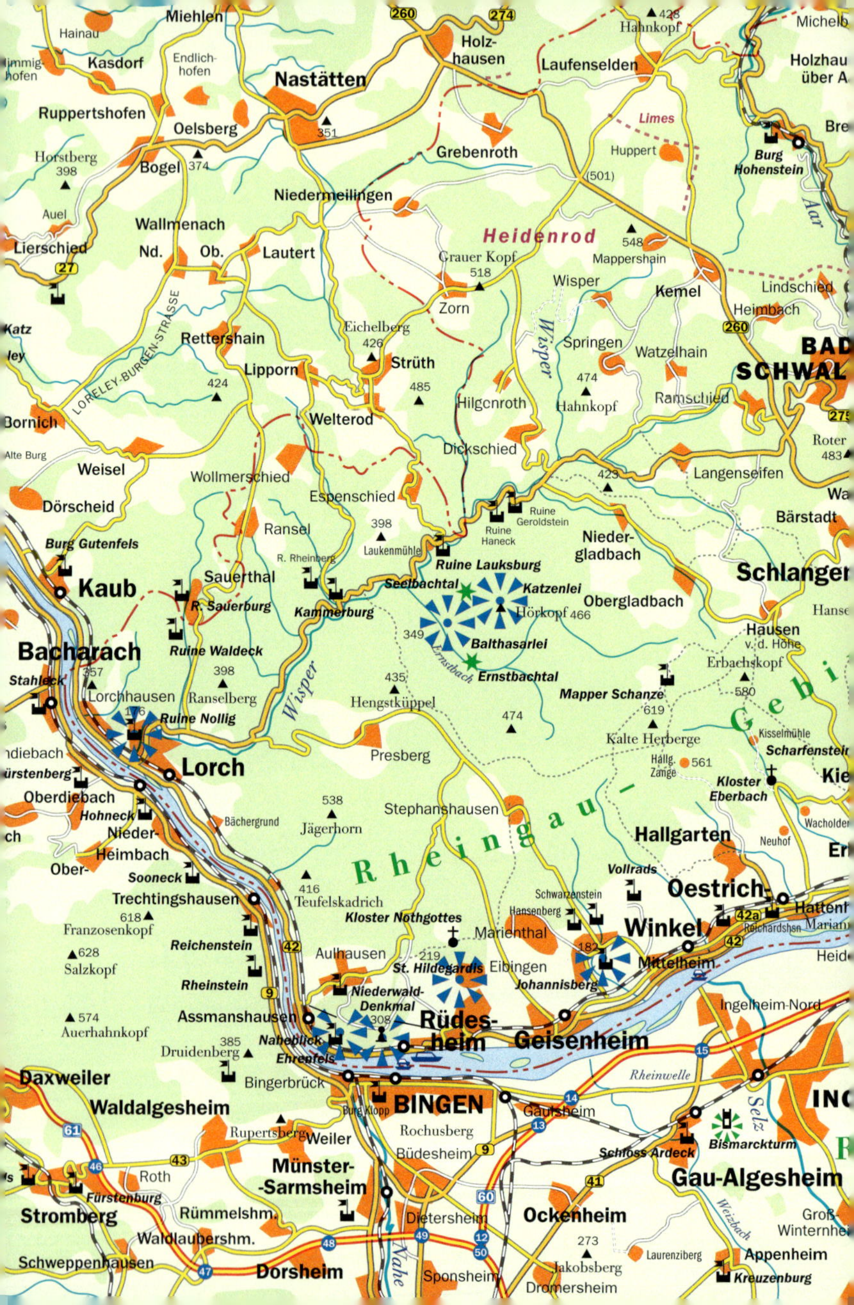

Miehlen
Hainau
260
274
428
Hahnkopf
Michelb
Holz-
hausen
Laufenselden
Holzhau
über A
Kasdorf
Endlich-
hofen
Nastätten
Ruppertshofen
Oelsberg
351
Limes
Bre
Burg
Hohenstein
Grebenroth
Huppert
Horstberg
398
Bogel
374
(501)
Aar
Niedermeilingen
Auel
Wallmenach
Heidenrod
548
Mappershain
Lierschied
Nd.
Ob.
Lautert
Grauer Kopf
518
Wisper
Kemel
Lindschied
27
Heimbach
LORELEY-BURGEN-STRASSE
Zorn
260
Katz
Eichelberg
426
Springen
Watzelhain
BAD
SCHWAL
Rettershain
Strüth
474
Hahnkopf
Lipporn
485
Ramschied
424
Hilgenroth
275
Bornich
Welterod
Roter
483
Alte Burg
Dickschied
Weisel
423
Langenseifen
Wollmerschied
Dörscheid
Espenschied
Ruine
Geroldstein
Bärstadt
398
Laukenmühle
Ruine
Haneck
Nieder-
gladbach
Burg Gutenfels
Ransel
R. Rheinberg
Ruine Lauksburg
Kaub
Sauerthal
Seelbachtal
Katzenlei
Schlanger
R. Sauerburg
Kammerburg
Hörkopf 466
Obergladbach
Hanse
Bacharach
349
Balthasarlei
Hausen
v. d. Höhe
Ruine Waldeck
Ernstbach
Ernstbachtal
Erbachskopf
Stahleck
357
398
Ranselberg
435
580
Lorchhausen
Wisper
Hengstküppel
Mapper Schanze
619
176
Ruine Nollig
474
Kalte Herberge
Kisselmühle
Scharfenstei
Hallg.
Zange
561
Presberg
Lorch
Kloster
Eberbach
Kie
Oberdiebach
538
Hohneck
Stephanshausen
Nieder-
Heimbach
Bächergrund
Jägerhorn
Hallgarten
Wacholder
Neuhof
Rheingau-Gebi
Ober-
Sooneck
Vollrads
Oestrich
Schwarzenstein
Hansenberg
416
Teufelskadrich
Trechtingshausen
Hattenh
618
Franzosenkopf
Kloster Nothgottes
Winkel
Reichardshsn
Mariann
42a
Marienthal
628
Salzkopf
Reichenstein
42
219
Aulhausen
182
42
Mittelheim
Heide
St. Hildegardis
Eibingen
Rheinstein
Johannisberg
Niederwald-
Denkmal
9
308
Ingelheim-Nord
574
Auerhahnkopf
Assmanshausen
Rüdes-
heim
Geisenheim
Druidenberg
385
Nahe-blick
Ehrenfels
15
Daxweiler
Rheinwelle
Bingerbrück
Selz
Waldalgesheim
BINGEN
14
Burg Klopp
Gaulsheim
ING
61
Rupertsberg
Weiler
13
Rochusberg
Schloss Ardeck
Bismarckturm
Büdesheim
9
43
Münster-
Sarmsheim
46
Roth
41
Gau-Algesheim
Fürstenberg
60
Stromberg
Rümmelshm.
Dietersheim
Ockenheim
Groß-
Winternhei
Weizbach
Waldlaubershm.
48
49
12
273
Schweppenhausen
50
Laurenziberg
Appenheim
47
Dorsheim
Nahe
Sponsheim
Jakobsberg
Kreuzenburg
Dromersheim

TAUNUS
IDSTEIN
Hünstetten
441
Nack
Heftrich
408
Haidekopf
Limes
Glashütten
Schlossborn
462
Butznickel
Ehrenbach
Steckenroth
Römerturm
Dasbach
Eschenhain
Ober-Seelbach
513
Nickel
Kastell Zugmantel
Nieder-
Limes
Orlen
Ober-josbach
Ehlhalten
Rupperts-hain
485
Neuhof
507
Watzhahn
Wingsbach
Engenhahn
593
Eppenhain
434
Königshofen
Niedernhausen
Rossert
515
429
Dieling
Hohe Kanzel
Niederjosbach
Taunusstein
Platte
Theistal
Großer Mannstein
Wehen
539
Vockenhausen
Bleiden-stadt
636
Hahn
Rassel
Jagdschloss Platte
475
Eichelberg
Brem-thal
Eppstein
Kellerskopf
410
Seitzenhahn
Naurod
Goldsteintal
Hohe Wurzel
Auringen
Judenkopf
Taunus Wunderland
614
454
Rambach
Wild-sachsen
Schläferskopf
Hessloch
Sonnenberg
ICE
Langenhain
Wamb. Mühle
Fasanerie
Neroberg
Medenbach
350
Chausseehaus
WI-Klarenthal
Kartaus
WIESBADEN
Kloppenheim
Georgenborn
Bierstadt
Igstadt
Breckenheim
WI-Dotzheim
Sommerberg
BÄDERSTRASSE
Hauptbahnhof S1, 8, 9
DEUTSCHE FACHWERKSTRASSE
Frauenstein
Freudenberg
Nordenstadt
Wallau
Diedenberg
Martins-thal
Erbenheim
ICE
WI-Schierstein
Ob.
Eltville
Walluf
WI-Ost S1, 8, 9
Delkenheim
Massenheim
Burg
Nd.
Rettbergsaue
WI-Biebrich
Schwarzbach
NSG
RHEINGAUER RIESLINGROUTE
RHEINGAUER RIESLINGROUTE
Buden-heim
MZ-Amöneb.
MZ-Mombach
MZ-Nord
Hochheim
Flörsh
Rhein
Lenneberg-Wald
MZ-Kastel
Neustadt
S1, 9
Uhlerborn
S8
Hbf
MZ-Gonsenheim
MZ-Kostheim
S1
Maaraue
Heidesheim
Altstadt
Bischofsheim
MZ-Finthen
Gustavs-burg
Röm. Theater
Wackernheim
MAINZ
Oberstadt
MZ-Bretzenheim
Weisenau
HEIM
MZ-Drais
Ginsheim-
Ober-Olmer Wald
MZ-Marienborn
Gut Nonnenau
MZ-Hechtsheim
MZ-Laubenheim
Bauschheim
MZ-Lerchenberg
(100 m)
Nonnenau
240
Altrhein
Schwarzbach
Mainzer Berg
hessen
Essenheim
Gut Langenau
Asthe
Klein-Winternheim
Bodenheim
Trebur
Ober-Olm
417
45
3
46
3
54
417
455
236
2
66
22
3
4
1
5
6
7
8
9
47
10
42
23
2
455
24
3
671
4
40
25
643
9
84
60
17
26
18
40
5
6
43
42
7
19
25
26
40
23
24
27
20
22
60
9
3
63
245
260
8
687

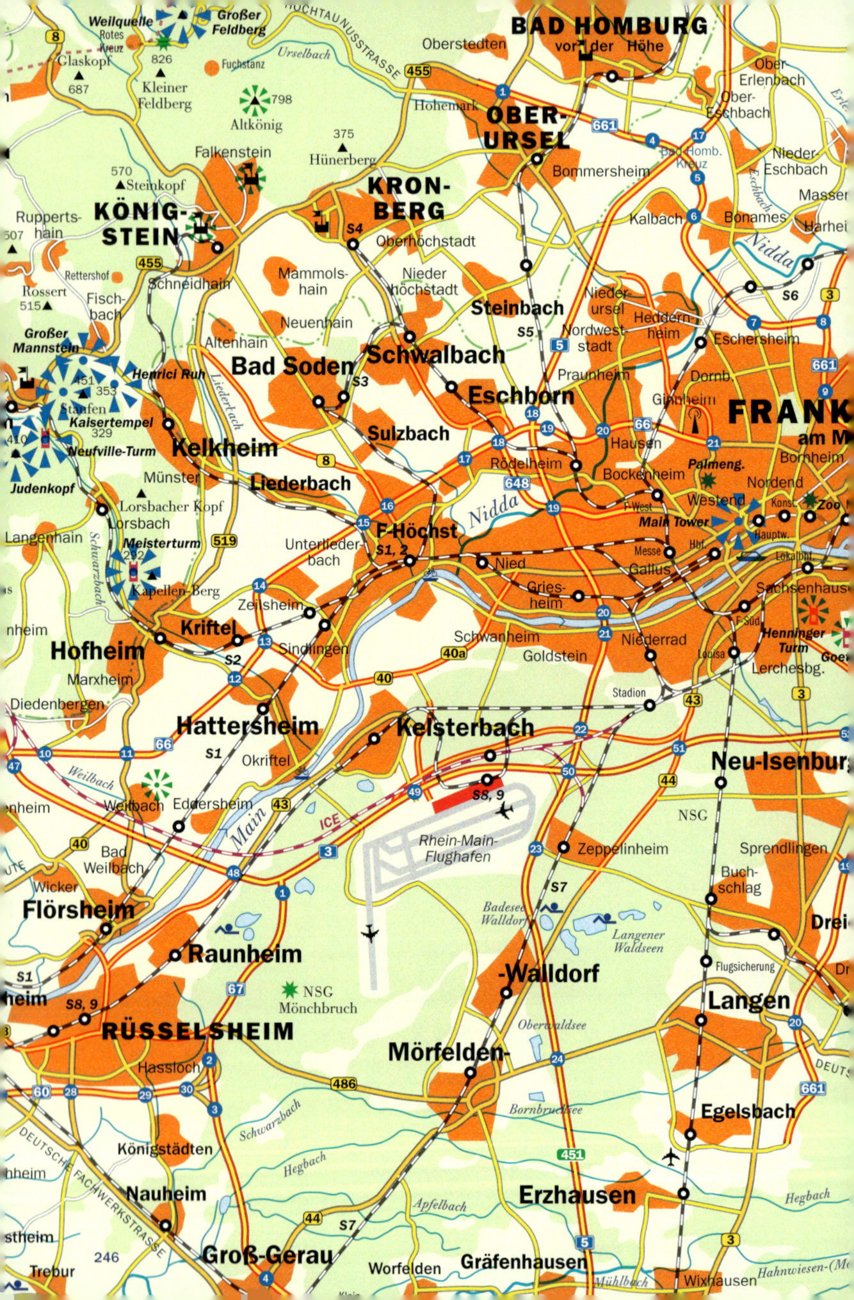

BAD HOMBURG
vor der Höhe
Oberstedten
Ober-Erlenbach
Ober-Eschbach
Nieder-Eschbach
Bad Homb. Kreuz
Masser
Bonames
Harhei
Kalbach
Nidda
Weilquelle
Rotes Kreuz
Großer Feldberg
826
Glaskopf
687
Kleiner Feldberg
Fuchstanz
Urselbach
HOCHTAUNUSSTRASSE
Hohemark
OBER-URSEL
Bommersheim
Altkönig
798
375
Hünerberg
Falkenstein
570
Steinkopf
KRON-BERG
Rupperts-hain
507
KÖNIG-STEIN
Oberhöchstadt
S4
Rettershof
Rossert
515
Fisch-bach
Schneidhain
Mammols-hain
Nieder höchstadt
Steinbach
Nieder-ursel
Heddern-heim
S6
Neuenhain
S5
Nordwest-stadt
Eschersheim
Großer Mannstein
Altenhain
Schwalbach
Henrici Ruh
451
353
Bad Soden
S3
Praunheim
Dornb.
Staufen
Eschborn
Ginnheim
FRANK
am M
Kaisertempel
329
410
Neufville-Turm
Kelkheim
Sulzbach
Hausen
Bornheim
Judenkopf
Münster
Liederbach
Rödelheim
Palmeng.
Bockenheim
Nordend
Lorsbacher Kopf
Lorsbach
Nidda
F-West
Westend
Konst.
Zoo
Main Tower
Langenhain
Schwarzbach
Meisterturm
252
F-Höchst
Unterlieder-bach
S1, 2
Hauptw.
Messe
Hbf.
Lokalbf.
Gallus
Nied
Kapellen-Berg
Gries-heim
Sachsenhaus
Zeilsheim
F-Süd
nheim
Hofheim
Kriftel
Sindlingen
Schwanheim
Niederrad
Henninger Turm
Goe
S2
Goldstein
Louisa
Lerchesbg.
Marxheim
Diedenbergen
Stadion
Hattersheim
Kelsterbach
S1
Okriftel
Neu-Isenbur
Weilbach
Weilbach
Eddersheim
S8, 9
NSG
ICE
Main
Rhein-Main-Flughafen
Zeppelinheim
Sprendlingen
Bad Weilbach
Wicker
S7
Buch-schlag
Flörsheim
Badesee Walldorf
Langener Waldseen
Drei
Raunheim
Walldorf
Flugsicherung
S1
S8, 9
NSG Mönchbruch
Langen
RÜSSELSHEIM
Oberwaldsee
Mörfelden-
Hassloch
DEUTS
Bornbruchsee
Egelsbach
Königstädten
Schwarzbach
DEUTSCHE FACHWERKSTRASSE
Hegbach
Nauheim
Apfelbach
Erzhausen
Hegbach
S7
246
Groß-Gerau
Trebur
Worfelden
Gräfenhausen
Mühlbach
Wixhausen
Hahnwiesen-(M

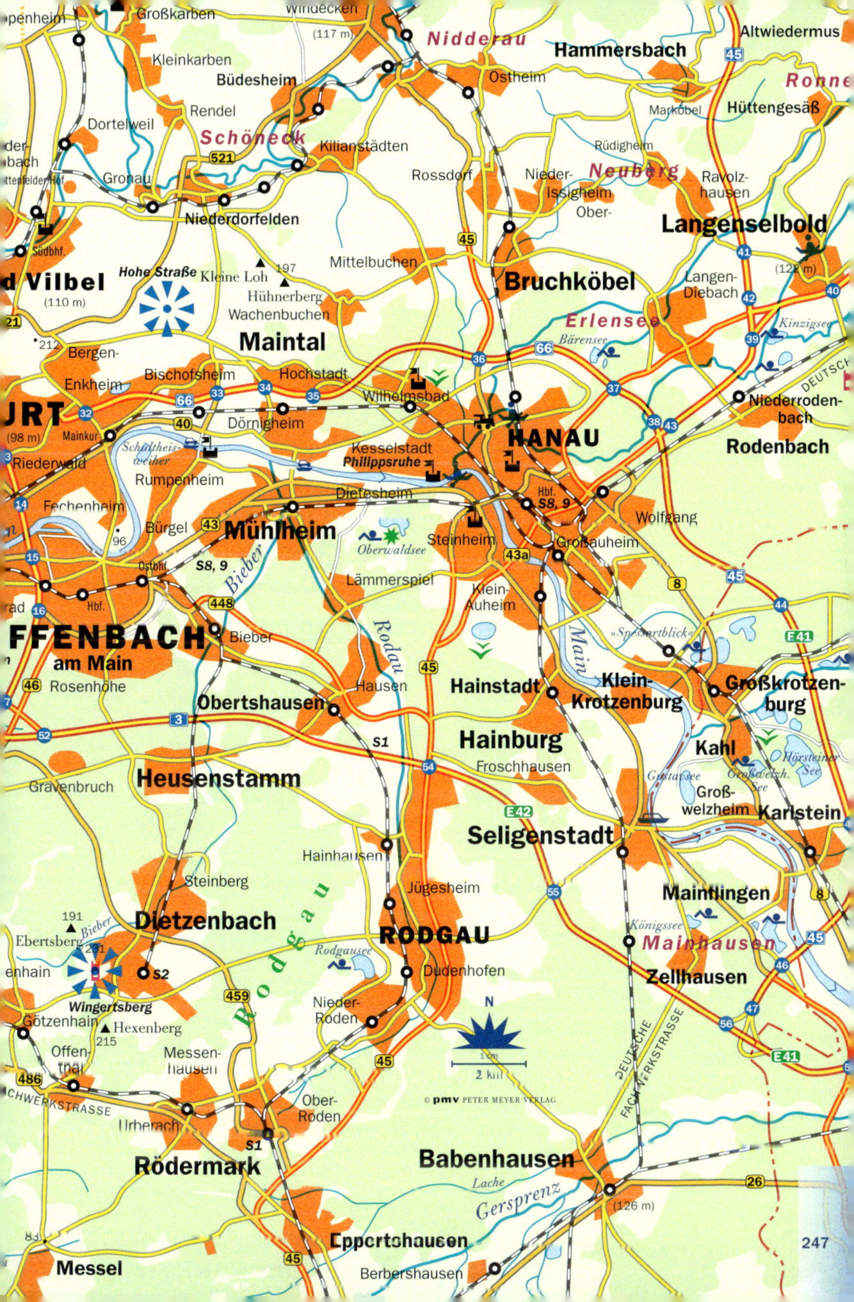
Großkarben
Windecken
(117 m)
Nidderau
Hammersbach
Altwiedermus
Kleinkarben
Büdesheim
Ostheim
Ronne
Marköbel
Hüttengesäß
Rendel
Dortelweil
Schöneck
Kilianstädten
Rüdigheim
Gronau
Rossdorf
Nieder-Issigheim
Ober-
Neuberg
Ravolzhausen
Niederdorfelden
Langenselbold
Südbhf.
Mittelbuchen
Hohe Straße
Kleine Loh
197
Hühnerberg
Wachenbuchen
Bruchköbel
Langen-Diebach
(122 m)
Vilbel
(110 m)
Erlensee
Bärensee
Kinzigsee
Maintal
212
Bergen-Enkheim
Bischofsheim
Hochstadt
Wilhelmsbad
Niederrodenbach
Dörnigheim
HANAU
Rodenbach
Mainkur
(98 m)
Riederwald
Schultheisweiher
Kesselstadt
Philippsruhe
Rumpenheim
Dietesheim
Hbf.
S8, 9
Wolfgang
Fechenheim
Bürgel
Mühlheim
Steinheim
Großauheim
96
Oberwaldsee
Ostbhf.
S8, 9
Bieber
Lämmerspiel
Hbf.
Klein-Auheim
FFENBACH
am Main
Bieber
Rodau
»Spessartblick«
Rosenhöhe
Hausen
Hainstadt
Klein-Krotzenburg
Großkrotzenburg
Obertshausen
S1
Hainburg
Kahl
Froschhausen
Hörsteiner See
Gustavsee
Großwelzh. See
Gravenbruch
Heusenstamm
Groß-welzheim
Karlstein
Seligenstadt
Hainhausen
Steinberg
Jügesheim
Mainflingen
191
Dietzenbach
RODGAU
Königssee
Mainhausen
Ebertsberg
231
Rodgausee
Zellhausen
S2
Dudenhofen
Wingertsberg
Rodgau
Nieder-Roden
Götzenhain
Hexenberg
215
N
Offenthal
Messenhausen
1 cm
2 km
DEUTSCHE FACHWERKSTRASSE
SCHWERKSTRASSE
Ober-Roden
© pmv PETER MEYER VERLAG
Urberach
S1
Rödermark
Babenhausen
Lache
Gersprenz
(126 m)
Eppertshausen
Messel
Berbershausen
DEUTSCH

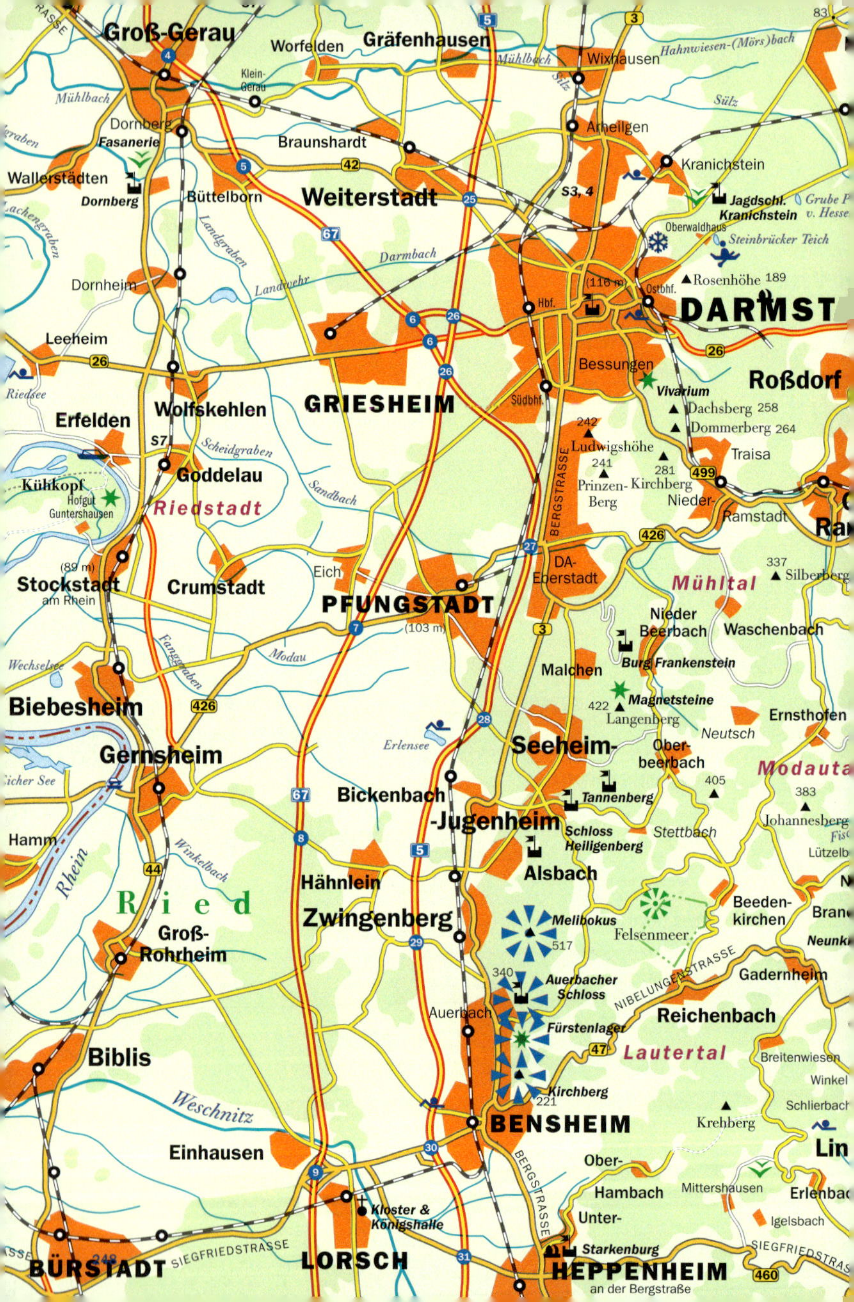

Groß-Gerau
Worfelden
Gräfenhausen
Wixhausen
Hahnwiesen-(Mörs)bach
Mühlbach
Klein-Gerau
Dornberg
Fasanerie
Braunshardt
Arheilgen
Kranichstein
Wallerstädten
Dornberg
Büttelborn
Weiterstadt
S3, 4
Jagdschl. Kranichstein
Grube Messel
Oberwaldhaus
Steinbrücker Teich
Landgraben
Darmbach
Dornheim
Landwehr
(116 m)
Hbf.
Ostbhf.
Rosenhöhe 189
DARMST
Leeheim
Riedsee
Bessungen
Roßdorf
Vivarium
Dachsberg 258
Dommerberg 264
Erfelden
Wolfskehlen
GRIESHEIM
Südbhf.
242
Ludwigshöhe
241
281
Traisa
S7
Scheidgraben
Goddelau
Prinzen-Berg
Kirchberg
Nieder-Ramstadt
Kühkopf
Hofgut Guntershausen
Riedstadt
Sandbach
BERGSTRASSE
(89 m)
Stockstadt am Rhein
Crumstadt
Eich
DA-Eberstadt
337
Silberberg
Mühltal
PFUNGSTADT
(103 m)
Nieder Beerbach
Waschenbach
Wechselsee
Fanggraben
Modau
Malchen
Burg Frankenstein
Magnetsteine
422
Langenberg
Biebesheim
Ernsthofen
Neutsch
Erlensee
Gernsheim
Seeheim-Jugenheim
Ober-beerbach
Modautal
405
383
Johannesberg
Tannenberg
Bickenbach
Schloss Heiligenberg
Stettbach
Lützelbach
Hamm
Rhein
Winkelbach
Alsbach
Hähnlein
Beedenkirchen
Ried
Melibokus
517
Felsenmeer
Zwingenberg
Groß-Rohrheim
340
Auerbacher Schloss
NIBELUNGENSTRASSE
Gadernheim
Auerbach
Reichenbach
Fürstenlager
Lautertal
Breitenwiesen
Biblis
Winkel
Kirchberg
221
Schlierbach
Weschnitz
BENSHEIM
Krehberg
Einhausen
Ober-Hambach
Mittershausen
Erlenbach
Unter-
Kloster & Königshalle
Igelsbach
Starkenburg
SIEGFRIEDSTRASSE
BÜRSTADT
LORSCH
HEPPENHEIM an der Bergstraße
3
5
4
42
25
67
26
6
499
426
27
7
28
8
44
29
47
30
9
31
460

Eppertshausen
Berbershausen
Münster
Langstadt
Altheim
Schaafheim
Großostheim
DIEBURG
Pflaumheim
Spitzberg
235
Wenigumstadt
Mosbach
Groß-Zimmern
GROSS-UMSTADT
Gundernhausen
Klein-Zimmern
Dorndiel
Mömlingen
Habitzheim
Wald-Amorbach
Heubach
358
Römerkastell
Lengfeld
Zipfen
Hainstadt
Burg Breuberg
Breuberg
306
Sandbach
Otzberg
Hering
Wiebelsbach
REINHEIM
Ober-Klingen
368
Veste Otzberg
Ober-Nauses
Neustadt i. Odw.
Rai Breitenbach
258
Galgenberg
273
Schloss Nauses
Höchst im Odenwald
Groß-Bieberau
Mummenroth
Rodau
Hassenroth
Pfirschbach
Annelsbach
Hummetroth
Obrunnschlucht
Rimhorn
Wersau
Höllerbach
Lützelbach
Limes
Lichtenberg
Niedernhausen
Brensbach
Forstel
Mümling-Grumbach
Ober-Kinzig
Breitenbrunn
Wallbach
Unter-
Fränkisch-Crumbach
Affhöllerbach
Fürstengrund
Steinau
Birkert
Bad König
Meßbach
Schnellerts
Böllstein
Hembach
623
Gersprenz
Kirchbrombach
Beerfurth
Rodenstein
N
Brombachtal
1 cm
2 km
Freiheit
Schloss Reichenberg
Laudenau
Langen-Brombach
Reichelsheim
38
Spreng
Bockenrod
47
© PETER MEYER VERLAG
Klein-Gumpen
Rehbach
518
Morsberg
Weitengesäß
Winterkasten
Frohnhofen
Unter-Ostern
Gumpen
Odenwald
Deutsche Fachwerkstrasse
Nibelungenstrasse
Mümling
Steinbach
Rohrbach
Steinbuch
Groß-Gumpen
Eulbach
Erzbach
Michelstadt
(208 m)
Ober-Mossau
Ober-Ostern
460
Roßbach
Ernsbach
Lärmfeuer
Weschnitz
Dorf-Erbach
Wildpark
Würzberg
Gaßbach
Siegfriedstr.
Unter-Mossau
545
249
Ober-
Fürth
Hiltersklingen
Elsbach
Erbach im Odenwald
Mossautal
Deutsche Fachwerkstr.
Deutsche Ferienroute
426
45
26
469
Gersprenz
Reicher Bach
Grube Messel

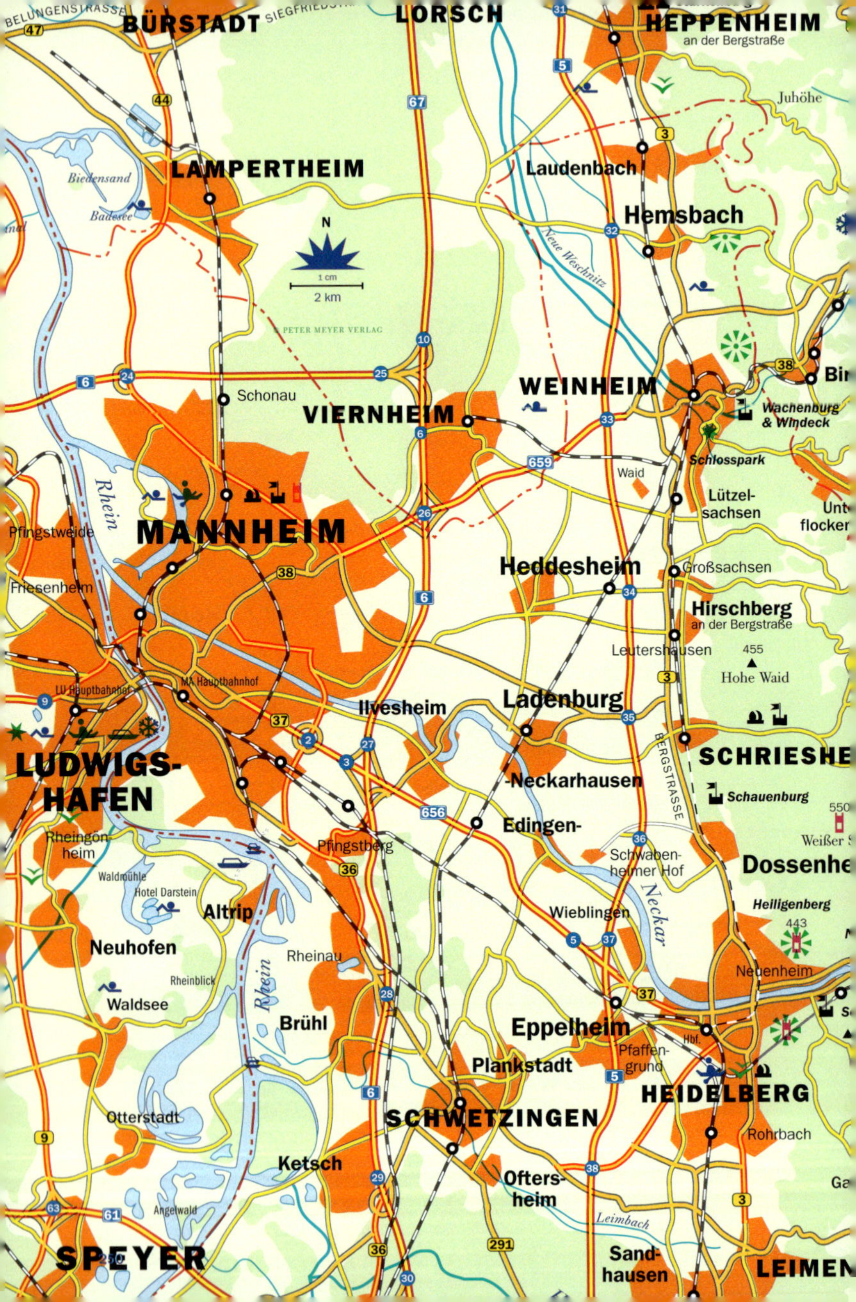

BÜRSTADT
LORSCH
HEPPENHEIM
an der Bergstraße
Juhöhe
LAMPERTHEIM
Biedensand
Badesee
Laudenbach
Hemsbach
Neue Weschnitz
N
1 cm
2 km
PETER MEYER VERLAG
Schonau
VIERNHEIM
WEINHEIM
Wachenburg & Windeck
Schlosspark
Waid
Rhein
Lützel-
sachsen
MANNHEIM
Pfingstweide
Friesenheim
Heddesheim
Großsachsen
Hirschberg
an der Bergstraße
Leutershausen
455
Hohe Waid
LU Hauptbahnhof
MA Hauptbahnhof
Ilvesheim
Ladenburg
LUDWIGS-
HAFEN
SCHRIESHE
-Neckarhausen
BERGSTRASSE
Schauenburg
Edingen-
Rheingön-
heim
Pfingstberg
Schwaben-
heimer Hof
Dossenhe
Waldmühle
Hotel Darstein
Altrip
Wieblingen
Neckar
Heiligenberg
443
Neuhofen
Rheinblick
Rheinau
Neuenheim
Waldsee
Rhein
Brühl
Eppelheim
Pfaffen-
grund
Hbf.
Plankstadt
HEIDELBERG
Otterstadt
SCHWETZINGEN
Rohrbach
Ketsch
Ofters-
heim
Angelwald
Leimbach
SPEYER
Sand-
hausen
LEIMEN

Fürth
Ober-
Hiltersklingen
Elsbach
Erbach
im Odenwald
Mossautal
535
Wagenberg
Hammelbach
38
Rimbach
Unter-
440
Geisberg
Erbuch
Grasellenbach
Grasellenbach
Haisterbach
Mümling
547
Spessartskopf
Scharbach
Tromm
Hüttenthal
Güttersbach
460
45
560
Zotzenbach
Wahlen
Affolterbach
Stausee
Marbach
Bullau
Tromm
577
Kocherbach
Airlenbach
Hetzbach
Etzean
Himbächl-Viadukt
Krähberg
SIEGFRIEDSTRA
Wald-Michelbach
Mackenheim
Ulfenbach
Beerfelden
Obersensbach
Sensbachtal
Löhrbach
Siedelsbrunn
Hinterbach
546
Falkenberg
Abtsteinach
593
Hardberg
484
Geiersberg
Ober-
Schönmattenwag
Unter-
Korsika
Freienstein
FERIENROUTE
Untersensbach
Gammelsbach
Friedrichsdorf
Finkenbach
Gammelsbach
DEUTSCHE
45
Itter
Lampenhain
Rothenberg
548
Hohe Warte
Heiligkreuz-
Steinach
Brombach
Wilhelmsfeld
Heddesbach
EBERBACH
am Neckar
Katzenbuckel
626
Waldkatzenbach
Laxbach
Hirschhorn
Holdergrund
Ober-
Dielbach
Steinach
Ersheim
Unter
BURGENSTRASSE
Ziegelhausen
Allemühl
Stolzeneck
Zwingenberg
Lammers-
kopf
473
Burg Schadeck
Neckarhausen
37
Neckar
Schönbrunn
Zwingenberg
Schlierbach
Ochsen-
berg
Neckar-
steinach
Feste Dilsberg
Dilsberg
Minneburg
BURGENSTRASSE
Rainbach
Mückenloch
Neunkirchen
Neckargemünd
Waldwimmersbach
Michelbach
Schwarzach
Neckar
Wiesenbach
Lobbach
Aglaster-
hausen
Reichartshausen
45
Lobenfeld
Spechbach
292
251

Register

G

H

I – J

K

WIR KÖNNEN WAS TUN

Klimabewusstes Handeln wird in Zeiten von Klimawandel und globaler Erwärmung immer wichtiger. Bei der Buchproduktion ist das Entstehen von CO_2 jedoch unvermeidlich. Das schädliche Kohlendioxid ist für die Erwärmung der Erdatmosphäre und den vom Menschen verursachten Treibhauseffekt verantwortlich.

klimaneutral
www.climatepartner.com

Urlaub?
Aber natürlich!

Deshalb geht der Peter Meyer Verlag mit gutem Beispiel voran und unterstützt mit einer freiwilligen Ausgleichszahlung klimafreundliche Projekte wie einen Windpark im indischen Bundesstaat Karnataka, der CO_2-Emissionen bei der Stromerzeugung vermeidet.
Zudem drucken wir alle Bücher und Prospekte ausschließlich auf Recycling- oder FSC-Papier.

Mit dem Kauf unserer Reiseführer unterstützen Sie dieses Engagement. Dafür danke.
Unsere Verlagsphilosophie und Nachhaltigkeitserklärung finden Sie auf unserer Internetseite.

FSC
Mix
Produktgruppe aus vorbildlich bewirtschafteten Wäldern und anderen kontrollierten Herkünften

Zert.-Nr. GFA – COC – 001493
www.fsc.org
© 1996 Forest Stewardship Council

Einfach mehr Leben.
www.PeterMeyerVerlag.de